高等职业教育交通土建类专业新形态教材

路面施工技术

主　编　陈晓裕
副主编　孟　芹　李　飞
主　审　韦生根

北京理工大学出版社
BEIJING INSTITUTE OF TECHNOLOGY PRESS

内 容 提 要

本书以实际工作任务为引领，以公路路面施工为主线进行编写。全书共设置了四个学习情境，主要内容包括施工前期准备工作、路面基层（底基层）施工、沥青路面施工、水泥混凝土路面施工。另外，在书末还附有水泥稳定碎石基层大厚度施工工艺及公路路面施工过程需要填写的各种表格。

本书可作为高等院校交通土建类相关专业的教材，也可作为路桥类工程技术人员的培训教材或自学用书。

版权专有　侵权必究

图书在版编目（CIP）数据

路面施工技术 / 陈晓裕主编. —北京：北京理工大学出版社，2020.11（2021.1重印）
ISBN 978-7-5682-9223-8

Ⅰ.①路… Ⅱ.①陈… Ⅲ.①路面施工－高等学校－教材 Ⅳ.①U416.2

中国版本图书馆CIP数据核字（2020）第219765号

出版发行 / 北京理工大学出版社有限责任公司
社　　址 / 北京市海淀区中关村南大街5号
邮　　编 / 100081
电　　话 /（010）68914775（总编室）
　　　　　（010）82562903（教材售后服务热线）
　　　　　（010）68948351（其他图书服务热线）
网　　址 / http://www.bitpress.com.cn
经　　销 / 全国各地新华书店
印　　刷 / 北京紫瑞利印刷有限公司
开　　本 / 787毫米×1092毫米　1/16
印　　张 / 13　　　　　　　　　　　　　　　　责任编辑 / 封　雪
字　　数 / 313千字　　　　　　　　　　　　　　文案编辑 / 封　雪
版　　次 / 2020年11月第1版　2021年1月第2次印刷　责任校对 / 刘亚男
定　　价 / 39.00元　　　　　　　　　　　　　　责任印制 / 边心超

图书出现印装质量问题，请拨打售后服务热线，本社负责调换

前 言

"路面施工技术"是交通土建类相关专业的一门专业核心课程，其教学目标是在使学生掌握路面工程施工基本知识、实践技能的基础上，结合施工执业资格证书的相关要求，科学地总结当前路面工程施工新工艺、新技术，培养学生路面施工和组织管理能力，以及运用国家现行施工规范、规程、标准的能力，促进学生处理实际工程问题能力和施工组织管理能力的提高。

与路面施工相关的学科有很多，前续课程有"路基施工技术""公路工程施工测量""工程制图与CAD绘图""筑路材料及试验检测""公路勘测技术"，后续课程有"公路工程检测技术""公路工程造价""公路工程监理"等。

本书由贵州交通职业技术学院与贵州省知名施工企业——贵州省公路桥梁工程总公司共同组织编写。在编写过程中，由双方编写人员制定了教材编写计划及编写大纲，并在众多专家的共同参与下对教材编写大纲进行了论证。

本书由陈晓裕担任主编，由孟芹、李飞担任副主编。陈晓裕负责组织编写，同时对技术内容进行把关，并负责统稿。其中，学习情境一、学习情境二由陈晓裕编写，学习情境三由李飞编写，学习情境四由孟芹编写；附录一、二及其他的施工素材由贵州省公路桥梁工程总公司提供、陈晓裕整理。全书由韦生根主审。

本书在编写过程中，查阅和检索了许多信息、资料、施工素材，同时得到了贵州省公路桥梁工程总公司、贵州省公路工程集团有限公司、贵州高速公路集团有限公司等单位的大力帮助；另外，贵州高速公路集团有限公司的杨万林、贵州省公路开发有限责任公司的林永贵等为本书编写提供了一定的施工技术支持。在此，对提供帮助的企业及人员表示由衷的感谢！

由于时间仓促，编者水平有限，书中难免存在不妥及疏漏之处，恳请广大读者批评指正。

编 者

目 录

引言 ·········· 1
 一、课程目标 ·········· 1
 二、职业能力培养目标 ·········· 1
 三、路面分级 ·········· 1
 四、路面基层（底基层）分类 ·········· 1

学习情境一 施工前期准备工作 ·········· 3

工作任务一 施工技术准备 ·········· 3
 一、相关知识 ·········· 4
 二、任务实施 ·········· 6

工作任务二 物资、劳动组织准备 ·········· 13
 一、相关知识 ·········· 14
 二、任务实施 ·········· 14

工作任务三 施工现场准备 ·········· 31
 一、相关知识 ·········· 32
 二、任务实施 ·········· 32

学习情境二 路面基层（底基层）施工 ·········· 35

工作任务一 填隙碎石施工 ·········· 35
 一、相关知识 ·········· 36
 二、任务实施 ·········· 36

工作任务二 级配碎（砾）石施工 ·········· 43
 一、相关知识 ·········· 43
 二、任务实施 ·········· 44

工作任务三 水泥稳定碎（砾）石施工 ·········· 52
 一、相关知识 ·········· 52
 二、任务实施 ·········· 53

工作任务四 石灰稳定土施工 ·········· 66
 一、相关知识 ·········· 66
 二、任务实施 ·········· 67

学习情境三 沥青路面施工 ·········· 78

工作任务一 沥青贯入式路面施工 ·········· 79
 一、相关知识 ·········· 80
 二、任务实施 ·········· 80

工作任务二 沥青表面处治路面与封层施工 ·········· 89
 一、相关知识 ·········· 89
 二、任务实施 ·········· 90

工作任务三 热拌沥青混凝土路面施工 ·········· 96
 一、相关知识 ·········· 96
 二、任务实施 ·········· 97

学习情境四 水泥混凝土路面施工 … 111

工作任务一 水泥混凝土路面施工准备工作 … 111
一、相关知识 … 112
二、任务实施 … 114

工作任务二 混凝土拌合物搅拌与运输 … 131
一、相关知识 … 132
二、任务实施 … 132

工作任务三 水泥混凝土面层铺筑 … 136
一、相关知识 … 137
二、任务实施 … 137

附录一 水泥稳定碎石基层大厚度施工工艺 … 167

附录二 公路路面施工相关表格 … 172

参考文献 … 202

引 言

一、课程目标

本课程通过任务引领型的项目活动，使学生掌握路面施工的技能和相关理论知识，掌握各个分项工程的施工工艺流程，能够领会设计意图并在实地表现出来，能够承担施工现场组织管理工作，能够编制施工方案等。同时，培养学生诚实、守信、善于沟通和合作的品质，为发展职业能力奠定良好的基础。

二、职业能力培养目标

(1)掌握各种不同种类的路面基层(底基层)、面层施工的主要施工工艺流程、操作方法。

(2)能根据各种施工方法的特点选择合适的施工方法。

(3)能掌握各个施工过程中的要点并进行控制。

(4)能根据施工技术规范对每道工序的质量进行控制。

(5)能根据质量检验评定标准对各个分项工程进行质量评价。

(6)能进行常规的施工计算以确定施工过程中需要的各种数据。

三、路面分级

通常可按路面面层的使用品质、材料组成类型及结构强度和稳定性，将路面分为四个等级，见表0-1。

表0-1 路面分级

路面等级	面层类型	所适用的公路等级
高级	水泥混凝土、沥青混凝土	高速、一级、二级公路
次高级	热拌沥青碎石混合料、沥青贯入碎(砾)石、乳化沥青碎石混合料、沥青表面处治	二级、三级公路
中级	水结、泥结碎石或级配碎(砾)石	三级、四级公路
低级	粒料加固土、其他当地材料改善土	四级公路

四、路面基层(底基层)分类

路面基层(底基层)根据使用材料和强度形成机理，一般可分为无机结合料稳定类(整体型)和粒料类(碎石类、砾石类)(也称级配型和嵌锁型)，见表0-2。

表 0-2 路面基层(底基层)分类

无机结合料稳定类(整体型)	石灰稳定类	石灰土
		石灰砂砾
		石灰
	水泥稳定类	水泥稳定土
		水泥稳定砂砾
		水泥稳定砂砾土
		水泥稳定碎石土
	综合稳定类	石灰粉煤灰类
		水泥石灰稳定土
粒料类(碎石类、砾石类)	级配型	级配碎石
		级配砾石
	嵌锁型	填隙碎石
		泥结碎石
		泥灰结碎石

学习情境一　施工前期准备工作

施工单位接受路面施工任务后，即可着手进行施工前的准备工作。在工程开工前，必须有合理的施工准备期，而且施工准备工作应有计划、有步骤、分阶段地贯穿整个路面工程项目的施工过程。随着工程的进展，在各单位工程、分部工程、分项工程及各个工序施工之前，都要做好相应的施工准备工作。

路面施工前的准备工作是保证路面施工顺利实施的基本前提。根据规定，如果施工前的准备工作经监理工程师审核后未达到合同规定的要求，则不予批准开工，因此，必须高度重视，认真对待。

路面施工前的准备工作内容包括技术准备、物资及劳动组织准备、施工现场准备，只有当所有准备工作就绪经监理工程师认可后才能进行施工。

工作任务一　施工技术准备

学习目标

1. 掌握路面相关知识。
2. 熟悉路面施工技术准备工作内容。
3. 了解路面施工技术准备相关工作要求。
4. 能根据路面施工的各种规范及材料试验规程完成施工技术准备工作。
5. 能正确完成路面施工技术交底、安全交底、下承层综合检查与验收。

任务描述

通过学习本工作任务，了解路面相关理论知识，掌握施工技术准备工作内容，能够承担具体施工项目的施工技术准备工作。

学习引导

本工作任务沿以下脉络进行。

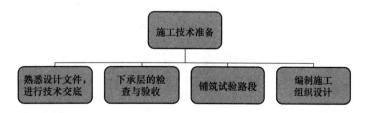

一、相关知识

路面是在路基顶面的行车部分用各种混合料铺筑而成的层状结构物。路面结构的铺筑一方面隔离了路基，使其避免了直接承受车辆和环境因素的破坏作用，确保路基长期处于稳定状态；另一方面，铺筑路面后，提高了平整度，改善了道路条件，从而保证车辆能以一定的速度安全、舒适而经济地在道路上全天候通行。

（一）路面的基本性能

现代化公路运输要求路面能满足行车的使用要求，提高行车速度，增强安全性和舒适性，降低运输费用和延长路面使用年限。为此，要求路面以下基本性能满足要求。

(1)强度和刚度。
(2)稳定性。
(3)耐久性。
(4)表面平整度。
(5)表面抗滑性。
(6)不透水性(抗透性)。

（二）路面结构层次及其功能

行车荷载和自然环境因素对路面的作用和影响，随着深度的增加而衰减，因此，对路面材料的强度、抗变形能力和稳定性的要求也随深度的增加而逐渐降低。为了适应这一特点，路面结构一般分多层铺筑。根据使用要求、受力状况、土基支承条件和自然因素影响程度，分为若干不同的层次，各个层次分别承担不同的功能。通常将路面结构划分为面层、基层和垫层三个层次。

1. 面层

面层是路面结构最上面的一个层次，它直接承受行车荷载的垂直力、水平力和振动冲击力的作用，并受到大气降水、气温和湿度变化等自然因素的直接影响，因此，与其他层次相比，面层应具备较高的强度、抗变形能力，较好的温度稳定性、水稳定性，良好的平整度和表面抗滑性，同时应具有较好的耐磨性和抗渗水性。

修筑面层所用的材料主要有沥青混凝土、水泥混凝土、沥青碎石混合料、砂砾或碎石掺土或不掺土的混合料及块料等。

面层可分两层或三层铺筑，如高速公路沥青面层总厚度为 18~20 cm，可分上、中、下三层铺筑，并根据各分层的要求采用不同的等级。水泥混凝土路面也可分上、下两层铺筑，分别采用不同等级的水泥混凝土材料。水泥混凝土路面上加铺 4 cm 沥青混凝土的复合式结构也是常见的。但是，砂石路面上所铺的 2~3 cm 厚的磨耗层或 1 cm 厚的保护层，以及厚度不超过 1 cm 的简易沥青表面处治，不能作为一个独立的层次，应看作面层的一部分。

2. 基层

基层是面层的下卧层，它主要承受由面层传递的行车荷载垂直力，并将它扩散和分布到垫层和土基上。基层是路面结构中的主要承重层，因此，它应具有足够的强度和刚度，并具有良好的扩散应力的能力。基层虽然位于面层之下，但仍然难以避免遭受大气因素的影响及经受地下水和通过面层渗入雨水的浸湿。所以，基层结构应具有足够的水稳性。基层表面虽不直接供车辆行驶，但仍然要求有较好的平整度，这是保证面层平整性的基本条件。

修筑基层的材料主要有各种结合料（如石灰、水泥或沥青等）稳定土或稳定碎（砾）石、贫水泥混凝土、天然砂砾，各种碎石或砾石、片石、块石或圆石，各种工业废渣（如煤渣、粉煤灰、矿渣、石灰渣等）和土、砂、石所组成的混合料等。

高速公路的基层通常较厚，根据公路等级和交通量的需要，基层可分两层或三层铺筑，称为基层（或上基层）、底基层。对底基层材料质量的要求可低一些。

3. 垫层

垫层介于土基与基层之间，它的功能首先是改善土基的湿度和温度状况，以保证面层和基层的强度、刚度及稳定性不受土基水温状况变化的不良影响；其次是将基层传下的车辆荷载应力加以扩散，以减小土基产生的应力和变形；同时能阻止路基土挤入基层中，影响基层结构的性能。

修筑垫层的材料，其强度要求不一定高，但水稳定性和隔热性能要好。常用的垫层材料可分为两类：一类是由松散粒料如砂、砾石、炉渣等组成的透水性垫层；另一类是用水泥或石灰稳定土等修筑的稳定类垫层。

(三)路面等级与分类

1. 路面等级

通常可按路面面层的使用品质、材料组成类型以及结构强度和稳定性，将路面分为高级、次高级、中级和低级四个等级。

2. 路面分类

路面类型可以从不同角度来划分，一般按面层所用的材料来划分，如水泥混凝土路面、沥青路面、砂石路面等。但在进行路面结构设计时，则应从路面结构在行车荷载作用下的力学特性出发，将路面划分为柔性路面、刚性路面和半刚性路面三类。

(1)柔性路面。柔性路面结构整体刚度较小，在行车荷载作用下产生较大的弯沉变形，路面结构层抗弯拉强度较低，行车荷载通过各结构层将车辆荷载传递给土基，使土基承受较大的单位压力。柔性路面主要包括各种未经处治的粒料基层和各类沥青面层所组成的路面结构。

(2)刚性路面。刚性路面主要指用水泥混凝土作面层或基层的路面结构。与柔性路面相比，水泥混凝土具有抗压强度高、抗弯拉强度高、弹性模量大的特点。它的板体刚度较大，具有较强的扩散应力的能力。因此，在车辆荷载作用下，通过板体传递给基层或土基的单位压力要比柔性路面小得多。

(3)半刚性路面。用水泥、石灰、粉煤灰等无机结合料稳定土或碎（砾）石修筑的基层，称为半刚性基层。半刚性基层初期强度和刚度较小，具有柔性路面的力学性质，后期的强度和刚度均有较大幅度的增长，具有刚性路面力学性质。但是，最终的强度和刚度仍远小于水泥混凝土。因为这种材料的刚性处于柔性路面与刚性路面之间，所以，将这种基层和铺筑在它上面的沥青面层统称为半刚性路面，将这种基层称为半刚性基层。

二、任务实施

(一)熟悉设计文件,进行技术交底

1. 设计文件的熟悉

设计文件是组织施工的主要依据,熟悉、审核施工图纸是领会设计意图、明确工程内容、掌握工程特点的重要环节。施工单位在收到施工设计文件后,应立即组织有关技术人员对施工设计文件进行研读,充分领会设计意图。熟悉图纸应着重解决以下几个问题:

(1)核对设计是否符合施工条件。
(2)设计中提出的工程材料、工艺要求,施工单位能否实现和解决。
(3)设计能否满足工程质量及安全要求,是否符合国家有关规范和标准。
(4)设计图纸及说明是否齐全。
(5)设计图纸上的尺寸、高程、工程数量的计算有无差、错、漏、重现象。

2. 技术交底

技术交底通常包括施工图纸交底、施工技术交底及安全技术交底等。这项交底工作分别由高一级技术负责人、单位工程负责人、施工队长、作业班组逐级组织进行。其格式见表 1-1-1、表 1-1-2。

表 1-1-1 技术交底记录表(一)

项目名称:	时 间:
部　　位:	编　号:
主 持 人:	
参加人员:见《会议签到表》	
内容: 各个关键施工工艺的质量控制、材料要求等。	

表 1-1-1 适用于施工图纸交底。

表 1-1-2 技术交底记录表(二)

工程名称		工程负责人	
交底部位		交底级别	
交底内容摘要: (施工工艺、技术标准、安全措施、环保措施)			
交底人:		接收人:	
			年 月 日

表 1-1-2 适用于施工技术交底。

(二)下承层的检查与验收

1. 施工复测

复测的项目有导线点复测与加密、水准点复测与加密、下承层各项指标的检测。

复测步骤如图 1-1-1 所示：

图 1-1-1 复测步骤

复测结果与设计文件相差超过允许误差时，应及时向业主和监理报告，提出相应的处理措施。测量精度应满足公路测设规程的要求。

有关导线点、水准点、路线中桩位置及高程等下承层的各项指标的检测方法及规定已在《公路工程测量》《公路勘测设计》《公路工程检测》等相关书籍中有详细论述。另外，路面施工技术人员还应注意以下几个问题：

(1)导线复测(表 1-1-3)。

表 1-1-3 导线复测应注意的问题

导线复测	1. 应采用全站仪或其他满足测量精度要求的仪器
	2. 导线起讫点与设计单位测定结果相比较，测量精度应满足设计要求
	3. 必须和相邻施工段的导线点联测并附合
	4. 对有碍施工的导线点，应设护桩加以固定

(2)水准点复测(表 1-1-4)。

表 1-1-4 水准点复测应注意的问题

水准点复测	1. 水准点复测结果、测量精度应满足设计要求
	2. 必须和相邻施工段的水准点联测并附合
	3. 如发现个别水准点受施工影响时，应将其移出影响范围

(3)中线复测(表 1-1-5)。

表 1-1-5 中线复测应注意的问题

中线复测	高等级公路应采用坐标恢复中线

(4)其他。对高速公路和一级公路，要熟悉和掌握"逐桩坐标表""导线成果表"，因为它们是恢复中线的依据。所有测量成果应按合同规定提交监理工程师核认可。

2. 下承层的检验项目

在进行路面结构层施工前，必须对其下承层的各项质量指标进行检验：

(1)垫层及底基层的下承层是土方路基或石方路基。土方路基的实测项目有压实度、弯沉、纵断高程、中线偏位、宽度、平整度、横坡、边坡 8 个，石方路基的实测项目有压实度、弯沉、纵断高程、中线偏位、宽度、平整度、横坡、边坡 8 个。

(2)面层的下承层是基层,基层的下承层是底基层。不同种类的基层和底基层,其检测项目有所不同。半刚性类材料的检测项目有压实度、平整度、纵断高程、宽度、厚度、横坡、强度。粒料类材料的检测项目有压实度或固体体积率(级配类的检测项目是压实度,填隙类的检测项目是固体体积率)、弯沉、平整度、纵断高程、宽度、厚度、横坡。

各种类型结构层的实测项目及各个实测项目的检查方法、频率、规定值及允许偏差详见《公路工程质量检验评定标准 第一册 土建工程》(JTG F80/1—2017)相关内容(图1-1-2～图1-1-5)。

图1-1-2 压实度检测

图1-1-3 弯沉检测

图1-1-4 平整度检测

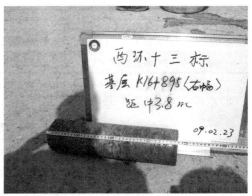

图1-1-5 钻芯取样法检测厚度

(三)铺筑试验路段

在进行路面结构层施工前,应进行试验路段的铺筑。在进行试验路段的铺筑时,应对施工的所有参数进行记录,以便指导施工,为正式施工控制提供依据。

试验路段的铺筑应由有关各方共同参加,及时商定有关事项,明确试验结论。铺筑结束后,施工单位应就各项试验内容提出完整的试验路段施工、检测报告,取得业主或监理工程师的批复。

(1)粒料类基层、底基层试验路段修筑应确定以下主要施工项目:

1)用于施工的集料配合比。

2)材料的松铺系数。

3)确定标准施工方法:
①集料数量的控制。
②集料摊铺方法和适用机具。
③合适的拌合机械、拌和方法、拌和深度和拌和遍数。
④集料含水量及控制方法。
⑤整平和整形的合适机具和方法。
⑥压实机械的选择和组合,压实的顺序、速度和遍数。
⑦拌和、运输、摊铺和碾压机械的协调和配合。
⑧密实度的检查方法,初定每一作业段的最少检查数量。
4)确定每一个作业段的合适长度。
5)确定一次铺筑的合适厚度。

(2)半刚性基层、底基层试验路段修筑除应确定粒料类基层、底基层试验路段所有项目外,还应确定控制结合料数量和拌和均匀性的方法;对于水泥稳定类基层,还包括通过严密组织拌和、洒水、整形、碾压等工序,缩短延迟时间,规定允许的拌和时间。

(3)沥青路面试验路段的铺筑(图 1-1-6～图 1-1-11)。高速公路和一级公路的沥青路面在正式大面积施工前应铺筑试验路段,其他等级公路在缺乏施工经验或初次使用重大设备时,也应铺筑试验路段。当同一施工单位在材料、机械设备及施工方法与其他工程完全相同时,也可利用其他工程的结果,可以不再铺筑新的试验路段。试验路段的长度应根据试验目的来确定,通常宜为 100～200 m,宜选择在正线上铺筑。

热拌热铺沥青混合料路面试验路段铺筑分为试拌及试铺两个阶段,应包括下列试验内容:
1)检验各种施工机械的类型、数量及组合方式是否匹配。
2)通过试拌确定拌合机械的操作工艺,考察计算机打印装置的可信度。
3)通过试铺确定透层油的喷洒方式的效果,摊铺、压实工艺,确定松铺系数等。
4)验证沥青混合料生产配合比设计,提出生产用的标准配合比和最佳沥青用量。
5)建立用钻孔法与核子密度仪无破损检测路面密度的对比关系。确定压实度的标准检测方法。核子密度仪等无破损检测在碾压成型后热态下进行,取 13 个测点的平均值为 1 的数据,一个试验路段不得少于 3 组。钻孔法在第 2 天或第 3 天以后测定,钻孔数不少于 12 个。
6)检测试验段的渗水系数。

图 1-1-6 沥青混凝土面层试验路段施工

图 1-1-7 沥青混凝土面层试验路段施工
——现场厚度检测(一)

图 1-1-8　沥青混凝土面层试验路段施工
——现场厚度检测(二)

图 1-1-9　沥青混凝土面层试验路段施工
——核子密度仪检测压实度

图 1-1-10　沥青混凝土面层试验路段施工
——钻芯取样法检测厚度

图 1-1-11　沥青混凝土面层试验路段施工
——现场温度检测

(四)编制施工组织设计文件

施工组织设计文件所包括的内容主要有以下 8 项：

A. 文字说明

1. 概　述

　　1.1　编制依据

　　1.2　编制原则

　　1.3　工程概况

2. 设备、人员动员周期和设备、人员、材料的组织

　　2.1　设备、人员动员周期

　　　　2.1.1　设备动员周期

　　　　2.1.2　人员动员周期

　　2.2　设备、人员、材料的组织及进施工现场的方式、方法

3. 施工管理及平面布置
   3.1 施工组织机构
   3.2 施工总平面布置
4. 主要工程项目的施工方案、施工方法
   4.1 施工总体方案及施工计划
     4.1.1 施工总体方案
     4.1.2 施工进度计划
   4.2 路面排水工程
     4.2.1 排水管
     4.2.2 渗沟
     4.2.3 集水槽
   4.3 通信工程
     4.3.1 硅芯管的敷设
     4.3.2 检查井
     4.3.3 通行工程施工注意事项
   4.4 混凝土路缘石的预制、安装
     4.4.1 混凝土路缘石的预制
     4.4.2 混凝土路缘石的安装
   4.5 路面级配碎石底基层
     4.5.1 准备工作
     4.5.2 拌和及运输
     4.5.3 摊铺及碾压
     4.5.4 养护
   4.6 水泥稳定碎石基层
     4.6.1 准备工作
     4.6.2 水泥稳定碎石的拌和
     4.6.3 水泥稳定碎石运输
     4.6.4 水泥稳定碎石摊铺
     4.6.5 水泥稳定碎石的碾压
     4.6.6 水泥稳定碎石接缝处理
     4.6.7 水泥稳定碎石的养护
   4.7 乳化沥青稀浆封层
     4.7.1 施工准备
     4.7.2 试验路段的施工
     4.7.3 施工放样
     4.7.4 乳化沥青的制备
     4.7.5 乳化沥青稀浆封层的施工
     4.7.6 初期养护
   4.8 乳化沥青透层的施工
     4.8.1 沥青的选用

4.8.2 沥青透层的施工
4.9 黏层沥青的施工
 4.9.1 沥青的选用
 4.9.2 黏层沥青的施工
4.10 沥青混凝土面层
 4.10.1 施工准备
 4.10.2 沥青混合料的拌和
 4.10.3 沥青混合料的运输
 4.10.4 沥青混合料的摊铺
 4.10.5 沥青混合料的碾压
 4.10.6 接缝
 4.10.7 验收
4.11 桥梁伸缩缝安装与施工
 4.11.1 产品的选择
 4.11.2 由专业安装队伍进行伸缩缝安装
 4.11.3 施工工艺控制

5. 各分项工程的施工顺序
 5.1 路面排水
 5.2 级配碎石底基层
 5.3 水泥稳定碎石基层
 5.4 乳化沥青稀浆封层及透层
 5.5 路缘石施工
 5.6 沥青混凝土面层
 5.7 桥梁伸缩缝安装与施工
 5.8 交通工程及沿线设施

6. 确保工程质量和工期的措施
 6.1 确保工程质量的措施
  6.1.1 工程质量目标
  6.1.2 保证质保体系的实施
  6.1.3 质量保证技术措施
  6.1.4 冬期施工质量保证措施
 6.2 确保工期的措施
  6.2.1 工期目标
  6.2.2 组织措施
  6.2.3 技术措施
  6.2.4 机械劳动力的投入
  6.2.5 材料及机械设备保证措施
  6.2.6 促进工程进度的评比及奖惩措施

7. 重点(关键)和难点工程的施工方案、方法及其措施
 7.1 改性沥青混合料面层

  7.1.1　集料与填料
  7.1.2　改性沥青
 7.2　SBS改性沥青路面的施工
8. 冬期和雨期的施工安排
 8.1　冬期施工安排
 8.2　雨期施工安排
9. 质量、安全保证体系
 9.1　质量保证体系
 9.2　安全保证体系
10. 安全、文明施工和环境保护措施
 10.1　安全施工措施
  10.1.1　安全管理目标
  10.1.2　安全管理组织
 10.2　文明施工措施
  10.2.1　建立健全管理组织机构
  10.2.2　安全管理措施
 10.3　环境保护措施
  10.3.1　建立环保和水保管理体系
  10.3.2　环境保护和水土保持措施
11. 其他应说明的事项
 11.1　分包事项
 11.2　廉政建设
 11.3　对业主的承诺
 11.4　缺陷责任期内对工程的维护方案
 11.5　民工工资保障措施
B. 分项工程进度率计划(斜率图)
C. 工程管理曲线
D. 施工总平面布置图
E. 施工工艺框图
F. 分项工程生产率和施工周期表
G. 施工总体计划表
H. 主要进场人员一览表

工作任务二　物资、劳动组织准备

学习目标

1. 掌握路面施工物资、劳动组织准备相关工作要求。
2. 能根据路面施工的各种规范及材料试验规程完成施工物资准备工作。

3. 能正确完成路面施工原材料准备(质量、数量)、施工机械选择、施工劳动组织准备。

任务描述

通过学习本工作任务,掌握物资、劳动组织准备工作内容,能够承担具体施工项目的物资、劳动组织准备。

学习引导

本工作任务沿以下脉络进行。

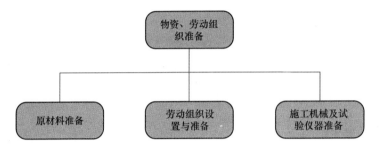

一、相关知识

物资、劳动组织准备的主要内容包括:
(1)路面工程所需的砂石料、石灰、水泥、工业废渣、沥青等原材料的准备。
(2)施工机械设备的准备。
(3)路面工程试验设备的准备。
(4)施工组织机构的建立及各种管理制度的制定、人员配备。

二、任务实施

(一)原材料准备

1. 原材料的质量要求

用于路面各结构层的材料在施工前必须进行质量检验,不符合质量要求的材料不得用于施工。对于不同类型的路面结构层,其质量标准及指标也不相同,具体的质量标准要根据公路等级、结构层层位及材料种类进行确定。

对于不同类型的路面结构层,其原材料的试验检测项目不同。在施工时,要根据具体的结构层类型所用材料进行试验项目的选择。主要原材料的常见试验项目有:

(1)底基层和基层原材料试验项目。
1)土的颗粒级配、含水量、液限和塑性指数、相对密度、碎石或砾石的压碎值、有机质含量(必要时做)、硫酸盐含量(必要时做)。
2)石灰的有效钙及氧化镁含量。
3)粉煤灰的化学成分、细度和烧失量。
4)水泥的强度等级、初凝时间及终凝时间。

（2）底基层和基层混合料试验项目。

1）重型击实试验：以求最佳含水量和最大干密度，规定施工现场碾压时的合适含水量和应该达到的最小干密度，确定制备强度试验和耐久性试验的试件所用的含水量和干密度；确定制备承载比试件的材料含水量。

2）承载比：以求工地预期干密度下的承载比，确定材料是否适宜做基层或底基层。

3）抗压强度：进行材料组成设计，选定最适于用水泥或石灰稳定的土（包括粒料）；规定施工中所用的结合料剂量；为施工现场提供评定质量的标准。

4）延迟时间：对已定水泥剂量的混合料，确定延迟时间对混合料密度的抗压强度的影响，并据此确定施工允许的延迟时间。

5）混合料的配合比：以确定各种材料用量。

（3）沥青路面试验项目。

1）道路用石油沥青质量指标：针入度、软化点、延度、蜡含量；改性沥青质量指标：针入度、软化点、离析试验（对成品改性沥青）、低温延度、弹性恢复、显微镜观察（对现场改性沥青）；乳化沥青质量指标：蒸发残留物含量、蒸发残留物针入度；改性乳化沥青质量指标：蒸发残留物的含量、蒸发残留物的针入度、蒸发残留物的软化点、蒸发残留物的延度。

2）沥青混合料用粗集料质量指标：外观、石料压碎值、洛杉矶磨耗率、含水量、针片状颗粒含量、颗粒组成（筛分）及粗集料与沥青的黏附性、磨光值等。

3）沥青混合料用细集料质量指标：松方单位重、含水量、砂当量、颗粒组成（筛分）等。

4）沥青混合料用矿粉质量指标：外观、<0.075 mm含量、含水量。

5）沥青混合料质量指标：拌和温度、矿料级配（筛分）、沥青用量、马歇尔试验（空隙率、稳定度、流值）、浸水马歇尔试验、车辙试验。

（4）水泥混凝土路面试验项目。

1）水泥质量指标：安定性、标准稠度需水量、烧失量、比表面积、细度、初凝时间、终凝时间等。

2）粗集料质量指标：石料压碎值、坚固性、含泥量、针片状颗粒含量、泥块含量、有机物含量、硫化物及硫酸盐含量、岩石抗压强度、表观密度、松散堆积密度、空隙率、颗粒分析等。

3）细集料质量指标：机制砂单粒级最大压碎指标、含泥量、泥块含量、有机物含量、硫化物及硫酸盐含量、表观密度、松散堆积密度、空隙率、颗粒分析等。

4）水泥混凝土配合比设计，以确定各种材料的合理用量。

所有试验项目的试验方法、标准要求等应参照相关技术规范。

2. 材料数量的准备

各类材料的需要量根据公路施工定额进行总量的准备，而各个时间段应投入的各种材料数量要根据工程工期要求及材料总量进行确定。

对于不同种类、不同规格的材料应按规范及监理工程师的要求堆放，并采取必要的防护措施（图1-2-1、图1-2-2）。

图 1-2-1 不同种类、规格的材料应分别堆放并采取有效防护措施

图 1-2-2 不同种类、规格的材料应分别堆放

(二)路面施工机械准备

对于不同类型的路面结构层,所用的施工机械设备也不尽相同。在施工时,应根据项目的具体情况对施工机械设备进行选择。

1. 稳定土材料拌合机械

稳定土材料拌合机械通常分为路拌机械和厂拌设备两大类。

(1)路拌机械。稳定土拌合机可以将土、无机结合料、细料、集料等材料按施工配合比在路上直接拌和。根据不同的分类方法可以将其进行如下分类:

1)按照行走方式分,稳定土拌合机可分为履带式和轮胎式两种。履带式稳定土拌合机的特点是附着力大,整机稳定性好,但其机动性差,不便于运输。轮胎式稳定土拌合机在应用了低压宽基轮胎后,整机稳定性和附着力有了很大的提高,因其机动性好,在施工中应用较为广泛。

2)按照工作装置分,稳定土拌合机根据在拌合机上的位置可分为前置式、后置式和中置式三种。前置式稳定土拌合机因在作业面上产生轮迹,目前已逐渐被淘汰;后置式稳定土拌合机的特点是不产生轮迹,维修、保养方便,转弯半径小,在目前应用较为广泛(图 1-2-3);中置式稳定土拌合机的特点是稳定性好,但维修、保养不方便,转弯半径较大(图 1-2-4)。

3)按转子的旋转方向分,稳定土拌合机可分为正转和反转两种。前者的切削方向是转子由上向下切削(即顺切),拌和阻力小,拌和宽度和深度较大,只适用于拌和松散的稳定材料。后者的切削方向是转子由下向上切削(即逆切),其拌和质量较好,但由于拌和阻力大,消耗的功率也大。

国产的稳定土拌合机功率为 220~300 kW,拌和宽度为 2.0~2.4 m,拌和深度为 200~400 mm,工作速度为 0~35 m/h。国外生产的稳定土拌合机最大功率为 551.5 kW,最大工作宽度为 4.2 m,最大拌和深度达 400 mm。

图 1-2-3 转子后置式稳定土拌合机　　　　图 1-2-4 转子中置式稳定土拌合机

(2)厂拌设备。稳定土厂拌设备是将土、碎石、砾石、水泥、石灰、粉煤灰、水等材料按施工配合比在固定地点拌和均匀的专用生产设备。

厂拌设备一般由供料系统(包括各种料斗)、拌和系统、控制系统(包括各种计量器和操纵系统)、输送系统和成品储存系统五大部分组成。

稳定土厂拌设备作业时，所用的无机结合料通过皮带输送机、垂直提升机械输送到大仓库中。此时，小仓库中的无机结合料通过叶轮供料器被送到斜皮带输送机上。同时，各料斗中的其他物料经料门卸出，并经皮带式输送机送至水平皮带输送机上，再由水平皮带输送机将各种材料送入拌合筒内，同时，水箱中的水也被泵入拌合筒内。拌合筒中的螺旋搅拌器将各种料搅拌均匀后强制送至储料仓。最终拌和好的成品料通过储料仓的溢流管送到堆料输送机上或直接卸到运输车上送至施工现场。

目前，国产的稳定土厂拌设备还不够完善，施工中应用进口设备较多。

稳定土厂拌设备的优点是级配精度高，拌和质量好；其缺点是由于作业地点固定，现场转运量大，成本较高，占地面积大。在高等级公路施工中，为保证工程质量，应尽可能采用厂拌设备施工。

2. 水泥混凝土设备

在高等级公路施工中，常用的水泥混凝土设备有混凝土搅拌机、混凝土浇筑成型机械等。

(1)混凝土搅拌机。混凝土搅拌机一般由搅拌筒、进料装置、卸料装置、传动装置和配水系统等主要部分组成。按搅拌原理混凝土搅拌机可分为自落式和强制式两类。

1)自落式搅拌机。自落式搅拌机按搅拌筒的形状和出料方式，可分为鼓筒式搅拌机、锥形反转出料式搅拌机和双锥形倾翻出料式搅拌机。

①鼓筒式搅拌机。鼓筒式搅拌机的搅拌筒呈鼓形。由于它只靠物料的自落作用进行拌和，搅拌作用不甚强烈，对于坍落度小于 3 cm 的混凝土不易搅拌均匀，且易产生粘罐和出料困难现象，故一般只适用于搅拌流动性较大的混凝土。鼓筒式搅拌机工作时，物料一般要提到相当的高度(约为筒径的 0.7 倍处)才落下。所以，其搅拌筒筒径不能太大，否则物料下落时，大粒径集料易将叶片、筒壁砸坏。因此，鼓筒式搅拌机不能做成大型的，也不宜用它来搅拌含有大集料(粒径大于 80 mm)的混凝土。另外，它还存在卸料时间长、搅拌筒利用系数低(一般仅为 0.22～0.25)等缺点。但由于它结构简单，耐用可靠，制造与维修容易，在我国公路施工现场仍得到广泛应用。

②锥形反转出料式搅拌机。其搅拌筒为双锥形，搅拌叶片按一定的角度呈交叉配置。搅拌时，物料一方面被叶片提升自落做垂直位移，另一方面又被叶片迫使沿轴向做左右窜动，故搅拌作用比较强。它不但能搅拌流动性大的混凝土，还能搅拌低流动性的混凝土。搅拌筒正转时进行搅拌，反转时靠搅拌筒出料筒出料端的螺旋出料叶片将混凝土推出进行卸料。因为搅拌筒正、反转交替进行，叶片正、反面都能受到物料的撞击，所以不易产生粘罐现象。这种搅拌机构造简单，质量小，搅拌效率较高，出料干净、方便。但搅拌筒利用系数低，反转出料时，是在负载的情况下启动，功率消耗大，故这种机型一般只适用于中、小容量的搅拌机。

③双锥形倾翻出料式搅拌机。搅拌筒由两个截头圆锥组成，两圆锥筒内装有向内倾斜的叶片。搅拌筒转动时，由于叶片向内倾斜，故物料被左、右两圆锥筒上的叶片提升不甚高时便沿叶片滑下。从左、右叶片上滑下的物料相向运动，在搅拌筒中部形成交叉料流。搅拌筒每转一周，物料的搅拌可循环多次。因此，这种搅拌机搅拌效率高，可以搅拌高流动性和低流动性混凝土。因为物料在搅拌筒内提升的高度不大，所以，叶片不易撞坏，可以制成大容量的搅拌机，搅拌含有大粒径集料的混凝土。它卸料时是依靠使搅拌筒倾翻的装置，使搅拌筒倾斜，将料卸出。

2)强制式搅拌机。强制式搅拌机按其构造特征可分为立轴式强制搅拌机和卧轴式强制搅拌机两类。

①立轴式强制搅拌机。搅拌筒是一个水平放置的搅拌机圆盘，搅拌叶片绕立轴旋转，强迫搅拌盘内物料颗粒做多方向运动，形成复杂的交叉料流，将物料搅拌均匀。这类搅拌机按搅拌盘和叶片的旋转方式可分为涡浆式和行星式。涡浆式搅拌机是搅拌盘固定，叶片绕盘中心的立轴旋转。行星式搅拌机又分为定盘式和转盘式。定盘式搅拌机是搅拌盘固定，搅拌叶片除绕位于盘中心的主立轴旋转外，还绕自身的立轴旋转。转盘式搅拌机则是搅拌盘绕中心旋转，而搅拌叶片立轴的位置固定，叶片的旋转方向与搅拌盘的旋转方向或者相反，或者同向。

②卧轴式强制搅拌机。卧轴式强制搅拌机可分为单卧轴式和双卧轴式。单卧轴式的水平搅拌轴通过机壳中心，轴上装有螺旋搅拌叶片和铲刮叶片。工作时，两种叶片迫使物料做强烈的对流运动，使物料在短时间内便搅拌均匀。双卧轴式有两个相连的圆槽形搅拌筒，两根水平搅拌轴相互做反向旋转。两轴上的叶片搅拌作用半径是相互交叉的，叶片与轴中心线成一定的角度，因此当叶片转动时，它不仅使物料在两个搅拌筒内轮番地做圆周运动，而且使它们沿轴向做往返窜动，因而有很好的搅拌效果。

各种类型的强制式搅拌机与自落式相比，其搅拌作用强烈，搅拌时间短、生产效率高，适于搅拌坍落度在 3 cm 以下的普通混凝土与轻集料混凝土，因此，在大面积的路面施工中应用较为广泛。

(2)混凝土捣实机械。混凝土捣实机械类型，按其工作方式的不同可分为插入式振动器、附着式振动器、平板式振动器、台式振荡器。

1)插入式振动器。插入式振动器又称内部振动器。由电动机、软轴和振捣棒三部分组成。振捣棒是工作部分，它是一个棒状空心圆柱体，内部安装着偏心振子，在动力源驱动下，由于偏心振子的振动，整个棒体产生高频微幅的机械振动。工作时，将它插入混凝土中，通过棒体将振动能量直接传给混凝土，因此，其具有振动密实、效率高的优点。

按振捣棒激振原理,插入式振动器可分为偏心轴式和行星滚锥式(简称行星式)两种。由于行星式振动器是在不提高软轴转速的情况下,利用振子的行星运动,即可使振捣棒获得较高的振动频率,与偏心轴式振动器比较,具有振动效果好、机械磨损少等优点,因而得到普遍应用。

2)附着式振动器及平板式振动器。附着式振动器又称外部振动器。它在电动机两侧伸出的悬臂轴上安装了偏心块,故当电动机回转时,偏心块便产生振动力,并通过轴承基座传给模板,通过模板将振动能量传递给混凝土,达到使混凝土密实的目的。

将附着式振动器固定在一块底板上则成为平板式振动器,它又称为表面振动器。它的振动力是通过底板传递给混凝土的。故在使用时,振动器的底部应与混凝土面保持接触。在一个位置振动、捣实到混凝土不再下沉、表面出浆时,即可移至下一位置继续进行振动、捣实。

3)台式振荡器。台式振荡器也是外部振动器,它的激振是由两个频率相等、转向相反的偏心锤装置产生的,因此,只有上下的单向振动而无前后左右的振动。振动台主要由支承架、消振弹簧、工作台、偏心装置及传动轴等组成,并由电动机驱动,通过偏心销不同数量的配置,可得到大小不同的振幅,以适应各种不同的振捣需要。它的最大优点是产生的振动与混凝土的重力方向正好一致,振波正好通过颗粒的直接接触由下向上传递,能量损失很少。而插入式振动器只能产生水平振波,与混凝土重力方向不一致,振波只能通过颗粒之间的摩擦来传递。

(3)混凝土浇筑及配套机械。混凝土浇筑及配套机械可分为真空泵、真空吸垫、抹光机、振动梁、压纹机、锯缝机等。

1)真空泵。真空泵可分为混凝土专用真空泵和可调式混凝土专用真空泵两种。

①混凝土专用真空泵由电动机、水环真空泵、真空室、集水室、过滤网、排水管、吸水管及压力表等部件组成。所有的部件均安装在轻便的小车上。工作时由电动机驱动水环真空泵,使真空室与连接的吸垫或吸盘产生真空度,从混凝土中脱出的水分完全流经真空室、真空泵、集水室,再通过管道排除。混凝土专用真空泵具有结构简单,可抽吸含有灰尘的气体,体积小、质量小、使用灵活、功率消耗少等优点。其缺点是不能根据工艺要求调节真空度。

②可调式混凝土专用真空泵的结构和工作原理与混凝土专用真空泵基本相同,其特点是备有真空度调节装置,能够满足工艺要求任意调节真空度。由于在真空处理过程中,气垫薄膜吸垫凸头对混凝土的挤压作用方向既向下又向四周,若开始作业时真空度过高,则会引起横向挤压,影响下部水分向上移动。同时,初期水分移动速度过大,部分水泥粒子随之移向表面,形成致密的屏障,也会妨碍下部水分的排出。因此,真空处理的初期采用较低的真空度,然后逐步提高至最大值,有利于提高脱水密实效果。可调式混凝土专用真空泵提供了这种条件,同时配备了多用配电塞,现场应用更加方便,目前得到了广泛应用。

2)真空吸垫。真空吸垫是直接与混凝土表面相接触的装置。其作用是在混凝土表面造成一个真空空间(称为真空腔),使混凝土中的水分和空气在负压作用下进入这个空间,然后再被真空泵吸走。

真空吸垫分为柔性和刚性两种。路面工程常用的是前者,称其为柔性真空吸垫。按其构造,分为瑞典 BB_{20} 型塑料网片柔性吸垫、瑞典 RM 型柔性吸垫、V_{82} 型柔性吸垫和 V_{88} 型柔性吸垫四种。

①瑞典 BB_{20} 型塑料网片柔性吸垫的构造分为上、下两层，顶层为覆盖层，起密封作用，用厚度为 0.4 mm 的塑料浸渍合成纤维织物制成。中间设有一条连通真空泵的吸水通道，在通道中心装有连接真空泵的吸管。底层为过滤层，由塑料网片构成，形成真空腔。最下边为尼龙过滤布。瑞典 BB_{20} 型塑料网片柔性吸垫具有轻便灵活、移动方便、制作简单、密封性能较好、真空腔不堵塞等优点。其缺点是：因为真空腔为塑料网片，所以水流阻力较大，真空脱水时间较长；真空度分布不均匀，随着作业半径的增大，真空度下降；覆盖层易损坏，往往影响正常施工作业；过滤层最大宽度仅 80 cm，不便拼接加工，对于较大的作业面，需多次铺放；真空处理中，对混凝土产生的挤压作用小。

②瑞典 RM 型柔性吸垫的构造为顶部覆盖层和过滤垫片。覆盖层为密封层，与瑞典 BB_{20} 型塑料网片柔性吸垫覆盖层相似。过滤垫片起过滤层与形成真空腔的作用，它由单面带圆粒凸头的塑料膜制成，膜上穿有许多吸水微孔，约 10 000 个$/m^2$，使用时带凸头的面朝上。在顶部覆盖层的中心，安有连通真空泵的吸管。瑞典 RM 型柔性吸垫具有结构简单、轻便灵活、使用方便、密封性能较好、取消了过滤布、真空度均匀等优点。其缺点是：每次使用后必须用水彻底清洗，并且每隔一定时间要用稀盐酸清洗一次，否则吸水微孔被水泥堵塞将影响真空处理效果；仅靠吸水微孔脱水面积小，真空处理时间较长；对混凝土的挤压作用小。由于存在上述缺点，故在施工中很少应用。

③V_{82} 型柔性吸垫的构造由透明的、单面带有半球型凸头的气垫薄膜制成。使用时光面朝上，即为密封层。带有凸头的面，通过滤布压于混凝土表面，凸头之间的空隙形成真空腔，过滤布也可紧贴在凸头面直接缝合在真空吸垫的四周边，粘有橡胶薄膜的密封边，在真空处理过程中，始终贴于混凝土表面，起密封作用。V_{82} 型柔性吸垫具有挤压力大、真空度分布均匀、脱水效率较高的特点，同时具有如下优点：结构简单、使用方便可靠；加工制造及维护简便；使用耐久；质量小；成本低；因为选用的材质为透明改性聚乙烯材料，真空吸水工艺过程中，可直接观察吸水状况，便于操作控制；可根据作业面积的大小，加工焊接不同尺寸的整体真空吸垫。V_{82} 型柔性吸垫由于具有上述优点，所以在路面施工中得到广泛应用。

④V_{88} 型柔性吸垫是近年来研制的新型产品，它的真空腔均匀，作业面大，使用简便，取消了滤布，改善了劳动条件，且作业面灵活，按幅宽 50 cm 拼接，四周不需要专用密封边固定吸垫尺寸，能满足不同作业面尺寸的施工需要。加快了脱水进度及均匀度，改善了混凝土表面的平整度，减少了抹平时间。目前，其在路面施工中也得到了推广应用。

3)抹光机。真空处理后的混凝土表面硬度大，人工抹光十分困难，必须采用抹光机。目前采用的抹光机有叶片式（细抹）和圆盘式（提浆、抹平）两种。GS-MG 系列抹光机的技术性能：抹盘直径为 $\phi 400$ mm、$\phi 600$ mm、$\phi 800$ mm；抹盘转速为 61 r/min；叶片倾角可调范围：$0°\sim 12°$；扶手拉力：0.2 kN；电机功率：0.75 kW。

4)振动梁。振动梁是振实、刮平大面积混凝土的理想工具，为混凝土真空吸水工艺配套机具之一。振动梁按材质可分为铝质和钢质两种。铝质振动梁质量小、刚度好、梁身拱度可调，适用于 4 m 以内的混凝土构件。

5)压纹机。压纹机是为提高混凝土路面的摩擦力而设计的。常用的 Y-50 型压纹机压出的凹痕均匀，不破坏表面的水泥浆层，并且具有节省人力、效率高等优点。其规格为 $\phi 60$ mm×500 mm，压纹深度为 $0.6\sim 0.8$ cm。

6)锯缝机。在混凝土凝结（强度达到 10.0 MPa）后，要尽快用金刚石或碳化硅锯片切缝。

(4)水泥混凝土摊铺设备。水泥混凝土摊铺设备按其施工方法可分为轨道式和滑模式两种。

1)轨道式摊铺机。轨道式摊铺机支撑在平底型轨道上,它既可以固定在宽基钢边架上,也可以安放在预制的混凝土板上或补强处理后的路面基层上,摊铺机的水平调整由轨道的平整度控制,而垂直调整根据摊铺机类型,采用不同的调整控制方式。

轨道式摊铺机大致由进料器、摊铺机(包括刮板式、箱式和螺旋式)、振实机、修整机组成。

2)滑模式摊铺机。滑模式摊铺机是20世纪60年代初发展起来的一种新型水泥混凝土路面施工机械。滑模式摊铺机安装在覆带底盘上,行走装置在模板外侧移动,支撑侧边的滑动模板沿机器长度方向安装。在机器的宽度以内,机器的方向和水平位置靠固定在路面两侧桩上拉紧的导向钢丝和高强尼龙绳来控制。机器底盘的水平位置靠与导向钢丝相接触的传感装置来自动控制。附设的传感器也同时促动摊铺机的转向装置,以使导向钢丝和滑模之间保持一定的距离。滑模式摊铺机作业时,不需要另外架设轨道和模板,就能按照要求使路面板挤压成型。这种摊铺机可实现多种功能的摊铺,如路肩、路缘石等。

3. 沥青路面机械

沥青路面机械主要包括沥青洒布机、沥青混凝土拌合机和沥青混合料摊铺机等。

(1)沥青洒布机。在采用表面处理式或贯入式施工工艺铺筑沥青路面时,是用沥青洒布机将热态沥青(工作温度为120 ℃～180 ℃,石油沥青取较高温度,煤沥青取较低温度)洒布到碾压好的碎石基层上,立即趁热均匀撒布一层嵌缝料,扫均匀后碾压,完成贯入式沥青路面。

沥青路面施工时使用的沥青洒布机大致可分为手动式和自动式两种。

1)手动式沥青洒布机。该机适用于高等级公路岔道、辅道等中、小型贯入式路面和沥青表面处治工程的半机械化施工。其特点是移动方便,洒布效率高,可降低劳动强度,喷洒均匀,可根据工作面大小,配备几台用以平行作业,加快工程进度。

2)自行式沥青洒布机。该机将沥青箱和洒布系统等工作设备装在汽车底盘上,可以做远距离移动;并可根据路面宽度、作业要求调节排管长度及各阀门操作位置,进行自动洒布。它具有机动性能好、洒布速度快、工效高、作业能力强、洒布质量较易掌握等优点,在高等级公路贯入式路面和沥青表处路面施工中应用广泛。

自行式沥青洒布机主要包括沥青箱、加热系统、传动机构、洒布机构和操作机构五部分装置。

(2)沥青混凝土拌合机。沥青混凝土拌合机按其作业特点可分为循环作业式沥青混凝土拌合机、连续作业式沥青混凝土拌合机、综合作业式沥青混凝土拌合机等。

1)循环作业式沥青混凝土拌合机。沥青混合料中各类材料的称量、烘干与加热、拌和等工艺过程都是按一定的间隔周期进行的,也就是按份数拌制的。

2)连续作业式沥青混凝土拌合机。混合料中各种配料的定量加料、烘干与加热、拌和与出料等工艺都是连续进行的。

3)综合作业式沥青混凝土拌合机。混合料中各砂石料的供给与烘干加热过程是连续进行的,而砂石料与沥青的称量、拌和,以及成品的出料则按分周期式进行。

图1-2-5所示为沥青混合料拌合站。

(3)沥青混合料摊铺机。沥青混合料摊铺机是用来将拌制好的沥青混合料均匀地摊铺在已整修好的路面基层上的专用设备,按行走方式可分为自行式和拖式两种。高等级公路路面施工中常采用前者。自行式摊铺机又可分为轮胎式、履带式及复合式三种。

1)轮胎式沥青混合料摊铺机。轮胎式沥青混合料摊铺机的前轮为一对或两对实心小胶轮,可以起到增强承载能力、避免因其受荷载变化而变形的作用。后轮大多为大尺寸的充气轮胎。轮胎式沥青混合料摊铺机的优点是:行驶

图 1-2-5 沥青混合料拌合站

速度快(可达20 km/h);可自驶转移工地;费用低;机动性和操作性能好;对单独的小面积高堆或深坑适应性较好,不致过分影响摊铺层的平整度;弯道摊铺质量好;结构简单,造价低。其缺点是:对路面平整度的敏感性较强;受料斗内的材料多少会改变后驱动轮胎的变形量,从而影响铺筑的质量。为了避免这种现象,自卸汽车应分次卸料,但这又会影响汽车的周转。

2)履带式沥青混合料摊铺机。履带式沥青混合料摊铺机的履带大多加装橡胶垫块,以免对地面造成压痕,同时也可借此降低对地面的压力。履带式沥青混合料摊铺机的优点是:牵引力与接地面积都较大,减少对下层的作用力,对下层的平整度不太敏感。其缺点是:行驶速度慢,不能很快地自行转移工地;对地面较高的凸起点适应能力差;机械传动式摊铺机在弯道上作业时会使铺层边缘不整齐;另外,其制造成本较高。

3)复合式沥青混合料摊铺机。作业时,利用履带行走装置;运输时,采用充气轮胎装置。其广泛应用于小规模沥青混合料摊铺。

表 1-2-1 所示为某项目的主要施工机械设备表。

表 1-2-1 主要施工机械设备表

机械名称及厂牌	规格型号	额定功率或容量	数量/台	新旧程度/%	备注
MAP320E274XLP 沥青拌合设备	M4000	350 t/h	1	100	
稳定土拌合设备/山东	(YWCB500)	120 kW, 500 t/h	1	95	
稳定土拌合设备/福建	(WCQ300)	75 kW, 300 t/h	2	70	
履带式摊铺机/德国	ABG423	800 t/h	1	70	
履带式摊铺机/德国	ABG423	800 t/h	3	90	
平地机	185		2	80	
光轮压路机/美国	(DD110)	25 t	2	75	
振动压路机/三一	YZ18(510 A)	88 kW, 激振力 275 kN	4	80	
振动压路机/徐州	YZ18(510 A)	88 kW, 激振力 275 kN	4	80	

续表

机械名称及厂牌	规格型号	额定功率或容量	数量/台	新旧程度/%	备注
轮胎压路机/洛阳	(Y25)	25 t	2	80	
光轮压路机/美国	DD130	25 t	2	80	
装载机	(ZL50)	154.45 kW，3 m³	8	70	
洒水车/广州		6 000 L	8	70	
发电机/河北		200 kW	2	70	
发电机/河北		50 kW	2	70	
变压器/贵州		1 250 kV·A	1	100	
变压器/贵州		315 kV·A	2	100	
变压器/贵州		500 kV·A	1	100	
变压器/贵州		400 kV·A	1	100	
沥青脱桶设备/西安		10 t/h	1	100	
沥青脱桶设备/西安		10 t/h	1	70	
沥青乳化设备/新津	LRHZ6		1	80	
沥青洒布机	CZL5102GLQSC	4 000 L	1	80	

(三)路面工程试验检测设备准备

路面工程试验检测设备包括路面原材料、半成品、成品的检测设备，表1-2-2～表1-2-6所示为各种材料试验的主要仪器设备。

表1-2-2　集料试验主要仪器设备

序号	仪器设备	型号	单位	数量
1	标准筛	孔径：37.5 mm、31.5 mm、26.5 mm、19 mm、16 mm、13.2 mm、9.5 mm、4.75 mm、2.36 mm	套	根据需要配置
2	浅盘		个	根据需要配置
3	天平	称量1 kg，感量1 g	台	根据需要配置
4	容量瓶	500 mL	个	根据需要配置
5	烧杯	500 mL	个	根据需要配置
6	容量筒	1 L、2 L	个	根据需要配置
7	电子天平	称量5 kg，感量5 g	台	根据需要配置
8	漏斗		个	根据需要配置
9	直尺、浅盘		个	根据需要配置
10	标准筛	方孔筛	套	根据需要配置
11	摇筛机		台	根据需要配置
12	浅盘、毛刷		台	根据需要配置

续表

序号	仪器设备	型号	单位	数量
13	标准筛	孔径：5 mm	个	根据需要配置
14	温度计	0 ℃~100 ℃	支	根据需要配置
15	带盖容器		个	根据需要配置
16	磅秤	称量 50 kg、100 kg，感量 5 g	台	根据需要配置
17	容量筒(容积升)	10 L、20 L、30 L	个	根据需要配置
18	平头铁锹		把	根据需要配置
19	振动台	频率每分钟 3 000 次±2 000 次	台	根据需要配置
20	针状规准仪及片状规准仪	GZY-10	个	根据需要配置
21	游标卡尺	15 cm	个	根据需要配置
22	天平	称量 2 kg，感量 2 g	台	根据需要配置
23	台秤	称量 10 kg，感量 10 g	台	根据需要配置
24	压碎指标值测定仪	200 L	台	根据需要配置
25	玻璃容器	10 L	个	根据需要配置
26	集料棱角性测定仪		台	根据需要配置
27	电动砂当量仪		台	根据需要配置

表 1-2-3　石灰试验主要仪器设备

序号	仪器设备	型号	单位	数量
1	压力机	不大于 200 kN	台	根据需要配置
2	滴定管、滴定台、滴定夹，烧杯，容量瓶等	酸式	套	根据需要配置
3	圆孔筛	孔径：40 mm、25 mm、5 mm	套	根据需要配置
4	电动脱模器		台	根据需要配置
5	试模(直径×高)/mm²	细粒 50×50	套	根据需要配置
		中粒 100×100	套	根据需要配置
		粗粒 150×150	套	根据需要配置
6	酸滴定管	50 mL	支	根据需要配置
7	滴定台及滴定管夹		套	根据需要配置

表 1-2-4　沥青试验主要仪器设备

序号	仪器设备	型号	单位	数量
1	沥青旋转薄膜烘箱	XZR-20	台	根据需要配置
2	喷灯		个	根据需要配置
3	含蜡量测定仪	LLHK-100	台	根据需要配置

续表

序号	仪器设备	型号	单位	数量
4	电动击实仪	JS-20	台	根据需要配置
5	混合料拌合机	试验室用	台	根据需要配置
6	试模	内径101.6 mm、高87.0 mm、底座直径120.6 mm、套筒直径101.6 mm、高69.8 mm	个	根据需要配置
7	电子秤	感量不大于2 g	台	根据需要配置
8	自动针入度仪	ZRD-100	台	根据需要配置
9	延伸仪(循环水)	SRC-20	台	根据需要配置
10	低温延伸仪(循环水)	HRS-40	台	根据需要配置
11	八字形试模		组	根据需要配置
12	软化点仪	RHD-80	个	根据需要配置
13	低温试验箱	−20 ℃	台	根据需要配置
14	真空毛细管黏度计	MXK-5	台	根据需要配置
15	动态剪切流变仪(DSR)	GTY-20	台	根据需要配置
16	标准黏滞度仪	LQ-8	台	根据需要配置
17	沥青薄膜烘箱	LQBM-50	台	根据需要配置
18	加热烘箱	100	台	根据需要配置
19	旋转压实仪	ZHU-20	台	根据需要配置
20	天平	感量不大于0.5 g	台	根据需要配置
21	静水天平	0.001	台	根据需要配置
22	马歇尔稳定度试验仪	数字显示仪	台	根据需要配置
23	真空保水容器		个	根据需要配置
24	恒温水浴		个	根据需要配置
25	马歇尔试件高度测定器	0.01 mm	台	根据需要配置
26	沥青混合料成型机	CX-7	台	根据需要配置
27	沥青混合料车辙仪	CZC-8	台	根据需要配置
28	离心抽提仪	转速不小于3 000 r/min	台	根据需要配置
29	沥青燃烧炉	NCAT	台	根据需要配置
30	回收瓶	容量1 700 mL	个	根据需要配置

表1-2-5 路基路面试验主要仪器设备

序号	仪器设备	型号	单位	数量
1	灌砂筒	φ150 mm	套	根据需要配置
2	标定罐	φ150 mm	个	根据需要配置

续表

序号	仪器设备	型号	单位	数量
3	天平		台	根据需要配置
4	静水天平		台	根据需要配置
5	路面取芯机	HZ-20	套	根据需要配置
6	全站仪		套	根据需要配置
7	水准仪		套	根据需要配置
8	经纬仪		套	根据需要配置
9	路面取芯机	HZ-20	套	根据需要配置
10	游标卡尺		套	根据需要配置
11	3 m 直尺		套	根据需要配置
12	自动车辙平整度测试设备		套	根据需要配置
13	摆式摩擦系数测定仪	BM-III	套	根据需要配置
14	贝克曼梁	5.4 m	套	根据需要配置
15	落锤式弯沉仪		套	根据需要配置
16	路面渗水测定仪	LSY	套	根据需要配置
17	电脑摆式摩擦系数仪	DBM	套	根据需要配置
18	自动摩擦系数测试设备		套	根据需要配置
19	构造深度仪		套	根据需要配置

表1-2-6 沥青混合料拌和仿真实训中心主要仪器设备

序号	设备名称	单位	数量
1	沥青混合料自动液压式轮碾成型机	台	根据需要配置
2	微机控制沥青混合料车辙试验系统	套	根据需要配置
3	全自动沥青抽提仪	台	根据需要配置
4	旋转薄膜烘箱	台	根据需要配置
5	全自动高速改性沥青乳化剪切机	台	根据需要配置
6	沥青储存加热成套设备	套	根据需要配置
7	微机控制沥青混合料材料性能试验系统	台	根据需要配置
8	动态剪切流变仪	台	根据需要配置
9	沥青混合料低温冻断试验机	台	根据需要配置
10	微机沥青黏韧性试验系统	台	根据需要配置
11	电脑马歇尔稳定度试验系统	台	根据需要配置

(四)施工组织机构的建立与人员配备

在整个路面工程项目施工前,首先要建立一个能完成施工管理任务、使项目经理指挥灵便、运转自如的高效项目组织机构——项目经理部。一个优秀的组织机构,可以有效地完成施工项目管理目标。

施工项目组织机构的人员设置,以能实现施工项目所要求的工作任务为原则,尽量简化机构,做到高效精干。人员配置要严格控制二、三线人员,力求一专多能,一人多职。同时,还要增加项目班子管理人员的知识含量,着眼于使用和学习锻炼相结合,以提高人员素质。

1. 组建项目组织机构

项目组织机构应根据项目具体情况进行组建,图1-2-6所示为某施工项目的组织机构图。

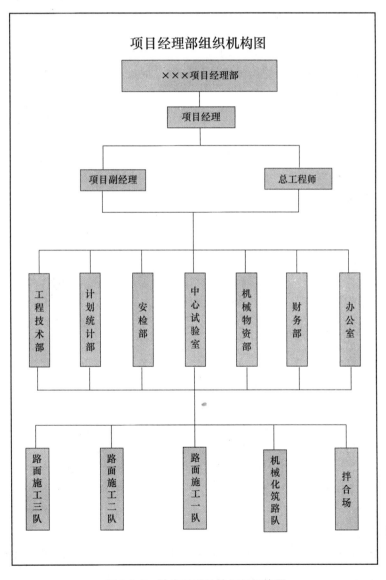

图1-2-6 某施工项目的组织机构图

2. 建立健全各项管理制度

(1)施工计划管理制度。施工计划管理是施工管理工作的中心环节，一切其他管理工作都要围绕计划管理来开展。计划管理包括编制计划、实施计划、检查和调整计划等环节。因为公路施工受自然条件的影响大，其他客观情况的变化也难以准确预测，所以，要求施工计划必须经过充分调查研究后制订，同时在执行过程中应随时检查，发现问题及时采取措施解决，必要时还应对计划进行调整修改，使之符合新的客观情况，以保证计划的实现。

(2)工程技术管理制度。施工技术管理是对施工技术进行一系列组织、指挥、调节和控制等活动的总称。其主要内容包括施工工艺管理、工程质量管理、施工技术措施计划、技术革新和技术改造、安全生产技术措施、技术文件管理等。要搞好各项技术管理工作，关键是建立并严格执行各种技术管理制度。有了健全的技术管理制度，又能认真执行，才能很好地发挥技术管理作用，圆满地完成技术管理任务。

1)技术责任制。技术责任制就是在一个施工单位的技术工作系统，对各级技术人员规定明确的职责范围，使其各负其责，各司其事，将整个施工技术活动和谐地、有节奏地组织起来。它对调动各级技术人员的积极性和创造性，促进施工技术的发展和保证工程质量，都有极其重要的作用。

根据施工单位的组织机构情况，制定分级技术责任制。上级技术负责人应履行向下级技术负责人进行技术交底和技术指导的职责，监督下级按施工图纸、施工规范和操作规程进行施工，处理下级请示的技术问题等责任。下级技术负责人应该接受上级技术负责人的技术指导和监督，执行自己所在技术岗位上的任务。各级技术负责人应负的责任，应根据组织机构和施工任务情况，明确规定在技术责任制中。

2)技术交底制度。工程开工前，为了使参与施工的技术人员及工人了解所承担工程任务的技术特点、施工方法、施工程序、质量标准、安全措施等，必须实施技术交底制度，认真做好交底工作。

技术交底不仅要针对技术干部，而且要将它交给所有从事施工的操作工人，从而提高他们自觉研究技术问题的积极性和主动性，以便更好地完成施工任务和提高技术水平。

技术交底按技术责任制的分工，分级进行。施工单位的技术总负责人，应将公路施工质量标准、施工方法、施工程序、进度要求、安全措施，各分部工程施工组织的分工和配合，主要施工机具的安排和调配等，连同整个工程的施工计划，向所属工程队长及全体技术人员进行交底。工程队技术负责人应将本队承担的工程项目，向所属班组长及全体技术人员进行交底。班组技术负责人应将本班组所承担工程项目的施工方法、劳动组合、机具配备等，对全组工人进行交底。班组技术交底是技术交底制度最重要的环节，班组工人应在接受交底后进行讨论。目的是要使参加施工实际操作的所有人员，充分了解自己施工中应掌握的正确方法和应尽的具体责任，并对改进施工劳动组织和操作方法，以及提高工程质量和保证施工安全等方面提出合理化建议。因为工人是对施工操作最熟悉、经验最丰富的实践者，他们的意见和建议往往能切中要害，能提出和解决工程师考虑不到的问题，对完善施工计划起到良好的促进作用。

分级交底时，必须做好记录，该记录是作为检查施工技术执行情况和检查技术责任制的一项依据。

3)工程成本管理制度。工程成本管理是施工企业为降低工程成本而进行的各项管理工作的总称。工程成本管理与其他管理工作有着密切联系，施工企业总的技术水平和经营管理水平的高低，均能直接或间接地反映在成本这个指标上。工程成本的降低表明施工企业在施工过程中活劳动和物化劳动的节约。活劳动的节约说明劳动生产率的提高，物化劳动的节约说明机械设备利用率的提高和建筑材料消耗率的降低。因此，建立成本管理制度，加强对工程成本的管理，不断降低工程造价，具有十分重要的意义。

工程成本即工程建设过程中耗费的物化劳动（生产资料）和活劳动（付给劳动者的报酬）的货币表现。公路工程成本是施工企业为完成一定数量的工程所耗费的各项生产费用的总和，称为建筑安装工程费（简称建安费），由直接费、设备购置费、措施费、企业管理费、规费、利润、税金及专项费用组成。其中，人工费、材料费、施工机械使用费三部分费用构成直接费。若工程发生质量事故及返工等损失也应计入直接费内。

工程成本是由生产全过程中各个环节、各个部门所有人员的工作质量决定的。因此，成本是反映企业工作质量的综合性指标，是衡量企业管理水平的尺度和制定计划价格的依据。

4）施工安全管理制度。加强施工安全、劳动保护对公路工程的质量、成本和工期具有重要意义，也是企业管理的一项基本原则。其基本任务是：正确贯彻执行"安全为了生产，生产必须安全"和"预防为主"的方针。建立安全施工责任制，加强安全检查，开展安全教育，在保证安全施工的条件下，创优质工程。

①施工安全责任制。施工工地应设安全工程师、班组应设不脱产或半脱产的安全检查员。各安全检查员应该负责本班组或单位工程施工的安全工作，督促和帮助操作人员遵守操作规程和各项安全施工制度。组织班前和班后的安全检查，做好班前安全交底工作，一旦发现事故苗头应及时向工程管理人员报告，并采取预防措施防止事故的发生。

②安全教育、检查及事故处理。安全教育是加强施工人员安全施工知识和预防作业时发生事故的重要手段。安全检查是预防各种事故发生的重要措施。发生伤亡事故时应立即采取紧急措施，组织力量抢救，并将情况向有关方面报告。

③加强安全技术工作。安全施工是一项技术性很强的工作，应根据公路工程作业的各种特点来制定安全规范、作业规程、安全事故处理预案等。

3. 各部门、工程项目队职责

(1)项目经理职责：项目经理以公司法定代表人委托人的身份，按项目法组织施工，指挥参建职工全面完成施工承包合同所规定的任务。其职责包括：

1）严格按ISO9002质量体系文件《管理手册》中《项目工程组织机构管理办法》执行及按《项目施工管理办法》对工程实施全面管理。

2）按弹性编制组建项目的管理层和作业层；按动态管理要求优化、组织各项资源配置。对所属施工队伍进行生产指挥、技术管理、环保检查、安全质量检查，保证按合同完成建设任务。

3）合理使用和调配资金。合理使用公司拨付的启动资金和建设单位拨付的预付款和计量款。控制施工阶段成本和竣工决算成本。

4）认真履行施工合同，协调内外关系，解决施工中存在的问题。

5）承担责任：对公司负责，对业主承担质量、进度、费用、环保和安全的管理责任。

(2)项目副经理职责：

1）协助项目经理做好合同段的施工管理和生产调度指挥。

2)主持制定各项岗位、经济、技术、质量、进度、安全、环保责任制并主持制定各项实施细则，确定奖罚标准。

3)主持施工进度、安全生产及文明施工、大检查和突击抽查，定期审查生产计划完成情况。

4)负责与地方政府和所属部门的关系协调，主持对外往来。

(3)总工程师职责：

1)协助项目经理对本标段的施工实施全面管理，主持本项目的技术管理和施工方案的贯彻实施。

2)协助项目经理做好施工进度控制、质量控制、安全生产、文明施工和成本控制。

3)主持编制实施性施工组织设计和年度、季度施工生产计划、成本计划及物资设备供应计划，主持制定各项配套措施。

4)制定相关的环境保护措施，协助项目经理实现环境保护目标。

5)主持ISO9002质量体系在项目的运行，主持编制质量计划和创优规划的实施。组织项目的技术攻关和全面质量管理；主持重大技术交底。

6)审查控制测量方案、施工监测方案及其成果资料，审阅主要材料、主要工程部位的检测试验资料和分项分部工程验收资料。

(4)工程技术部职责：

1)在总工程师领导下，负责本工程项目具体的施工技术工作，审查设计文件，执行施工技术规范，进行技术交底，并组织实施。并负责本工程施工过程中的各项施工监测工作。

2)全面贯彻落实本公司的质量方针、质量目标和相关程序文件，具体实施ISO9002质量体系对本项目的覆盖和运行，编制质量计划和重要作业指导书、工艺细则、工艺标准，制定各工序的质量标准。编制各部位各阶段质量保证措施。

3)主持编制质量快报和质量月报，随时通报质量动态。

4)主持编制质量竣工资料，参加单位工程和全标段竣工内部检查初验和竣工交接。

(5)计经统计部职责：

1)具体负责本项目施工过程中的施工计划编制、工程计量及合同的归口管理。

2)负责工程项目的验工计价和工程决算。

(6)安检部职责：

1)负责项目施工过程中的安全生产情况检查和制定相应的安全生产条例。

2)组织现场质量大检查和随机抽查，负责制定不合格产品和不合格工序的处理方案。

3)负责创优规划的实施和全面质量管理工作的实施，主持各QC小组的工作进程。

(7)中心试验室职责：

1)主持对主要原材料进行进货检查试验，为核查地质情况进行必要的土工试验，对重要结构部位进行试块或取样试验。

2)对不合格品要及时通报并加标识，以便采取措施，防止事故的发生。

3)主持各项试验报告、配合比选定单的审核。

4)积累所有检测试验原始资料，及时提供给监理工程师审查，并纳入竣工文件。

5)准备资料参加内部质检初验和竣工验收。

(8)机械物资部职责：

1)负责主持本工程施工过程中的物资设备采购、供应和调配工作,保证施工过程中物资设备资源的需要。

2)负责配套施工机械计划的编制工作,负责设备的进出场管理。

3)主持制定严密的材料工作制度和进出库手续,要记录材料流向,做到各批材料都可追溯到各工程部位。

4)督促现场材料文明管理,凡不合格材料都单独堆放并加标识,按ISO9002管理程序防止不合格材料被误用。

(9)财务部职责:其职责是对本工程项目施工中的资金计划进行合理使用管理,使资金在项目内的周转使用为施工顺利进行和完成提供保证。

(10)办公室职责:其职责是负责处理行政日常事务管理工作和人员管理工作,协助处理好内外工作关系。

(11)工程项目队职责:其职责是负责按施工月旬计划要求,组织安排施工项目队实施,保证各项施工任务的按期顺利完成。各类技术工程及人工需要量应根据公路施工定额进行总量的准备,而各个时段应具体投入的人员数量要根据工程进度计划的要求及人工总量进行分阶段的分配。

工作任务三　施工现场准备

学习目标

1. 熟悉公路路面施工现场准备工作内容。
2. 了解公路路面施工现场准备相关工作要求。
3. 能正确完成公路路面施工现场准备。

任务描述

通过学习本工作任务,掌握施工现场准备工作内容,能够根据项目实际地形地貌进行施工平面布置。

学习引导

本工作任务沿以下脉络进行。

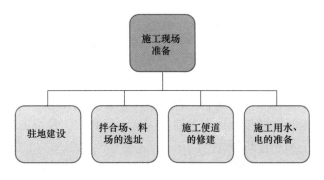

一、相关知识

路面施工现场准备包括各种生产及生活设施准备(驻地建设，拌合站及料场选址，施工便道修建，施工用水、电、通信等的要求)。

二、任务实施

(一)驻地建设

(1)驻地建设包括行政办公用房、宿舍、文化福利用房及作业棚等。其需要量视职工与家属的总人数和房屋指标确定。

(2)驻地建设应满足消防安全的要求，并做好消防培训工作。

(3)驻地应尽量选在施工路段的中心位置。

对于北方地区，如施工期需经历冬季时，房屋建设应考虑取暖问题，一般宿舍、办公室、食堂等要有取暖设备。对于南方地区，如施工期正值暑季，则应有降暑设备。

驻地建设修建的一般要求是：布置要紧凑，充分利用非耕地，尽量利用施工现场或附近已有的建筑物，必须修建的临时房屋，应以经济、实用为原则，合理选择形式(如装拆式移动式建筑)，以便重复使用。

图1-3-1所示为驻地建设样图。

图 1-3-1 驻地建设样图

(二)拌合站、料场的选址

根据合同段的实际地形情况，结合工程特点，本着实用、方便的原则，并充分考虑工期、材料需要量、拌合设备的生产能力等诸多因素进行布置。根据工程规模可设置一个或多个预制场、搅拌站、材料库房等。

图1-3-2所示为某项目的驻地、预制场、搅拌站等各主要设施及该合同段主要构造物的平面布置情况，称为平面布置图。

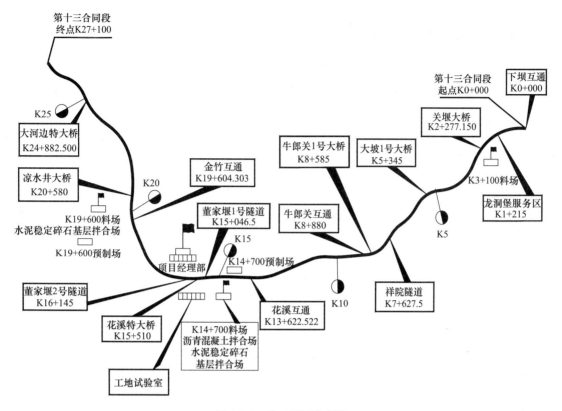

图 1-3-2 施工平面布置图

(三)施工便道

工程在正式施工前,必须解决好场内、外的交通运输问题。在工地布设临时交通便道应遵循下列原则:

(1)以工程协调管理部门(如指挥部)为中心,道路以最短距离通往主体工程施工场所,并连接主干道路,使内外交通方便。

(2)充分利用原有道路,对不满足使用要求的原有道路,应尽量在原有基础上改建,节约投资和施工准备时间。

(3)尽量避开洼地和河流,不建或少建临时桥梁。

(4)因地制宜,就地取材,充分利用现场地形、地物。

(四)工地临时用水

工地用水包括生产用水、生活用水和消防用水。生产用水包括现场施工用水和施工机械、动力设备用水;生活用水包括现场生活用水和生活区生活用水;在生产生活区域内的消防备用水,以生活用水为主,当有需要时可修建消防水池备水。

(五)工地临时供电

施工现场用电,包括生活用电和生产用电。其中,生活用电主要是照明用电和生活设施用电;生产用电包括各种生产设施用电、主体工程施工用电、其他临时设施用电。

高等级公路工程由于线长、点多，一般不宜统一供电。工地附近有外部电网通过时，应尽量使用外电，没有或不能使用时，则考虑自行发电。

复习思考题

1. 公路要求路面应具有哪些基本性能？
2. 路面结构层的划分及其功能是怎样的？
3. 设计文件的必要性及技术交底的内容及要求是什么？
4. 下承层的检验项目有哪些？
5. 试验路段铺筑的目的是什么？
6. 施工技术准备的主要内容是什么？
7. 物资、劳动组织准备的主要内容包括哪些？
8. 施工现场准备包括哪些内容？

学习情境二　路面基层(底基层)施工

路面基层(底基层)根据使用材料和强度形成机理一般可分为无机结合料稳定类(整体型)和粒料类(碎石类、砾石类)(也称为级配型和嵌锁型)。整体型基层也称为半刚性基层，是目前高级路面最常用的基层(底基层)。级配型碎石、砾石主要用于次高级路面的底基层、其他路面的基层或低级路面的面层。嵌锁型碎石主要用于中、低级路面的基层或低级路面的面层(表0-2)。

路面基层根据需要分为两层时，应进行分层铺筑。通常上层为基层，下层为底基层，两层所用材料的类型、等级、质量都可以不同。同时，《公路路面基层施工技术细则》(JTG/T F20—2015)及《公路工程质量检验评定标准　第一册　土建工程》(JTG F80/1—2017)根据公路等级将基层(底基层)划分为高速公路、一级公路和其他公路三档，并分别规定了相应的技术要求、施工方法和验收评定标准。

工作任务一　填隙碎石施工

学习目标

1. 能根据填隙碎石施工准备工作内容及材料要求，进行施工准备并填写开工报告。
2. 能根据施工操作方法指导施工作业。
3. 能进行施工记录的填写。
4. 能根据施工安全、环保措施进行相应的施工管理。

任务描述

通过学习本工作任务，掌握填隙碎石施工的技能和相关理论知识及施工工艺流程，能够将设计意图领会并在实地表现，能够承担施工现场组织管理及质量资料的填写等工作任务。

学习引导

本工作任务沿以下脉络进行。

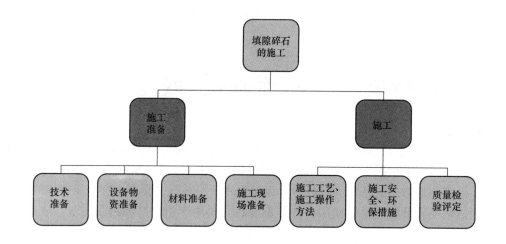

一、相关知识

用单一尺寸的粗碎石做主集料,形成嵌锁结构,可起承受和传递车轮荷载的作用。用石屑做填隙料,填满碎石之间的空隙,增加密实度和稳定性,这种材料称作填隙碎石。填隙碎石可用干法施工,也可用湿法施工。

二、任务实施

(一)施工准备

1. 技术准备

(1)施工测量。

微课:填隙碎石技术准备

1)对全线的导线点、水准点进行加密、复测,精度符合规范要求。

2)在下承层上恢复中线。直线段每15~20 m设一桩,平曲线段每10~15 m设一桩,并在对应断面的路肩外侧设指示桩。

3)进行水平测量。在两侧指示桩上用红漆标出结构层边缘的松铺高度。

(2)集中技术人员进行图纸会审,熟悉各部结构,确定合理的施工工艺。

(3)详细了解现场施工环境,编制切实可行的施工方案,并进行详细的二级技术交底。

(4)做好安全防卫和安全技术交底工作,避免天气、施工机械等对生产人员的生命财产构成威胁。

(5)制定关键工序控制措施,冬、雨期施工措施及夜间施工措施。

2. 设备物资准备

(1)生产设备:破碎机(自采材料用)、装料用装载机。

(2)施工设备:摊铺机、石屑撒布机、运料车、压路机、洒水车等。

(3)测量器具:全站仪、水准仪、卡尺、钢钎、钢丝线等。

设备物资、材料及作业条件准备

3. 材料准备及要求

(1)碎石料。根据所铺结构层路段宽度、厚度及松铺系数(1.20~1.30,碎石最大粒径与层厚之比为0.5左右时,系数为1.3;比值较大时,系数接近1.2),计算各段需要的粗碎石数量。根据运料车辆的车厢体积,计算每车料的堆放距离。

(2)填隙料。填隙料的用量为碎石质量的30%～40%。

(3)填隙碎石用作基层时,碎石的最大粒径不应超过53 mm;用作底基层时,碎石的最大粒径不应超过63 mm。粗碎石可以用具有一定强度的各种岩石或漂石轧制,但漂石的粒径应为粗碎石最大粒径的3倍以上;也可以用稳定的矿渣轧制,矿渣的干密度和质量应比较均匀,且其干密度不小于960 kg/m³。材料中的扁平、长条和软弱颗粒的含量不应超过15%。填隙碎石、粗碎石的颗粒组成、塑性指数应符合相关规范要求。

粗碎石的压碎石应符合以下要求:

用作基层时,不大于26%;

用作底基层时,不大于30%。

4. 作业条件准备

(1)基层的下承层是底基层及其以下部分。底基层的下承层可能还包括垫层。下承层表面应平整、坚实,具有规定的路拱,没有任何松散的材料和软弱地点。

(2)下承层的平整度和压实度应符合规范要求。

(3)土基无论路堤或路堑,必须用12～15 t三轮压路机或等效的碾压机械进行碾压(压3～4遍)。在碾压过程中,如发现土过干、表层松散,应适当洒水;如发现土过湿、发生"弹簧"现象,应采取挖开晾晒、换土、掺石灰或粒料等措施进行处理。

(4)对于底基层,根据压实度检查(或碾压检验)和弯沉测定的结果,凡不符合设计要求的路段,必须根据具体情况,分别采用补充碾压、加厚底基层、换填好的材料、挖开晾晒等措施,使之达到标准。

(5)底基层上的低洼和坑洞,应仔细填补及压实。底基层上的"搓板"应刮除;松散处,应耙松洒水并重新碾压。

(6)逐一对每个断面下承层标高进行检查,看其是否符合设计要求。下承层标高的误差应符合规范规定。

(7)新完成的底基层或土基,必须按规范进行验收。凡验收不合格的路段,必须采取措施,使其达到标准后,方能在其上铺筑基层或底基层。

(8)在槽式断面的路段,两侧路肩上每隔一定距离(5～10 m)应交错开挖泄水沟。

(9)在正式开工前,已进行试验路段施工,获得了机械拌和、摊铺、压实等技术参数(松铺系数、碾压遍数、摊铺速度等)

(二)施工

1. 工艺流程

施工准备→运输与摊铺→初压→撒布填隙料→碾压→再次撒布填隙料→碾压→补撒填隙料→碾压→洒水→碾压。填隙碎石施工工艺框图如图2-1-1所示。

微课:填隙碎石施工工艺

2. 施工操作方法

(1)准备下承层。下承层表面应平整、坚实,具有规定的路拱,无杂物,无松散现象,表面洒水湿润。

(2)施工放样。在下承层上恢复中线,直线段每15～20 m设一桩,平曲线段每10～15 m设一桩,并在两侧路肩边缘外设指示桩;同时,在指示桩上用明显标记标示出填隙碎石层边缘的设计高。

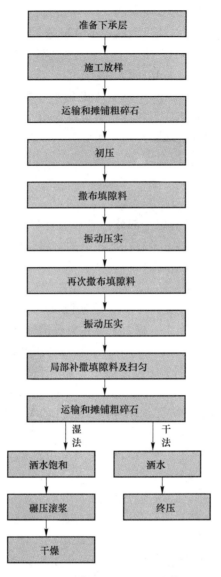

图 2-1-1 填隙碎石施工工艺框图
(每一道工序施工完必须经工程师验收批准后才可施工下一道工序)

(3)运输和摊铺粗碎石(图 2-1-2)。

1)碎石装车时,应控制每车料的数量基本相等。

2)在同一料场供料的路段,由远到近地将粗碎石按计算的距离卸置于下承层上。卸料距离应严格掌握,避免料不够或过多,且料堆每隔一定距离应留一缺口,以便于施工作业。

3)用平地机或其他合适的机具将粗碎石均匀地摊铺在预定的宽度上,表面应力求平整,且有规定的路拱。同时摊铺路肩用料。

4)检验松铺材料层的厚度,看其是否符合预定要求。必要时,应进行减料或补料工作。

(4)撒铺填隙料和碾压。

1)干法施工。干法施工的填隙碎石特别适用于干旱缺水地区施工,其施工步骤如下:

图 2-1-2 装载机进行粗碎石的铺筑

①初压。用两轮压路机碾压3~4遍,使粗碎石(集料)稳定就位,在直线段上,碾压从两侧路肩开始,逐渐错轮向路中心进行。在有超高路段,碾压从内侧路肩开始,逐渐错轮向外侧路肩进行。错轮时,每次重叠1/3轮宽。在第一遍碾压后,应再次找平。初压终了时,表面应平整,并具有规定的路拱和纵坡。

②撒铺填隙料。用石屑撒布机或类似的设备将干填隙料均匀地撒铺在已压稳的粗碎石层上,松厚为2.5~3.0 cm。必要时,可用人工或机械扫(滚动式钢丝扫)进行扫匀。

③碾压。用振动压路机慢速碾压,将全部填隙料振入粗碎石之间的空隙中。如没有振动压路机,可用重型振动板。碾压方法同初压。但路面两侧应多压两三遍。其压实厚度通常为碎石最大粒径的1.5~2.0倍,即10~12 cm。

④再次撒铺填隙料。用石屑撒布机或类似的设备将干填隙料再次撒铺在粗碎石层上,松铺厚度为2.0~2.5 cm。用人工或机械扫匀。

⑤再次碾压。用振动压路机进行碾压,碾压过程中,对局部填隙料不足之处,人工进行找补,将局部多余的填隙料用竹帚扫到不足之处或扫出路外。

⑥振动压路机碾压后,如表面仍有未填满的空隙,则还需补撒填隙料,并用振动压路机继续碾压,直到全部空隙被填满为止。同时,应将局部多余的填隙料铲除或扫除。填隙料不应在粗碎石表面局部集中。表面必须能见到粗碎石(如填隙碎石层上为薄沥青面层,应使粗碎石的棱角外露3~5 mm)。

⑦填隙碎石表面空隙全部填满后,宜再用重型压路机碾压一两遍。在碾压过程中,不应有任何蠕动现象。在碾压之前,宜在表面先洒少量水(洒水量宜不少于3 kg/m²)。

⑧设计厚度超过一层铺筑厚度,需在其上再铺一层时,应将已压成的填隙碎石层表面的细料扫除一些,使表面粗碎石外露5~10 mm。然后在其上摊铺第二层粗碎石,并按上述①~⑦的工序及要求进行。

2)湿法施工。

①初压。用两轮压路机碾压三四遍,使粗碎石稳定就位,在直线段上,碾压从两侧路肩开始,逐渐错轮向路中心进行。在有超高路段,碾压从内侧路肩开始,逐渐错轮向外侧

路肩进行。错轮时,每次重叠1/3轮宽。在第一遍碾压后,应再次找平。初压终了时,表面应平整,并且有要求的路拱和纵坡。

②撒铺填隙料。用石屑撒布机或类似的设备将干填隙料均匀地撒铺在已压稳的粗碎石层上,松厚为2.5~3.0 cm。需要时,用人工或机械扫(滚动式钢丝扫)进行扫匀。

③碾压。用振动压路机慢速碾压,将全部填隙料振入粗碎石之间的空隙中。如没有振动压路机,可用重型振动板。碾压方法同初压。但路面两侧应多压两三遍。其压实厚度通常为碎石最大粒径的1.5~2.0倍,即10~12 cm。碾压后基层的固体体积率应不小于85%,底基层的固体体积率应不小于83%。

④再次撒铺填隙料。用石屑撒布机或类似的设备将干填隙料再次撒铺在粗碎石层上,松铺厚度为2.0~2.5 cm。用人工或机械扫匀。

⑤再次碾压。用振动压路机进行碾压,在碾压过程中,对局部填隙料不足之处,应人工进行找补,将局部多余的填隙料用竹帚扫到不足之处或扫出路外。

⑥粗碎石层表面空隙全部填满后,立即用洒水车洒水,直到饱和(应注意勿使多余水浸泡下承层)。

⑦用重型压路机跟在洒水车后面进行碾压。其压实要求及压实厚度与干法施工相同。在碾压过程中,将湿填隙料继续扫入所出现的空隙中。必要时,再添加新的填隙料。洒水和碾压应一直进行到细集料和水形成粉浆为止。粉浆应有足够的数量,以填塞全部空隙,并在压路机轮前形成微波纹状。

⑧干燥。碾压完成的路段要留待一段时间,让水分蒸发。结构层变干后,表面多余的细料及任何集中成一薄层的细料覆盖层,都应扫除干净。

⑨当需分层铺筑时,应待结构层变干后,将已压成型的填隙碎石层表面的填隙料扫除一些,使表面粗碎石外露5~10 mm,然后在其上摊铺第二层粗碎石,并重复上述①~⑧的工序。

3. 安全保证措施

(1)在项目驻地、拌合站和施工现场设置专职安全员。

(2)电工、机械操作人员必须持证上岗。

(3)施工现场有明显标志标牌,避免施工作业和施工机械车辆之间及与公路及市政交通互相影响。

(4)施工便道应平整无撒落石子。

(5)施工用电设施经常检查,杜绝隐患。

(6)机械与配套设施应进行检查。

(7)自卸汽车与撒布机联合作业,应紧密配合,以防碰撞。

(8)撒布碎石,车速要稳定,不应在撒布过程中换挡。严禁撒布机长途自行转移。

(9)在工地做短距离转移,必须停止拨料辊及皮带运输机的转动,并注意道路状况以防碰坏机件或出现其他事故。

(10)作业时,无关人员不得进入现场,以防碎石伤人。

(11)石料的最大粒径不得超过机械说明书中的规定。

(12)洒水车在公路上洒水时,不得妨碍交通。

(13)在有水草和杂物的水道中抽水,吸水管端应加设过滤网罩。

(14)洒水车在上、下坡及弯道运行中,不得高速行驶,并避免紧急制动。

(15)洒水车驾驶室外不得载人。

4. 环保措施

(1)严格按规范施工,施工便道和现场要经常洒水,防止扬尘。

(2)禁止在施工现场随便丢弃废料、废品。

5. 质量检验评定

(1)基本要求。

1)所有材料的规格、质量应满足设计要求。

2)应采用振动压路机碾压至填隙饱满密实。

(2)实测项目。填隙碎石基层和底基层实测项目见表2-1-1。

表2-1-1 填隙碎石基层和底基层实测项目

项次	检查项目		规定值或允许偏差				检查方法和频率
			基层		底基层		
			高速公路一级公路	其他公路	高速公路一级公路	其他公路	
1	固体体积率/%	代表值	—	≥98	—	≥96	密度法:每200 m测2点
		极值	—	≥82	—	≥80	
2	弯沉值/0.01 mm		符合设计要求		符合设计要求		按《公路工程质量检验评定标准 第一册 土建工程》(JTG F80/1—2017)附录J检查
3	平整度/mm		—	≤12	≤12	≤15	3 m直尺:每200 m测2处×5尺
4	纵断高程/mm		—	+5,−15	+5,−15	+5,−20	水准仪:每200 m测2个断面
5	宽度/mm		符合设计要求		符合设计要求		尺量:每200 m测4点
6	厚度/mm	代表值	−10	−10	−10	−12	按《公路工程质量检验评定标准 第一册 土建工程》(JTG F80/1—2017)附录H检查,每200 m测2点
		合格值	−20	−25	−25	−30	
7	横坡/%		—	±0.5	±0.3	±0.5	水准仪:每200 m测2个断面

(3)外观鉴定。

1)表面应无松散、无坑洼、无碾压轮迹。

2)表面连续离析不得超过10 m,累计离析不得超过50 m。

(4)相关质检表格。相关质检表格主要包括检验记录(原材料质量检验、现场检验等)、施工原始记录、施工测量记录、各种记录的汇总、检验申请批复单、中间交工证书等施工过程质量记录文件。各种表格的格式详见附录二。表2-1-2为分项工程质量检验评定表。

表 2-1-2 ×× 二级公路工程分项工程质量检验评定表

检评表-05

分项工程名称：填隙碎石基层　　　　　　　　　　　　　　　　　　　　　　工程部位：（桩号）　　　　　　　　　　　　所属建设项目：
所属分部工程名称：　　　　　　　　　　　　　　　　　　　　　　　　　　　所属单位工程：　　　　　　　　　　　　　　分项工程编号：
分项工程名称：　　　　　　　　　　　　　　　　　　　　　　　　　　　　　施工单位：

基本要求：根据《公路工程质量检验评定标准 第一册 土建工程》(JTG F80/1—2017)的要求：1. 所有材料的规格、质量应满足设计要求。2. 应采用振动压路机碾压至缝隙饱满密实

项次	检查项目		规定值及允许偏差	实测值或实测偏差值										质量评定		
														平均值、代表值	合格率/%	合格判定
1	固体体积率/%	代表值	≥98														
		极值	≥82														
2	弯沉值		符合设计要求														
3	平整度/mm		≤12														
4	纵断高程/mm		+5，-15														
5	宽度/mm	代表值	符合设计要求														
		合格值															
6	厚度/mm	代表值	-10														
		合格值	-20														
7	横坡/%		±0.5														
	外观质量																
				质量保证资料													
	工程质量等级评定																

检验负责人：　　　　　　　　　　　　　　　　记录：　　　　　　　　　　　检测：　　　　　　　　　　　复核：　　　　　　　　　　　年　月　日

工作任务二 级配碎(砾)石施工

学习目标

1. 能根据级配碎(砾)石施工准备工作内容及材料要求,进行施工准备并填写开工报告。
2. 能根据施工操作方法指导施工作业。
3. 能进行施工记录的填写。
4. 能根据施工安全、环保措施进行相应的施工管理。

任务描述

通过学习本工作任务,掌握级配碎(砾)石施工的技能和相关理论知识及施工工艺流程,能够领会设计意图并在实地进行表现,能够承担施工现场组织管理及质量资料的填写等工作任务。

学习引导

本工作任务沿以下脉络进行。

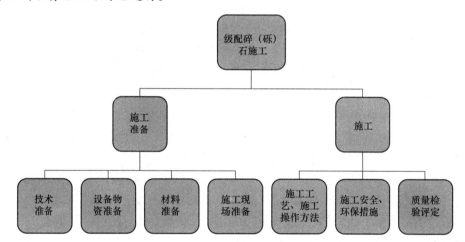

一、相关知识

微课:级配碎(砾)石简介

粗、中、小碎石集料和石屑各占一定比例的混合料,当其颗粒组成符合规定的密实级配要求且塑性指数和承载比均符合规定要求时,称作级配碎石;粗、中、小砾石和砂各占一定比例的混合料,当其颗粒组成符合规定的密实级配要求且塑性指数和承载比均符合规定要求时,称为级配砾石。

用于二级和二级以上公路基层和底基层的级配碎石应用预先筛分成几组不同粒径的碎石及 4.75 mm 以下的石屑组配而成。在其他等级公路上,级配碎石可用未筛分碎石和石屑组配而成。缺乏石屑时,可以添加细砂砾或粗砂。也可以用颗粒组成合适的、含细集料较多的砂砾与未筛分碎石组配成级配碎砾石。当级配碎石或砾石用作基层时，高速公路和一级公路公称最大粒径应不大于26.5 mm，二级及二级以下公路公称最大粒径应不大于31.5 mm；用作底基层时，公称最大粒径应不大于37.5 mm。

级配碎石层施工时，应遵守如下规定：颗粒组成应是一根顺滑的曲线，配料必须准确，塑性指数应符合规定要求，混合料必须拌和均匀，没有粗细颗粒离析现象。

二、任务实施

(一)施工准备

1. 技术准备

微课：级配碎(砾)石施工准备

(1)施工人员要熟悉施工图纸和施工现场情况，对下承层要按照《公路工程质量检验评定标准　第一册　土建工程》(JTG F80/1—2017)及设计要求进行验收。

(2)总工程师要向施工技术人员进行书面的一级技术交底和安全交底。

(3)施工放样：根据坐标控制点和水准控制点进行中桩和高程放样。

(4)开始施工前对施工人员进行全面的技术、操作、质量、安全二级交底，确保施工过程的工程质量、人身安全。

2. 机具准备(一个作业面)

(1)运料掺拌设备：ZI-50型装载机2台、自卸车若干辆。

(2)整平设备：120型或140型推土机1台、80型平地机1台。

(3)碾压设备：18～21 t三轮压路机1台、YZ18振动压路机1台、YZ20振动压路机1台。

(4)其他设备：洒水车2台、抽水泵2台、小型发电机1台。

(5)测量器具：全站仪、水准仪、卡尺、钢钎、钢丝线等。

3. 材料准备及要求

(1)原材料：各种规格碎石、石屑、水等由持证材料员和试验员按规定进行检验，确定其原材料质量符合相应标准。级配碎(砾)石最大粒径应不大于技术规范要求，级配碎(砾)石颗粒组成和塑性指数应满足技术规范要求的级配范围规定。

(2)配合比设计及标准干密度试验：按设计要求和《公路路面基层施工技术细则》(JTG/T F20—2015)要求分别做配合比设计(用于二级及二级以上公路基层和底基层的级配碎石或砾石，应由不少于4种规格的材料掺配而成)，并确定级配碎(砾)石标准干密度。

用于不同公路等级、交通荷载等级和结构层位的级配碎石，在进行配合比设计时，其CBR强度标准应满足表2-2-1的要求。

表2-2-1　级配碎石材料的CBR强度标准　　　　　　　　　　　　　　　　　　　　MPa

结构层	公路等级	极重、特重交通	重交通	中、轻交通
基层	高速公路和一级公路	≥200	≥180	≥160
	二级及二级以下公路	≥160	≥140	≥120
底基层	高速公路和一级公路	≥120	≥100	≥80
	二级及二级以下公路	≥100	≥80	≥60

(3)级配碎(砾)石所用石料的压碎值应满足下列规定：

基层：
　　高速公路和一级公路
　　　　极重、特重交通　　　　　　　　不大于22%
　　　　重、中、轻交通　　　　　　　　不大于26%
　　二级及二级以下公路　　　　　　　　不大于30%
底基层：
　　高速公路和一级公路
　　　　极重、特重交通　　　　　　　　不大于26%
　　　　重、中、轻交通　　　　　　　　不大于26%
　　二级及二级以下公路　　　　　　　　不大于35%

(4)级配碎(砾)石中针片状颗粒的含量应满足下列规定：
　　高速公路和一级公路　　　　　　　　不大于18%
　　二级及二级以下公路　　　　　　　　不大于20%

(5)高速公路和一级公路对级配碎(砾)石中 0.075 mm 以下粉尘含量的要求：
　　极重、特重交通　　　　　　　　　　不大于1.2%
　　重、中、轻交通　　　　　　　　　　不大于2%

(6)高速公路和一级公路对级配碎(砾)石中软石含量的要求：
　　极重、特重交通　　　　　　　　　　不大于3%
　　重、中、轻交通　　　　　　　　　　不大于5%

级配碎(砾)石液限宜不大于28%，在潮湿多雨地区塑性指数宜小于6，其他地区宜小于9。

碎石中不应有黏土块、植物等有害物质。碎石中宜掺加石屑、粗砂等材料，石屑或其他细集料可以使用一般碎石场的细筛余料，也可以利用轧制沥青表面处治和贯入式用石料时的细筛余料，或专门轧制的细碎石集料，还可以用天然砂砾或粗砂代替石屑。天然砂砾的颗粒尺寸应合适，必要时应筛除其中的超尺寸颗粒。天然砂砾或粗砂应有较好的级配。级配碎(砾)石中的细集料可使用细筛余料，或专门轧制的细碎石集料。级配碎(砾)石中细集料的塑性指数应不大于12，不满足要求时，可加石灰、无塑性的砂或石屑掺配处理。

4. 作业条件准备

(1)开工前作业现场应完成三通一平，现场便道要保持湿润，施工现场安全设施准备就绪，挂牌示出施工段落。

(2)施工作业人员要求：应由工长或技术人员对操作人员进行培训和技术、安全交底，做到熟练掌握级配碎(砾)石均匀性，含水率的控制，拌和、碾压控制等技术和施工安全技术操作规程。操作人员要保持稳定。

(二)施工操作工艺

1. 工艺流程

下承层准备验收→测量放样→清理下层表面→报监理工程师审批→运输摊铺石料碾压整平→均匀摊铺少量石屑→洒水拌和、碾压成型→成品检验、验收→开放交通。级配碎石施工工艺框图如图2-2-1所示。

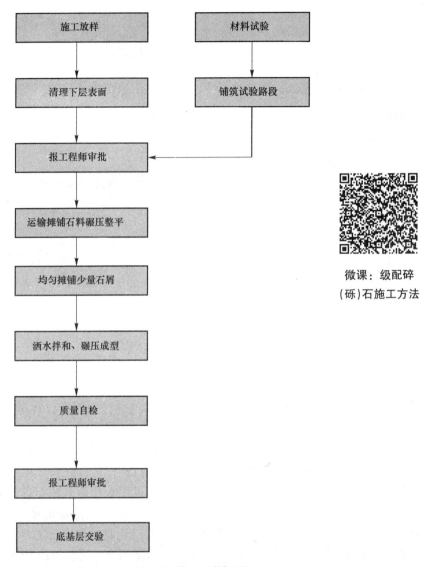

图 2-2-1　级配碎石施工工艺框图
（每一道工序施工完必须经工程师验收批准后才可施工下一道工序）

2. 施工操作方法

(1)准备下承层：检查下承层的压实度、平整度、横坡度、高程、宽度等，如有表面松散、弹簧等现象，必须进行处理。

(2)施工放样：恢复路中线，每10 m设一中桩，并放出边线外0.3～0.5 m处指示桩，进行水平测量，按松铺系数准确标出级配碎(砾)石的高程。

(3)材料准备及要求：级配碎(砾)石最大粒径应不大于技术规范要求，级配碎(砾)石颗粒组成和塑性指数应满足技术规范要求的规定。

(4)配合比设计：做好混合料的试验工作，以确定不同规格碎石及石屑的掺配比例，确定混合料的最佳含水率和标准干密度，并于开工前15 d报监理工程师签批。

(5)试验路段：在正式施工前要拟定试验路段方案报监理工程师签批，做好试验路段施工以确定施工工艺、松铺系数、机械配备、人员组织、压实遍数等。

1)路拌法施工操作方法(该方法只能用于二级以下公路)。

①集料运输和掺拌:不同规格的碎石按施工段落长度和配合比分别计算数量,并分别进行堆放,然后用装载机按比例进行掺拌(石屑除外)。

②摊铺级配碎(砾)石:将掺拌好的级配碎(砾)石用自卸车按数量倒运到施工段落,用推土机或摊铺机按控制高程初平,平地机整平,洒水车洒水湿润(图2-2-2)。

③撒布石屑:画出装载机一斗所能撒布石屑的面积方格,人工配合装载机撒布石屑。撒布石屑一定要均匀,并设专人检查。

④洒水调节含水率:采用洒水车洒水加湿,试验室检查含水率,保证混合料的含水率超过最佳含水率2%~3%。

⑤级配碎(砾)石拌和:用路拌机拌和,并设专人检查是否拌到底,拌和过程中紧跟压路机排压以防含水率损失。在拌和过程中应随时检查含水率,如含水率不足应补充洒水补拌,以大于最佳含水率1%~2%为好。

⑥整平:用平地机进行整平,整平时应紧跟拉线检查高程、横坡,并注意消除粗、细集料离析现象。高程控制要考虑压实系数的预留量。尽量避开高温时段整平成型。一般成型时间在早上6:00~8:00,下午16:00~20:00为宜。

⑦碾压:第一遍稳压要用YZ18振动压路机静压,然后用YZ18振动压路机微振一遍,再用YZ18、YZ20振动压路机各重振两遍,然后用18~21 t三轮压路机碾压两遍,达到要求的密实度,同时没有明显的轮迹。严禁压路机在作业路段上掉头和紧急制动(图2-2-3)。

图2-2-2 摊铺机在摊铺级配碎石

图2-2-3 压路机在进行碾压作业

⑧防护:路段成型后要及时防护,未做上承层之前严禁开放交通,并进行自检验收,符合要求后方能进行上承层施工。

⑨横缝的处理:两作业段的衔接处,应搭接拌和。第一段拌和后,留5~8 m不进行碾压;第二段施工时,对前段留下未压部分与第二段一起拌和整平后进行碾压。

⑩纵缝的处理:应避免纵向接缝。在必须分两幅铺筑时,纵缝应搭接拌和。前一幅全宽碾压密实,在后一幅拌和时,应将相邻的前幅边部约300 mm搭接拌和,整平后一起碾压密实。

2)厂拌法施工操作方法。

①拌制。在正式拌制级配碎（砾）石混合料之前，必须先调试所用的厂拌设备，使混合料的颗粒组成和含水量都达到规定的要求。在采用未筛分碎石和石屑时，如未筛分碎石或石屑的颗粒组成发生明显变化，应重新调试设备(图 2-2-4)。

②摊铺。

a. 摊铺机摊铺。可用沥青混凝土摊铺机、水泥混凝土摊铺机或稳定土摊铺机摊铺碎石混合料。摊铺时，在摊铺机后面应设专人消除粗、细集料离析现象。

图 2-2-4　级配碎石拌合站

b. 自动平地机摊铺。在没有摊铺机时，可采用自动平地机摊铺碎石混合料。其步骤为：

ⓐ根据摊铺层的厚度和要求达到的压实干密度，计算每车碎石混合料的摊铺面积。

ⓑ将混合料均匀地卸在路幅中央，路幅宽时，也可将混合料卸成两行。

ⓒ用平地机将混合料按松铺厚度摊铺均匀。

ⓓ设一个 3 人小组跟在平地机后面，及时消除粗、细集料离析现象。对于粗集料窝和粗集料带，应添加细集料，并拌和均匀；对于细集料窝，应添加粗集料，并拌和均匀。

ⓔ整形，与路拌法相同。

③碾压。用振动压路机、三轮压路机进行碾压，碾压方法与要求和路拌法相同。

④接缝处理。

a. 横向接缝。用摊铺机摊铺混合料时，靠近摊铺机当天未压实的混合料，可与第二天摊铺的混合料一起碾压，但应注意此部分混合料的含水量。必要时，应人工补洒水，使其含水量达到规定要求。用平地机摊铺混合料时，每天的工作缝与路拌法相同(图 2-2-5)。

图 2-2-5　摊铺机在摊铺级配碎石

b. 纵向接缝。应避免产生纵向接缝。如摊铺机的摊铺宽度不够，必须分两幅摊铺时，宜采用两台摊铺机一前一后相隔 5～8 m 同步向前摊铺混合料的方法。在仅有一台摊铺机的情况下，可先在一条摊铺带上摊铺一定长度后，再开到另一条摊铺带上摊铺，然后一起进行碾压。在不能避免纵向接缝的情况下，纵缝必须垂直相接，不应斜接，并按下述方法处理：

ⓐ在前一幅摊铺时，在靠后一幅的一侧用方木或钢模板做支撑，方木或钢模板的高度与级配碎(砾)石层的压实厚度相同。

ⓑ在摊铺后一幅之前，将方木或钢模板除去。

ⓒ如在摊铺前一幅未用方木或钢模板支撑，靠边缘的30 cm左右难以压实，而且形成一个斜坡。在摊铺后一幅时，应先将未完全压实部分和不符合路拱要求部分挖松并补充洒水，待后一幅混合料摊铺后一起进行整平碾压。

3. 施工技术要点

级配碎(砾)石施工的细料离析问题和含水率的控制是控制质量的关键，特别是路拌法施工最容易产生细料离析问题，所以，施工中应注意以下施工技术要点。

(1)4.75 mm以下的石屑不能预先同4.75 mm以上的不同规格的碎石掺拌，一同用自卸汽车倒运到施工段落，这样很容易在卸料和整平过程中产生细料离析问题。

(2)撒布石屑一定要画出装载机一斗所能撒布石屑的面积方格，以人工配合装载机撒布石屑，撒布石屑一定要均匀，并设专人检查。

(3)严格控制含水率的均匀性，确保在碾压时含水率比最佳含水率高1‰~2‰。

(三)安全、环保措施

1. 安全保证措施

(1)装卸、撒铺及翻动粉状材料时，操作人员应站在上风侧，轻拌轻翻减少粉尘。

(2)拌和作业时，应先将转子提起离开地面空转，然后再慢慢下降至拌和深度。

(3)在拌和过程中，不能急转弯或原地转向，严禁使用倒挡进行拌和作业。遇到底层有障碍物时，应及时提起转子，进行检查处理。

(4)拌合机在作业过程中，必须采用低速，保持匀速。液压油的温度不得超过规定要求。

(5)停车时应拉制动，将转子置于地面。

(6)洒水车在公路上抽水时，不得妨碍交通。

(7)洒水车在上、下坡及弯道上不得高速行驶，并避免紧急制动。

(8)洒水车驾驶室外不得载人。

(9)整平和摊铺作业应临时封闭交通、设明显警示标志，下承层内的各类检查井应稳固封盖，辅助作业人员应面向压路机方向作业，设备之间应保持安全距离。

(10)材料运输应按指定线路行走，不得超载、超速。卸料升斗时，人员不得在料斗附近。

(11)碾压作业需多台压路机同时进行时，各机械之间应保持安全距离；作业人员应在行驶机械后清除轮上黏附物；碾压区内人员不得进入，确需人员进入的应安排专人监护。

(12)拌和作业开机前应警示，拌合机前不得站人，拌和过程中人员不得跨越皮带或调整皮带运输机。

(13)所有机械工必须持证上岗，并遵守各自机械工种的安全操作规程。

2. 环保措施

(1)施工现场便道应制定洒水防尘措施。

(2)散装粉状材料宜使用粉料运输车运输,否则车厢上应采用篷布遮盖。装卸尽量避免在大风天气下进行。

(四)质量检验评定

1. 基本要求

配料必须准确,塑性指数必须符合规定。

2. 实测项目

级配碎(砾)石基层和底基层实测项目见表2-2-2。

表2-2-2 级配碎(砾)石基层和底基层实测项目

项次	检查项目		规定值或允许偏差				检查方法和频率	权值
			基层		底基层			
			高速公路一级公路	其他公路	高速公路一级公路	其他公路		
1	压实度/%	代表值	≥98		≥96		按《公路工程质量检验评定标准 第一册 土建工程》(JTG F80/1—2017)附录B检查,每200 m测2点	3
		极值	≥94		≥92			
2	弯沉值/0.01 mm		满足设计要求		满足设计要求		按《公路工程质量检验评定标准 第一册土建工程》(JTG F80/1—2017)附录J检查	3
3	平整度/mm		≤8	≤12	≤12	≤15	3 m直尺:每200 m测2处×5尺	2
4	纵断高程/mm		+5,-10	+5,-15	+5,-15	+5,-20	水准仪:每200 m测2个断面	1
5	宽度/mm		满足设计要求		满足设计要求		尺量:每200 m测4点	1
6	厚度/mm	代表值	-8	-10	-10	-12	按《公路工程质量检验评定标准 第一册土建工程》(JTG F80/1—2017)附录H检查,每200 m测2点	2
		合格值	-10	-20	-25	-30		
7	横坡/%		±0.3	±0.5	±0.3	±0.5	水准仪:每200 m测2个断面	1

3. 外观鉴定

(1)表面应无松散、无坑洼、无碾压轮迹。

(2)表面连续离析不得超过10 m,累计离析不得超过50 m。

4. 相关质检表格

相关质检表格主要包括检验记录(原材料质量检验、现场检验等)、施工原始记录、施工测量记录、各种记录的汇总、检验申请批复单、中间交工证书等施工过程质量记录文件。各种表格的格式详见附录二。表2-2-3为分项工程质量检验评定表。

表 2-2-3 ××高速公路工程分项工程质量检验评定表

分项工程名称：级配碎石底基层　　　　　　　　　　　　　工程部位：（桩号）　　　　　　　　　　　所属建设项目：
所属分部工程名称：　　　　　　　　　　　　　　　　　　所属单位工程：　　　　　　　　　　　　　施工单位：　　　　　　　　　　　　　分项工程编号：

基本要求：根据《公路工程质量检验评定标准　第一册　土建工程》(JTG F80/1—2017)的要求；配料必须准确，塑性指数必须符合规定

项次	检查项目		规定值及允许偏差	实测值或实测偏差值											质量评定		
															平均值代表值	合格率/%	合格判定
1	压实度/%	代表值	≥96														
		极值	≥92														
2	弯沉值		满足设计要求														
3	平整度/mm		≤12														
4	纵断高程/mm		+5, -15														
5	宽度/mm		满足设计要求														
6	厚度/mm	代表值	-10														
		合格值	-25														
7	横坡/%		±0.3														
外观质量																		
质量保证资料																		
工程质量等级评定																		

检验负责人：　　　　　　　　　　　检测：　　　　　　　　　　　记录：　　　　　　　　　　　复核：　　　　　　　　　　　年　月　日

检评表-05

工作任务三　水泥稳定碎(砾)石施工

学习目标

1. 能根据水泥稳定碎(砾)石施工准备工作内容及材料要求,进行施工准备并填写开工报告。
2. 能根据施工操作方法指导施工作业。
3. 能进行施工记录的填写。
4. 能根据施工安全、环保措施进行相应的施工管理。

任务描述

通过学习本工作任务,掌握水泥稳定碎(砾)石施工的技能和相关理论知识及施工工艺流程,能够将设计意图领会并在实地表现,能够承担施工现场组织管理及质量资料的填写等工作任务。

学习引导

本工作任务沿以下脉络进行。

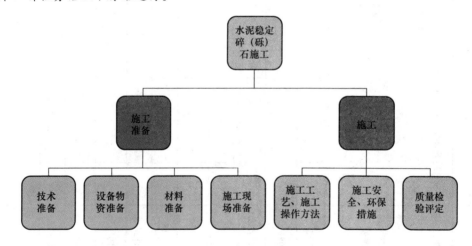

一、相关知识

水泥稳定土是以水泥为结合料,通过加水与被稳定材料共同拌和形成的混合料的一个广义的名称,它既包括用水泥稳定各种细粒土,也包括用水泥稳定各种中粒土和粗粒土。在经过粉碎的或原来松散的土中,掺入足量的水泥和水,经拌和得到的混合料在摊铺压实成型和养护后,当其抗压强度符合规定的要求时,称为水泥稳定土。用水泥稳定细粒土得到的强度符合要求的混合料,视所用的土类而定,可简称为水泥稳定土、水泥稳定砂或水泥稳定石屑等。用水泥稳定中粒土和粗粒土得到的强度符合要求的混合料,视所用原材料而定,称为水泥稳定级配碎石、水泥稳定级配砾石,简称水泥稳定碎(砾)石。

水泥稳定碎(砾)石是在一定级配的碎(砾)石中,掺入适量的水泥和水,按照技术要求,经拌和、摊铺,在最佳含水率时压实及养护成型,可作为各级公路的基层。

二、任务实施

(一)施工准备

1. 技术准备

微课:水泥稳定碎(砾)石施工准备

(1)集中技术人员进行图纸会审,熟悉各部结构,确定合理的施工工艺。
(2)对全线的导线点、水准点进行加密、复测,精度符合规范要求。
(3)选定料场,进行配合比试验,并进行优化设计,确定合理的配合比。
(4)详细了解现场施工环境,编制切实可行的施工方案,并详细进行二级技术交底。
(5)做好安全防卫和安全技术交底工作,预防因天气、施工机械等因素对生产人员的人身财产构成威胁。
(6)制定关键工序控制措施,冬、雨期施工措施及夜间施工措施。
(7)对下承层进行验收,必须在其满足规范要求后才能进行下道工序的施工。
(8)测量放样,直线(或大半径圆曲线)段每 10 m 放一中桩、边桩,小半径曲线处(匝道)每 5 m 放一中桩、边桩,测量其高程并计算其要求调整的高度,作为钢丝基准线的标准。

2. 设备物资准备

(1)生产设备:水泥稳定碎石拌合站、满足水泥稳定碎石拌合站产量要求的装载机。
(2)施工设备:水泥稳定碎石摊铺机、运料车、压路机、洒水车、推土机、平板夯等。
(3)测量器具:全站仪、水准仪、卡尺、钢钎、钢丝线等。
(4)水泥稳定碎石拌合站应做好调试工作,并对其仔细进行计量标定,使其各称量系统精度满足设计要求;其他各施工均应做好调试,在试验路段施工前宜在拌合站场地内或其他非主线上进行试运行,以确保试验路段工作正常。
(5)试验检测设备。试验检测是工程质量控制的重要手段,它贯穿施工的全过程。除钻芯机、弯沉仪、3 m 直尺外,主要试验检测仪器见表 2-3-1。

表 2-3-1 主要试验检测仪器

仪器名称	规格型号	数量
压力试验机	2 000 kN	1台
压力试验机	300 kN	1台
水泥净浆搅拌机	ISO	1台
水泥胶砂搅拌机	ISO	1台
水泥胶砂振实台	ISO	1台
水泥标准养护箱	±1 ℃	1台
水泥负压筛析仪		1台
沸煮箱		1台
水泥抗折试验机	ISO	1台
烘箱		2台
标准方孔筛		1套
无侧限抗压强度试模	ϕ150 mm	1套

3. 材料准备及要求

(1)水泥、碎石等按规定进行检验。碎(砾)石相关技术要求见表2-3-2。

表2-3-2　碎(砾)石相关技术要求

指标	层位	高速公路和一级公路				二级及二级以下公路		试验方法
		极重、特重交通		重、中、轻交通				
		Ⅰ类	Ⅱ类	Ⅰ类	Ⅱ类	Ⅰ类	Ⅱ类	
压碎值/%	基层	≤22*	≤22	≤26	≤26	≤35	≤30	T 0316
	底基层	≤30	≤26	≤30	≤26	≤40	≤35	
针片状颗粒含量/%	基层	≤18	≤18	≤22	≤18	—	≤20	T 0312
	底基层	—	≤20	—	≤20	—	≤20	
0.075 mm以下粉尘含量/%	基层	≤1.2	≤1.2	≤2	≤2	—	—	T 0310
	底基层	—	—	—	—	—	—	
软石含量/%	基层	≤3	≤3	≤5	≤5	—	—	T 0320
	底基层	—	—	—	—	—	—	

注：* 对花岗岩石料，压碎值可放宽至25%

(2)水泥稳定碎石配合比设计与试验：按设计强度要求，分别做混合料的最大干密度、最佳含水量和无侧限抗压强度试验(表2-3-3)，以及水泥的容许延迟时间、水泥剂量等试验。用于基层的水泥稳定碎石，强度满足要求时，还宜检验其抗冲刷和抗裂性能。

表2-3-3　水泥稳定材料的7 d龄期无侧限抗压强度标准 R_d　　　MPa

结构层	公路等级	极重、特重交通	重交通	中、轻交通
基层	高速公路和一级公路	5.0～7.0	4.0～6.0	3.0～5.0
	二级及二级以下公路	4.0～6.0	3.0～5.0	2.0～4.0
底基层	高速公路和一级公路	3.0～5.0	2.5～4.5	2.0～4.0
	二级及二级以下公路	2.5～4.5	2.0～4.0	1.0～3.0

注：1. 公路等级高或交通荷载等级高或结构安全性要求高时，推荐取上限强度标准。
　　2. 表中强度标准指的是7 d龄期无侧限抗压强度的代表值

(3)粗集料的粒径、颗粒组成及塑性指数应满足相关规范要求。

(4)细集料应洁净、干燥，无风化、无杂质，并有适当的颗粒级配。细集料塑性指数应小于或等于17(应测定0.075 mm以下材料的塑性指数；有机质含量小于2%，硫酸盐含量小于或等于0.25%。对于高速公路和一级公路，细集料中小于0.075 mm的颗粒含量应不大于15%；二级及二级以下公路细集料中小于0.075 mm的颗粒含量应不大于20%)。

(5)普通硅酸盐水泥、矿渣硅酸盐水泥和火山灰质硅酸盐水泥都可用于稳定土，但应选用初凝时间在3 h以上、终凝时间在6 h以上且小于10 h的水泥。不应使用快硬水泥、早强水泥及已受潮变质的水泥。宜采用强度为32.5或42.5的水泥。

(6)在水泥稳定材料中掺加缓凝剂或早强剂时，应对混合料进行试验验证。缓凝剂和早强剂的技术要求应符合现行《公路水泥混凝土路面施工技术细则》(JTG/T F30—2014)的规定。

(7)水泥稳定类材料强度要求较高时，宜采取控制原材料技术指标和优化级配设计等措施,不宜单纯通过增加水泥剂量来提高材料强度。

4. 作业条件准备

(1)完成下承层处理与验收。检测项目包括纵断高程、中线偏差、横坡、压实度、弯沉、平整度、厚度等。监理工程师签认批准。

(2)在槽式断面的路段两侧路肩上每隔一定距离(5~20 m)交错开挖泄水沟或做盲沟。

(3)在正式开工前,已进行试验路段施工,获得了机械拌和、摊铺、压实等技术参数(松铺系数、碾压遍数、摊铺速度等)。

(二)中心站集中厂拌法施工操作工艺

1. 工艺流程

施工准备→水泥稳定碎(砾)石混合料拌制→混合料运输→摊铺机摊铺、压路机碾压→试验室检测压实度→设置横缝→养护→成品检测。

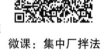

微课:集中厂拌法
施工操作工艺

水泥稳定碎石基层施工工艺流程图如图 2-3-1 所示。

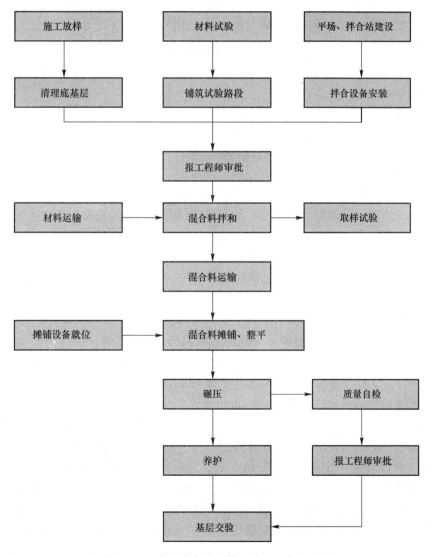

图 2-3-1 水泥稳定碎石基层施工工艺流程图

2. 操作方法

(1)准备下承层，下承层表面应无杂物、无松散现象，表面洒水湿润。

(2)施工放样。在验收合格的下承层上，恢复中线，并在边线外 0.3~0.5 m 处每 10 m (平曲线及竖曲线 5 m)放一桩，测量高程，供架设高程控制传感器的基准线使用。在摊铺过程中设专人负责复测基准线的高度，检查作为基准线使用的钢丝线松紧度，防止钢钎松动、连接的支杆滑动和钢丝线下垂。

(3)水泥稳定碎(砾)石混合料拌制。

1)拌合站应采用具有自动计量系统的设备，计量精度满足设计要求，拌和能力根据工程需要配备，满足工期要求。

2)拌和前应对计量系统仔细进行标定，使其精度满足要求，确保按配合比供料。

3)为防止各料斗之间发生窜料现象，料斗之间用隔板分隔，同时装载机上料时应注意不应上得太满，避免发生窜料现象。

4)试验室设专人对水泥剂量进行滴定试验，指导拌合站拌和。

5)拌合站设专人对混合料含水率进行实时监控，试验室配合拌合站操作人员进行含水率控制，并根据天气情况适当增减，确保混合料含水率达到施工和规范要求。

6)设专人对各料仓进行监控，避免因缺料或下料口堵塞发生断料现象，影响混合料级配。

(4)混合料运输。

1)拌和完成后，立即用 18 t 以上载重汽车将拌成的混合料送到摊铺现场。

2)车上的混合料用帆布覆盖，以防水分过分损失。

3)装车时应控制出料口与车厢的高度尽量小些。卸料时运输车应前、后、中移动，分三次装料，以减少卸料时的离析现象。

4)运输车辆数量根据拌合设备生产能力、运载能力、运送距离、交通状况来确定，以在摊铺机前有 3 辆以上车等候卸料为宜。卸料时应设专人指挥，自卸车应在摊铺机前 0.2~0.3 m 停住，严禁撞击摊铺机。

5)对高速公路和一级公路，水泥稳定材料从装车到运输至现场，时间宜不超过 1 h，超过 2 h 应作废料处置。

(5)摊铺机摊铺(图 2-3-2、图 2-3-3)。

1)在摊铺机就位前下承层必须按要求处理，下承层是稳定细粒材料时，宜先将下承层顶面拉毛或采用凸块式压路机碾压，再摊铺上层混合料；下承层是稳定中、粗粒材料时，应先将下承层清理干净，并洒铺水泥净浆，再摊铺上层混合料。在摊铺起点就位好摊铺机，按确定的松铺厚度、横坡垫好木板，调整传感器与基准线的关系。

2)开始摊铺后摊铺机宜连续摊铺，不宜出现停机待料现象，摊铺速度应与水泥稳定碎石拌合站产量相匹配，有确定的摊铺速度。基层混合料摊铺采用两台或多台摊铺机(根据路面宽度确定)梯队作业，摊铺机的型号及磨损程度宜相同，摊铺机间的前后间距应不大于 10 m，前后应保证匀速，摊铺厚度、松铺系数、路拱坡度、摊铺平整度、振动频率均要一致，相邻两摊铺机间纵向接缝平整，且两个施工断面纵向应有 30~40 cm 的重叠。

3)对无法使用机械摊铺的超宽路段，应采用人工同步摊铺、修整，并同时碾压成型。

4)摊铺机前宜增设橡胶挡板，橡胶挡板底部与下承层距离应不大于 10 cm。

图 2-3-2 摊铺机在进行水泥稳定碎石施工

图 2-3-3 摊铺机在进行摊铺时有专人进行离析现象处理

5)摊铺时,应安排专人跟在摊铺机后面清除粗集料离析现象,特别是要及时铲除粗集料成窝,并用新拌混合料填补。

6)对高速公路和一级公路,在摊铺过程中宜设立纵向模板。

7)二级以下公路没有摊铺机时,可采用摊铺箱摊铺混合料。

8)水泥稳定材料结构层施工时,应在混合料处于或略大于最佳含水率的状态下碾压;气候炎热干燥时,碾压时的含水率可比最佳含水率增加0.5~1.5个百分点。

(6)压路机碾压(图2-3-4)。

1)水泥稳定碎石压实厚度一般不超过20 cm,当采用能量较大的振动压路机碾压时,压实厚度应根据试验适当增加。当压实厚度超过上述规定时,应分层铺筑,每层最小压实厚度不小于16 cm，下层宜稍厚。

2)每台摊铺机后面应配有振动压路机和轮胎压路机进行碾压，一次碾压段长度为30～50 m。碾压段落必须层次分明，设置明显的分界标志。

3)振动压路机碾压时先轻后重，由低向高，碾压时压路机不得在未成型的路段上急转、急停和掉头，起步要慢、返回要缓，在未碾压的一端倒车时位置应错开，要成齿状，出现个别壅包时，应专门安排有经验的技术工人进行整平处理。

4)碾压速度、遍数，压实方式将按试验路段总结确定的施工工艺进行。要特别注意桥头搭板前水泥稳定碎石的碾压。对压路机不能碾压到的位置要使用平板夯实。

图 2-3-4　压路机在进行水泥稳定碎石碾压

5)在碾压过程中出现软弹现象时，应及时将该路段混合料挖出，重新换填新料碾压。

6)碾压成型后的表面应平整、无轮迹。

7)碾压过程中，压路机严禁随意停放，应停放在已碾压完成的路段。

(7)施工缝的设置。

1)横缝位置。

①混合料摊铺时，必须连续作业不中断，如因故中断时间超过2 h，则应设横缝。

②每天收工之后，第二天开工的接头断面也要设置横缝。

③每当通过桥涵，在其两边需要设置横缝。

2)横缝设置方法。

①基层的横缝宜与桥头搭板尾端吻合，横缝应与路面车道中心线垂直设置。

②人工将含水率合适的混合料末端整理整齐，紧靠混合料放两根高度与混合料的压实厚度相同的方木，方木的另一侧用砾(碎)石回填约3 m长，其高度应略高出方木。

③在重新开始摊铺混合料之前，将砂砾或碎石和方木撤除，并将作业面顶面清扫干净，摊铺机返回到已压实层的末端，开始摊铺混合料。

3)摊铺时宜避免纵向接缝，分两幅摊铺时，纵向接缝处应加强碾压。存在纵向接缝时，纵缝应垂直相接，严禁斜接，并应符合下列规定：

①在前一幅摊铺时，宜在靠中央的一侧用方木或钢模板做支撑，方木或钢模板的高度应与结构层的压实厚度相同。

②应在摊铺另一幅之前拆除支撑。

(8)养护。

1)养护可采取洒水养护、塑料薄膜覆盖养护(图 2-3-5)、透水土工布覆盖养护、铺设湿砂养护、草帘覆盖养护、洒铺乳化沥青养护等方式,宜结合工程实际情况选择适宜的方式,使水泥稳定碎石表面保持潮湿状态,养护期不应少于 7 d,养护期宜延长至上层结构开始施工的前 2 d。

2)养护期间除洒水车外禁止一切机动车辆通行,洒水车应低速行驶,避免急刹车,用洒水车洒水养护时,洒水车的喷头要用喷雾式,禁止采用高压式喷管,要保证养护覆盖完整。

图 2-3-5　工人用塑料薄膜覆盖的方式进行水稳层的养护

(9)冬、雨期施工。

1)水泥稳定碎石基层施工期的最低气温为 5 ℃,并在第一次冰冻到来之前半个月到一个月完成水泥稳定碎石基层施工,否则应有妥善的保温措施

2)雨期施工要控制好混合料含水率,碾压及时,禁止使用遭雨淋的混合料。

3)将所有场内机电设备进行检查,检查其防潮及绝缘设施,防止雨期因设备影响施工,在下雨前及下雨时对机电设备施加覆盖及防潮篷布。

4)雨期来临时会对地材供应造成很大影响,因此在雨期来临前做好地材的备料,以免因料不足影响施工。

5)制定施工安全事故的应急预案,具有可操作性;制定施工质量事故的处理程序。

(三)水泥稳定碎(砾)石路拌法施工操作工艺

1. 施工准备

(1)准备下承层。当水泥稳定碎(砾)石用作基层时,要准备底基层;当水泥稳定碎(砾)石用作底基层时,要准备土基。无论底基层还是土基,都必须按规范进行验收,凡验收不合格的路段,必须采取措施,使其达到标准后,方可铺筑水泥稳定碎(砾)石层。如底基层或土基已遭破坏,则必须做如下处理:

微课:路拌法施工操作工艺

1)对土基必须用 12~15 t 三轮压路机或等效的碾压机械进行碾压检验(压 3~4 遍)。在碾压过程中,如发现土过干、表层松散,应适当洒水;如发现土过湿,发生"弹簧"现象,应采取挖开晾晒、换土、掺石灰或粒料等措施进行处理。

2)对于底基层,根据压实度检查和弯沉测定的结果,凡不符合设计要求的路段,必须根据具体情况,分别采用补充碾压、加厚底基层、换填好的材料、挖开晾晒等措施,使其达到标准。

3)底基层上的低洼和坑洞,应仔细填补及压实,达到平整。底基层上的"搓板"和车辙,应刮除;松散处,应耙松洒水并重新碾压。

4)逐一断面检查土基或底基层标高是否符合设计要求,平整度、压实度、路拱是否符合规定,且应没有任何松散的材料和软弱地点。应注意在槽式断面的路段,两侧路肩上每隔一定距离(5~10 m)应交错开挖泄水沟或做盲沟,以便排出积水。

(2)施工放样。首先是在底基层或土基上恢复中线,直线段每15~20 m设一桩,平曲线段每10~15 m设一桩,并在对应断面路肩外侧设指示桩;其次是进行水平测量。在两侧指示桩上用红漆标出水泥稳定碎(砾)石层边缘的设计高。

(3)确定合理的作业长度。确定路拌法施工每一作业段的合理长度时,应考虑以下因素:

1)水泥的终凝时间;

2)延迟时间对混合料密实度和抗压强度的影响;

3)施工机械和运输车辆的效率和数量;

4)操作的熟练程度;

5)尽量减少接缝;

6)施工季节和气候条件。

一般宽为7~8 m的稳定层,每一流水作业段以200 m为宜。但每天的第一个作业段宜稍短些,可为150 m。如稳定层较宽,则作业段应该再缩短。

(4)备料。在采备集料前,应先将料场的树木、草皮和杂土清除干净。采集集料时,应在预定采料深度范围内自上而下进行,不应分层采集,不应将不合格的集料采集在一起。对集料中超尺寸颗粒应予筛除。对于黏性土,可视土质和机械性能确定土是否需要过筛。

(5)计算材料用量。根据各段水泥稳定碎(砾)石层的宽度、厚度及预定的压实度(换算为压实密度),计算各路段需要的干集料质量。根据料场集料的含水量和运料车辆的吨位,计算每车料的堆放距离。根据水泥稳定碎(砾)石层的厚度和预定的干容量及水泥剂量,计算每平方米水泥稳定碎(砾)石需用的水泥质量,并计算每车水泥的摊铺面积,如使用袋装水泥,则计算每袋水泥的摊铺面积。计算每车水泥的卸放位置,即纵向和横向间距,或计算每袋水泥的纵横间距。

2. 施工操作方法

(1)运料。运料时,需要注意以下几点:对预定堆料的下层在堆料前应先洒水,使其湿润,不应过分潮湿而造成泥泞;集料装车时,应控制每车料的数量基本相等;在同一料场供料的路段,由远到近将料按计算的距离(间距)卸置于下承层中间或上侧。卸料距离应严格掌握,避免料不够或过多;料堆每隔一定距离应留一缺口;集料在下承层上的堆置时间不应过长。运送集料工序较摊铺集料工序宜只提前1~2 d;在同料场集料做水泥稳定碎(砾)石时,如路肩用料与稳定土层用料不同,应采取培肩措施,先将两侧路肩培好。路肩料层的压实厚度应与稳定土层的压实厚度相同。在路肩上,每隔5~10 m应交错开挖临时泄水沟。

(2)摊铺集料。在摊铺集料时,应注意:事先通过试验确定集料的松铺系数。人工摊铺混合料时,其松铺系数可参考表2-3-4中的数值;在摊铺集料前,应先在未堆料的下承层上洒水使其湿润,但不应过分潮湿而造成泥泞;对能封闭交通的道路,摊铺集料应在摊铺水泥的前一天进行。摊料长度应与施工日进度相同，以够次日加水泥、拌和、碾压成型为准。对不能封闭交通的道路以及雨期，宜在当天摊铺集料；用平地机或其他合适的机具将集料均匀摊铺在预定的宽度上，表面应力求平整，并有规定的路拱。摊铺过程中，应注意将土块、超尺寸颗粒及其他杂物拣除。如集料中有较多土块，也应进行粉碎；检验松铺材料层的厚度，看其是否符合设计要求（松铺厚度＝压实厚度×松铺系数）。必要时，应进行减料或补料工作。

表 2-3-4　混合料松铺系数参考值

材料名称	松铺系数	说明
水泥土	1.53～1.58	现场人工摊铺土和水泥，机械拌和，人工整平
水泥土、砂砾	1.30～1.35	路外集中拌和，运到现场人工摊铺

（3）摊铺水泥。摊铺水泥时，如黏性土过干，应事先洒水闷料，使土的含水量略小于最佳值。细粒土宜闷料一夜；中粒土和粗粒土，视细土含量的多少，可闷 $1\sim2$ h。在人工摊铺的集料层上，用 $6\sim8$ t 两轮压路机碾压 $1\sim2$ 遍，使其表面平整，并有一定的密实度。然后，按计算的每车水泥的纵横间距，用水泥在集料层上做卸置水泥的标记，同时画出摊铺水泥的边线，用刮板将卸置的水泥均匀摊开。水泥摊铺完后，表面应没有空白位置。量测水泥的松铺厚度，根据水泥的含水量和松密度，校核水泥用量是否合适。

（4）拌和与洒水。

1）摊铺水泥。在人工摊铺的集料上，用 $6\sim8$ t 两轮压路机碾压一遍，使其表面平整，然后按计算的每袋水泥的纵横间距，用石灰或水泥在集料层上做安放每袋水泥的标记，同时画出摊铺水泥的边线。水泥应当日用汽车直接送到摊铺路段，每袋水泥从汽车上直接卸在做标记的地点，检查有无遗漏和多余。运水泥的汽车应设有防雨设备。打开水泥袋，将水泥倒在集料层上，用刮板将水泥均匀摊开。应注意使每袋水泥的摊铺面积相等，水泥摊铺完后，表面应没有空白，但也不应过分集中。

2）干拌。

①用稳定土拌合机拌和。拌和深度应达稳定层底。应设专人跟随拌和机，随时检查拌和深度并配合拌合机操作员调整拌和深度。严禁在拌合层底部留有"素土"夹层。应略破坏（约 1 cm 左右）下承层的表面，以利上、下层黏结。通常应拌和两遍以上。在最后一遍拌和之前，必要时可先用多铧犁紧贴底面翻拌一遍。直接铺在土基上的拌合层也应避免"素土"夹层。

②在没有专用拌合机械的情况下，也可用农用旋转耕作机与多铧犁或平地机相配合进行拌和。先用平地机或多铧犁（4 铧犁或 5 铧犁）将铺好水泥的集料翻拌两遍，使水泥分布到集料中，但不翻犁到底，以防水泥落到底部。第一遍由路中心开始，将混合料向中间翻，同时，机械应慢速前进。第二遍相反，由两边开始，将混合料向外侧翻，接着用旋转耕作机拌和两遍，再用多铧犁或平地机将底部料翻起。随时检查调整翻拌深度，使稳定土层全部翻透。严禁在底部留有"素土"夹层，也应防止过多破坏下承层的表面，通常应翻犁两遍，接着再用旋转耕作机拌和两遍，用多铧犁或平地机再翻犁两遍。

③在没有专用拌合机械的情况下，还可以用缺口圆盘耙与多铧犁或平地机相配合，拌和水泥稳定土中的粒土和粗粒土。用平地机或多铧犁在前面翻拌，用圆盘耙跟随在后面拌和，即采用边翻边耙的方法。圆盘耙的速度应尽量快，使水泥与集料拌和均匀。共翻拌 4

遍，开始的两遍不应翻犁到底，以防水泥落到底部。后面的两遍，应翻犁到底，随时检查调整翻犁的深度，使稳定土层全部翻透。

3)洒水的湿拌。干拌过程结束时，特别是在用农业机械进行拌和的情况下，如果混合料含水量不足，洒水车的数量应视水源远近而定，常用的洒水车仅两侧各有一个喷嘴，喷出的水量不均匀，不适合用作路面施工。应在后面改接一根 $\phi 50$ mm、长约 2 m 的横向水平钢管，管壁钻三排 $\phi 4$ mm 的孔眼。洒水车不应使洒水中断，洒水距离应长一些，洒水车起洒处和另一端掉头处都应超出拌和段 2 m 以上。洒水车不应在正进行拌和的及当天计划拌和的路段上掉头和停留，以防局部水量过大。洒水后，应再次进行拌和，使水分在混合料中分布均匀。拌合机械应紧跟在洒水车后面进行拌和，尤其在纵坡大的路段上应配合紧密，以减少水分流出。洒水及拌和的过程中，应及时检查混合料的含水量，可采用含水量快速测定仪测定混合料的含水量。混合料的最佳含水量也可以在现场人工控制。达到最佳含水量的混合料，在手中能紧握成团，落在地上能散开，并应参考室内击实试验最佳含水量的混合料的状态。水分宜略大于最佳值，稳定粗粒土和中粒土，应较最佳含水量大 $0.5\%\sim1.0\%$，稳定细粒土，应较最佳含水量大 $1\%\sim2\%$，不应小于最佳值，以补偿施工过程中水分的蒸发，并有利于减轻延迟时间的影响。在洒水拌和的过程中，还要人工配合拣出超尺寸颗粒，消除粗细颗粒窝及局部过分潮湿或过分干燥之处。拌和完成的标志是：混合料没有灰条、灰团和花面，没有粗细颗粒窝，且水分合适和均匀。

4)整形与碾压。

①整形。平地机整形。混合料拌和均匀后，先用平地机初步整平和整形。在直线段，平地机由两侧向路中心进行刮平。在平曲线段，平地机由内侧向外侧进行刮平。需要时，再返回刮一遍。用平地机或轮胎压路机快速碾压 $1\sim2$ 遍。在用轮胎压路机碾压时，因轮胎表面没有花纹，压后表面比较光滑。在用平地机整平前，应先用齿耙将低洼处表层 5 cm 以上耙松，避免在较光滑的表面产生薄层找补的情况。用平地机进行整形后再碾压一遍。对于局部低洼处，应用齿耙将其表层 5 cm 以上耙松，并用新拌的混合料进行找补平整，再用平地机整形一次。每次整形都要按规定的坡度和路拱进行。特别要注意接缝处的整平，接缝必须顺适平整。

②碾压。整形后，当混合料处于最佳含水量±1%时(如表面水分不足，应适当洒水)，立即用 12 t 以上三轮压路机、重型轮胎压路机或振动压路机在路基全宽内进行碾压。直线段，由两侧路肩向路中心碾压。平曲线段，由内侧路肩向外侧路肩进行碾压。碾压时后轮应重叠 1/2 的轮宽，并必须超过两段的接缝处。后轮压完路面全宽时即为一遍。碾压一直进行到要求的密实度为止，一般需 $6\sim8$ 遍。压路机的作业方式同路基碾压。碾压过程中，混合料的表面应始终保持湿润。如表面水蒸发得快，应及时补洒少量的水。如有"弹簧"、松散、起皮等现象，应及时翻开重新拌和，或用其他方法处理，使其达到质量要求。在碾压结束之前，应用平地机再终平一次，使其纵向顺适，路拱和超高符合设计要求。终平应仔细进行，必须将局部高出部分刮除并扫出路外，对于局部低洼之处，不再进行找补，留待铺筑面层时处理。

5)接缝和掉头处的处理。

①当天两工作段的衔接处，应搭接拌和。第一段拌和后，留 $5\sim8$ m 不进行碾压；第二段施工时，前段留下未压部分，要再加部分水泥重新拌和，并与第二段一起碾压。当天其余各段的接缝都可这样处理。

②应特别注意每天最后一段末端缝(工作缝)的处理。在已碾压完成的水泥稳定碎(砾)

石层末端沿稳定土挖一条宽约 30 cm 的槽,一直挖到下承层顶面。此槽与路的中心线垂直,靠稳定土的面应切成直线,而且应垂直向下。将两根方木[长度为水泥稳定碎(砾)石层宽的一半,厚度与其压实厚度相同]放在槽内,并紧靠着已完成的稳定土,以保护其边缘,不致第二天工作时机械遭到破坏。用原挖出的素土回填槽内其余部分。如拌合机械及其他机械必须到已压成的水泥稳定碎(砾)石层上掉头,应采取措施保护掉头部分。一般可在准备用于掉头的 8~10 cm 长的稳定土层上,先覆盖一张厚塑料布(或油毡纸),然后在塑料布上盖约 10 cm 厚的土、砂或砂砾。第二天,摊铺水泥及湿拌后,除去顶木,用混合料回填。靠近顶木未能拌和的一小段,应人工进行补充拌和。整平时,接缝处的水泥稳定碎(砾)石应较已完成断面高出约 5 cm,以便将掉头处的土除去后,能刮成一个平顺的接缝。整平后,用平地机将塑料布上的大部分土除去,注意勿刮破塑料布。然后人工除去余下的土,并收起塑料布。在新混合料碾压过程中,将接缝修整平顺。

③工作缝也可按下述方法处理:在水泥稳定碎(砾)石混合料拌和结束后,在预定长度的末端,按前述方法挖一条横贯全路宽的槽,槽内放两根与压实厚度等厚的方木,方木的另一侧用素土回填至 3~5 cm 长,然后进行整形和碾压。第二天,邻接的作业段拌和结束后,除去方木,用混合料回填,靠近顶木未能拌和的一小段,应人工进行补充拌和。

(5)纵缝的处理。水泥稳定碎(砾)石层的施工应该避免纵向接缝,在必须分两幅施工时,纵缝必须垂直相接,不应斜接,并按下述方法处理:在前一幅施工时,在靠中央一侧用方木或钢模板做支撑,方木或钢模板的高度与稳定土层的压实厚度相同。混合料拌和结束后,靠近支撑木(或板)的一部分,应进行人工补充拌和,然后整形和碾压。在铺筑另一幅时,或在养护结束后,拆除支撑木(或板)。第二幅混合料拌和结束后,靠近第一幅的部分,应人工进行补充拌和,然后进行整平和碾压。

(四)安全、环保措施

1. 安全保证措施
(1)在项目驻地、拌合站和施工现场设置专职安全员。
(2)电工、机械操作人员必须持证上岗。
(3)施工现场有明显标志牌,避免施工作业和施工机械车辆之间及与公路及市政交通互相影响。
(4)施工便道应平整无撒落石子。
(5)施工用电设施经常检查,杜绝隐患。
(6)应根据不同的拌和材料,选用合适的拌合齿,并对机械及各相关的配件等进行检查。

微课:水泥稳定碎(砾)石施工安全环保措施

(7)拌合机作业时,应先将转子提起离开地面空转,然后再慢慢下降至拌和深度。
(8)在拌和过程中,不能急转弯或原地转向,严禁使用倒挡进行拌和作业。遇到底层有障碍物时,应及时提起转子,进行检查处理。
(9)拌合机在行走和作业过程中,必须采用低速,保持匀速。液压油的温度不得超过规定。
(10)停车时应拉上制动器,将转子置于地面。
(11)对机械及配套设施进行安全检查。
(12)皮带运输机应尽量降低供料高度,以减轻物料冲击。在停机前必须将料卸尽。
(13)拌合机仓壁振动器在作业中铁芯和衔铁不得碰撞。如发生碰撞应立即调整振动体的振幅和工作间歇。仓内不出料时，严禁使用振动器。

(14)拌和结束后，给料斗、贮料仓中不得有存料，应清理干净。

(15)搅拌壁及叶浆的紧固状况应经常检查，如有松动应立即拧紧，如有损坏，必须更换。

2. 环保措施

(1)严格按规范施工，施工便道和现场要经常洒水，防止扬尘。

(2)禁止在施工现场随便丢弃废料、废品。

(五)质量检验评定

1. 基本要求

(1)路拌深度要达到层底。

(2)碾压终了的时间不应超过水泥的终凝时间。

(3)碾压检查合格后立即覆盖或洒水养护，养护期要符合规范要求。

2. 实测项目

水泥稳定粒料基层和底基层实测项目见表2-3-5。

表2-3-5 水泥稳定粒料基层和底基层实测项目

项次	检查项目		规定值或允许偏差				检查方法和频率
			基层		底基层		
			高速公路一级公路	其他公路	高速公路一级公路	其他公路	
1	压实度/%	代表值	≥98	≥97	≥96	≥95	按《公路工程质量检验评定标准 第一册 土建工程》(JTG F80/1—2017)附录B检查，每200 m测2点
		极值	≥94	≥93	≥92	≥91	
2	平整度/mm		≤8	≤12	≤12	≤15	3 m直尺：每200 m测2处×5尺
3	纵断高程/mm		+5，-10	+5，-15	+5，-15	+5，-20	水准仪：每200 m测2个断面
4	宽度/mm		满足设计要求		满足设计要求		尺量：每200 m测4点
5	厚度/mm	代表值	-8	-10	-10	-12	按《公路工程质量检验评定标准 第一册 土建工程》(JTG F80/1—2017)附录H检查，每200 m测2点
		合格值	-10	-20	-25	-30	
6	横坡/%		±0.3	±0.5	±0.3	±0.5	水准仪：每200 m测2个断面
7	强度/MPa		满足设计要求		满足设计要求		按《公路工程质量检验评定标准 第一册 土建工程》(JTG F80/1—2017)附录G检查

3. 外观鉴定

(1)表面应无松散、无坑洼、无碾压轮迹。

(2)表面连续离析不得超过10 m，累计离析不得超过50 m。

4. 相关质检表格

相关质检表格主要包括检验记录(原材料质量检验、现场检验等)、施工原始记录、施工测量记录、各种记录的汇总、检验申请批复单、中间交工证书等施工过程质量记录文件。各种表格的格式详见附录二。表2-3-6为分项工程质量检验评定表。

表 2-3-6 中华人民共和国贵州公路项目××高速公路工程分项工程质量检验评定表

分项工程名称：水泥稳定碎石基层　　　　工程部位：(桩号)　　　　所属建设项目：
所属分部工程名称：　　　　所属单位工程：　　　　分项工程编号：
　　　　　　　　　　　　　　施工单位：　　　　　　　　　　　　　　　　　　　　检评表-05

基本要求：根据《公路工程质量检验评定标准　第一册　土建工程》(JTG F80/1—2017)的规定：1. 路拌深度要达到层底。2. 碾压终了的时间不应超过水泥的终凝时间。3. 碾压检查合格后立即覆盖或洒水养护，养护期要符合规范要求

项次	检查项目		规定值及允许偏差	实测值或实测偏差值										质量评定		
														平均值、代表值	合格率/%	合格判定
1	压实度/%	代表值	≥98													
		极值	≥94													
2	平整度/mm		≤8													
3	纵断高程/mm		+5，-10													
4	宽度/mm		满足设计要求													
5	厚度/mm	代表值	-8													
		合格值	-15													
6	横坡/%		±0.3													
7	强度/MPa		满足设计要求													
外观鉴定				质量保证资料												
工程质量等级评定																

检验负责人：　　　　　　　　　　　检测：　　　　　　　记录：　　　　　　复核：　　　　　　年　月　日

工作任务四　石灰稳定土施工

学习目标

1. 能根据石灰稳定土的施工准备工作内容及材料要求，进行施工准备并填写开工报告。
2. 能根据施工操作方法指导施工作业。
3. 能进行施工记录的填写。
4. 能根据施工安全、环保措施进行相应的施工管理。

任务描述

通过学习本工作任务，掌握石灰稳定土基层施工的技能和相关理论知识及施工工艺流程，能够领会设计意图并在实地进行表现，能够承担施工现场组织管理及质量资料的填写等工作任务。

学习引导

本工作任务沿以下脉络进行。

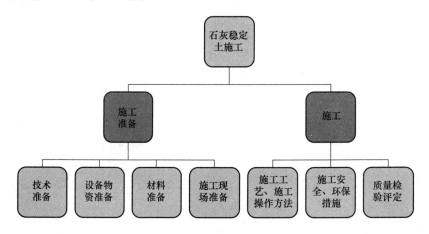

一、相关知识

以石灰为结合料，通过加水与被稳定材料共同拌和形成的混合料，称为石灰稳定材料。

以一定数量的石灰和粉煤灰为结合料，通过加水与被稳定材料共同拌和形成的混合料，称为石灰粉煤灰稳定材料。一定数量的石灰、粉煤灰和砂相配合，加入适量的水（通常为最佳含水量），经拌和、压实及养护后得到的混合料，当其抗压强度符合规定的要求时，称为石灰粉煤灰稳定砂，简称为二灰砂。用一定数量的石灰和粉煤灰稳定级配碎石或级配砾石得到的混合料，当其强度符合要求时，分别称为石灰粉煤灰稳定级配碎石、石灰粉煤灰稳定级配砾石。这两种混合料又统称为石灰粉煤灰级配集料，或分别简称二灰级配碎石、二灰级配砾石、二灰级配集料。

以石灰或水泥为结合料，以煤渣、钢渣、矿渣等工业废渣为主要被稳定材料，通过加水拌和形成的混合料称为工业废渣稳定材料。

二、任务实施

(一)施工准备

1. 技术准备

(1)集中技术人员进行图纸会审，熟悉各部结构，确定合理的施工工艺。

(2)对全线的导线点、水准点进行加密、复测，精度符合规范要求。

(3)选定料场，进行配合比试验，并进行优化设计，确定合理的配合比。

(4)详细了解现场施工环境，编制切实可行的施工方案，并详细进行二级技术交底。

(5)做好安全防卫和安全技术交底工作，避免天气、施工机械等对生产人员的人身财产构成威胁。

(6)制定关键工序控制措施，冬、雨期施工措施及夜间施工措施。

(7)对下承层进行验收，必须在其满足规范要求后才能进行下道工序施工。

(8)测量放样，直线(或大半径圆曲线)段每10 m放一中桩、边桩，小半径曲线处(匝道)每5 m放一中桩、边桩，测量其高程并计算其要求调整的高度，作为钢丝基准线的标准。

2. 设备物资准备

(1)生产设备：石灰稳定土拌合站、满足石灰稳定土拌合站产量要求的装载机。

(2)施工设备：石灰稳定土摊铺机、运料车、压路机、洒水车、推土机、平板夯等。

(3)测量器具：全站仪、水准仪、卡尺、钢钎、钢丝线等。

(4)石灰稳定土拌合站应做好调试工作，并对其仔细进行计量标定，使其各称量系统精度满足设计要求；其他各施工均应做好调试，在试验路段施工前宜在拌合站场地内或其他非主线上进行试运行，以确保试验路段工作正常。

3. 材料准备及要求

(1)石灰、碎石等按规定进行检验。

(2)石灰稳定土配合比设计与试验：按设计强度要求，分别做最大干密度和无侧限抗压强度试验。

(3)石灰技术要求应符合表2-4-1、表2-4-2的规定。

表2-4-1 生石灰技术要求

指标	钙质生石灰			镁质生石灰		
	Ⅰ	Ⅱ	Ⅲ	Ⅰ	Ⅱ	Ⅲ
有效氧化钙加氧化镁含量/%	≥85	≥80	≥70	≥80	≥75	≥65
未消化残渣含量/%	≤7	≤11	≤17	≤10	≤14	≤20
钙镁石灰的分类界限，氧化镁含量/%	≤5			>5		

表 2-4-2 消石灰技术要求

指标		钙质生石灰			镁质生石灰		
		Ⅰ	Ⅱ	Ⅲ	Ⅰ	Ⅱ	Ⅲ
有效氧化钙加氧化镁含量/%		≥65	≥60	≥55	≥60	≥55	≥50
含水率/%		≤4	≤4	≤4	≤4	≤4	≤4
细度	0.60 mm方孔筛的筛余/%	0	≤1	≤1	0	≤1	≤1
	0.15 mm方孔筛的筛余/%	≤13	≤20	—	≤13	≤20	—
钙镁石灰的分类界限,氧化镁含量/%		≤4			>4		

(4)高速公路和一级公路用石灰应不低于Ⅱ级技术要求,二级及二级以下公路用石灰应不低于Ⅲ级技术要求。

(5)高速公路和一级公路的基层宜采用磨细消石灰。

(6)二级以下公路使用等外石灰时,有效氧化钙含量应在20%以上,且混合料强度应满足要求。应尽量缩短石灰的存放时间,如存放时间较长,应采取覆盖封存措施,妥善保管。

(7)粉煤灰中SiO_2、Al_2O_3和Fe_2O_3的总含量应大于70%,粉煤灰的烧失量不应超过20%。粉煤灰的比表面积宜大于2 500 cm²/g(或90%通过0.3 mm筛孔,70%通过0.075 mm筛孔)。干粉煤灰和湿粉煤灰都可以应用。湿粉煤灰的含水量不宜超过35%。各等级公路的底基层、二级及二级以下公路的基层使用的粉煤灰,通过率指标不满足上述要求时,应进行混合料强度试验,达到要求的强度指标时,方可使用。

(8)集料的颗粒组成、压碎值等指标应符合相关规范要求。

4. 作业条件准备

(1)完成下承层处理与验收。检测项目包括纵断高程、中线偏差、横坡、边坡、压实度、弯沉、平整度等。监理工程师签认批准。

(2)在槽式断面的路段两侧路肩上每隔一定距离(5~20 m)交错开挖泄水沟或做盲沟。

(3)在正式开工前,已进行试验路段施工,获得了机械拌和、摊铺、压实等技术参数(松铺系数、碾压遍数、摊铺速度等)。

(二)施工操作方法

石灰稳定土施工操作方法如图2-4-1所示。

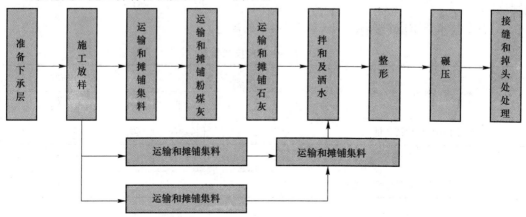

图 2-4-1 石灰稳定土施工操作方法

1. 路拌法施工

(1)准备下承层。当石灰稳定土用作基层时,要准备底基层;当石灰稳定土用作底基层时,要准备土基。无论土基还是底基层,都必须按规范规定进行验收。凡验收不合格的路段,必须采取措施,使其达到标准后,方能在其上铺筑石灰稳定土层。

在槽式断面的路段,两侧路肩上每隔一定距离(如5~10 m)应交错开挖泄水沟(或做盲沟)。

(2)施工放样。在底基层或土基上恢复中线,直线段每15~20 m设一桩,平曲线段每10~15 m设一桩,并在对应断面的路肩外侧设指示桩。在两侧指示桩上用红漆标出石灰粉煤灰稳定土层边缘的设计高。

(3)备料。

1)集料。采备集料前,应先将树木、草皮和杂土清除干净,并在预定采料深度范围内自上而下采集集料,不宜分层采集,不应将不合格材料采集在一起。如分层采集集料,则应将集料先分层堆放在一场地上,然后从前到后(上下层)一起装入汽车,将料运到施工现场。对集料中的超尺寸颗粒应予筛除。对于塑性指数小于15的黏性土,机械拌和时,可视土质和机械性能确定土是否需要过筛。人工拌和时,应筛除1.5 cm以上的土块。

2)石灰。石灰宜选在公路两侧宽敞而邻近水源且地势较高的场地集中堆放。预计堆放时间较长时,应用土或其他材料覆盖封存,石灰堆放在集中拌合站场地时,宜搭设防雨棚。石灰应在使用前7~10 d充分消解。每吨石灰消解需用水量一般为500~800 kg。消解后的石灰应保持一定的湿度,以免过干飞扬,但也不能过湿成团。消石灰宜过孔径10 mm的筛,并尽快使用。

3)材料用量。根据各段石灰稳定土层的宽度、厚度及预定的压实度(换算为压实密度),计算各路段需要的干集料质量。根据料场集料的含水量和运料车辆的吨位,计算每车料的堆放距离。根据石灰稳定土层的厚度和预定的干容量及石灰剂量,计算每平方米石灰稳定土需用的石灰质量,并计算每车石灰的摊铺面积,如使用袋装生石灰粉,则计算每袋石灰的摊铺面积。计算每车石灰的卸放位置,即纵向间距和横向间距,或计算每袋石灰的纵横间距。

(4)运输及摊铺。

1)运料。运料时,要注意以下几点:对预定堆料的下层在堆料前应先洒水,使其湿润,但不应过分潮湿而造成泥泞;集料装车时,应控制每车料的数量基本相等;在同一料场供料的路段,由远到近将料按计算的距离(间距)卸置于下承层中间或上侧。卸料距离应严格掌握,避免料不够或过多;料堆每隔一定距离应留一缺口;集料在下承层上的堆置时间不应过长。运送集料较摊铺集料工序宜只提前1~2 d;在同料场集料做石灰稳定土时,如路肩用料与稳定土层用料不同,应采取培肩措施,先将两侧路肩培好。路肩料层的压实厚度应与稳定土层的压实厚度相同。在路肩上,每隔5~10 m应交错开挖临时泄水沟。

2)摊铺集料。在摊铺集料时,应注意:事先通过试验确定集料的松铺系数。人工摊铺混合料时,其松铺系数可参考表2-4-3中的数值。在摊铺集料前,应先在未堆料的下承层上洒水使其湿润,不应过分潮湿而造成泥泞;对能封闭交通的道路,摊铺集料应在摊铺石灰的前一天进行。摊料长度应与施工日进度相同,以够次日加石灰、拌和、碾压成型为准。对不能封闭交通的道路及雨期,宜在当天摊铺集料;用平地机或其他合适的机具将集料均匀摊铺在预定的宽度上,表面应力求平整,并有规定的路拱。摊铺过程中,应注意将土块、超尺寸颗粒及其他杂物拣除。如集料中有较多土块，也应进行粉碎；检验松铺材料层的厚度，看其是否符合预计要求(松铺厚度＝压实厚度×松铺系数)。必要时，应进行减料或补料工作。

表2-4-3　混合料松铺系数参考值

材料名称	松铺系数	说明
石灰土	1.53～1.58	现场人工摊铺土和石灰，机械拌和，人工整平
	1.65～1.70	路外集中拌和，运到现场人工摊铺
石灰土砾石	1.52～1.56	路外集中拌和，运到现场人工摊铺

3)摊铺石灰。摊铺石灰时，如黏性土过干，应先洒水闷料，使土的含水量略小于最佳值。细粒土宜闷料一夜；中粒土和粗粒土，视细土含量的多少，可闷1～2 h。在人工摊铺的集料层上，用6～8 t两轮压路机碾压1～2遍，使其表面平整，并有一定密实度。然后，按计算的每车石灰的纵横间距，用石灰在集料层上做卸置石灰的标记，同时画出摊铺石灰的边线，用刮板将卸置的石灰均匀摊开。石灰摊铺完后，表面应没有空白位置。量测石灰的松铺厚度，根据石灰的含水量和松密度，校核石灰用量是否合适。

(5)拌和及洒水。

1)集料应采用稳定土拌合机拌和，拌和深度应达到稳定层底。应设专人跟随拌合机，随时检查拌和深度并配合拌合机操作员调整拌和深度，除直接铺在土基上的一层外，严禁在拌合层底部留有"素土"夹层。拌和应适当破坏(约1 cm左右，不应过多)下承层的表面，以利上、下层黏结。通常应拌和两遍以上(如使用的是生石灰粉，宜先用平地机或多铧犁紧贴下承层表面翻拌一遍)。直接铺在土基上的拌合层也应避免"素土"夹层。

2)在没有专用机械的情况下，如为石灰稳定细粒土和中粒土，也可用农用旋转耕作机与多铧犁或平地机相配合拌和4遍，但其拌和效果较差。先用旋转耕作机拌和，后用多铧犁或平地机将底部"素土"翻起。再用旋转耕作机拌和第2遍，多铧犁或平地机将底部料再翻起，并随时检查调整翻犁的深度，使稳定土层全部翻透。严禁在稳定土层和下承层之间残留一层"素土"，也应防止翻犁过深，过多破坏下承层的表面。还可以用缺口圆盘耙与多铧犁或平地机相配合，拌和石灰稳定细粒土、中粒土和粗粒土(但其拌和效果较差)。用平地机或多铧犁在前面翻拌，用圆盘耙跟在后面拌和，即采用边翻边耙的方法。圆盘耙的速度应尽量快，使石灰与集料拌和均匀。共翻拌4～6遍，开始的两遍不应翻犁到底，以防石灰落到底部，后面的几遍应翻犁到底。随时检查调整翻犁的深度，使稳定土层全部翻透(图2-4-2)。

3)在拌和过程中，及时检查含水量。用喷管式洒水车补充洒水，使混合料的含水量等于或略大于最佳值(视土类而定，可大1%左右)，洒水车距离应长些。洒水车起洒处和另一端掉头处都应超出拌和段2 m以上。洒水车不应在正进行拌和的以及当天计划拌和的路段上掉头和停留，以防局部水量过大。拌合机械应紧跟在洒水车后面进行拌和，尤其在纵坡大的路段上更应配合紧密，减少水分流失。

4)在洒水过程中，要人工配合拣出超尺寸颗粒，清除粗细石料窝，以及局部过湿之处。拌和完成的标志是：混合料色泽一致，没有灰条、灰团和花面，没有粗细石料窝，且水分合适均匀。

5)拌和石灰加黏土的稳定碎石或砂砾时，应先将石灰土拌和均匀，然后均匀地摊铺在

图 2-4-2 拌合机在进行二灰基层的路拌

碎石或砂砾层上,再一起进行拌和。用石灰稳定塑性指数大的黏土时,由于黏土难以粉碎,宜采用两次拌和法。即每一次加 70%～100% 预定剂量的石灰进行拌和,闷放一夜,然后补足石灰用量,再进行第二次拌和。

(6)整形与碾压。

1)整形。平地机整形。混合料拌和均匀后,先用平地机初步整平和整形。在直线段,平地机由两侧向路中心进行刮平。在平曲线段,平地机由内侧向外侧进行刮平。需要时,再返回刮一遍。用平地机或轮胎压路机快速碾压 1～2 遍。在用轮胎压路机碾压时,因轮胎表面没有花纹,压后表面比较光滑。在用平地机整平前,应先用齿耙把低洼处表层 5 cm 以上耙松,避免在较光滑的表面产生薄层找补的情况。用平地机进行整形后再碾压一遍。对于局部低洼处,应用齿耙将其表层 5 cm 以上耙松,并用新拌的石灰混合料进行找补平整,再用平地机整形一次。每次整形都要按规定的坡度和路拱进行。特别要注意接缝处的整平,接缝必须顺适平整。

2)碾压。整形后,当混合料处于最佳含水量±1%时(如表面水分不足,应适当洒水),立即用 12 t 以上三轮压路机、重型轮胎压路机或振动压路机在路基全宽内进行碾压。对直线段,由两侧路肩向路中心碾压。对平曲线段,由内侧路肩向外侧路肩进行碾压。碾压时后轮应重叠 1/2 的轮宽,后轮必须超过两段的接缝处。后轮压完路面全宽时即为一遍。碾压一直进行到要求的密实度为止,一般需 6～8 遍。压路机的作业方式同路基碾压。碾压过程中,石灰稳定土的表面应始终保持湿润。如表面水蒸得快,应及时补洒少量的水。如有"弹簧"、松散、起皮等现象,应及时翻开重新拌和,或用其他方法处理,使其达到质量要求。在碾压结束之前,用平地机再终平一次,使其纵向顺适,路拱和超高符合设计要求。终平应仔细进行,必须将局部高出部分刮除并扫出路外,对于局部低洼之处,不再进行找补,留待铺筑面层时处理。

(7)养护。

1)石灰稳定土在养护期间应保持一定的湿度,不应过湿。养护期一般不少于 7 d。养护方法可视具体情况采用洒水、覆盖砂、低塑性土或沥青膜等。在养护期间,石灰土表层不应忽干忽湿,每次洒水后,应用两轮压路机将表层压实。石灰稳定土层碾压结束后,过1～2 d,当其表层较干燥(如石灰土的含水量不大于10%,石灰粒料土的含水量在5%～6%)时,可以立即喷洒透层沥青,做下封层或铺筑面层。但初期应禁止重型车辆通行。

2)在养护期间未采用覆盖措施的石灰稳定土层上,除洒水车外,应封闭交通。在采用覆盖措施的石灰稳定土层上,不能封闭交通时,应限制车速不得超过30 km/h。如石灰稳定土分层施工时,下层石灰稳定土碾压完后,可以立即在其上铺筑另一层石灰稳定土,不需要专门的养护期。

3)养护期结束后,应立即喷洒透层沥青或做下封层,并在5～10 d内铺筑沥青面层。在喷洒透层沥青后,应撒布3～8 mm或5～10 mm的小碎(砾)石,小碎石约撒60%的面积(不完全覆盖,但均匀覆盖60%的面积,露黑)。如喷洒的透层沥青能透入基层,当运料车辆和面层混合料摊铺机在其上行驶不会破坏沥青膜时,可以不撒小碎石。如为水泥混凝土面层时,也不宜让基层长期暴晒开裂。

(8)施工中应注意的问题。

1)接缝和掉头处的处理。两工作段的搭接部分,应采用对接形式。前一段拌和后,留5～8 m不进行碾压。后一段施工时,将前段留下未压部分,一起再进行拌和。拌合机械及其他机械不宜在已压成的石灰稳定土层上掉头。如必须在上面进行掉头,应采取措施(如覆盖10 cm厚的砂或砂砾)保护掉头部分,使石灰稳定土表层不受破坏。

2)纵缝的处理。石灰稳定土层的施工应尽可能避免纵向接缝,必须分两幅施工时,纵缝必须垂直相接,不应斜接。

一般情况下,纵缝可按下述方法处理。在前一幅施工时,在靠中央一侧用方木或钢模板做支撑,方木或钢模板的高度与稳定土层的压实厚度相同。混合料拌和结束后,靠近支撑木(或板)的一条带,应人工进行补充拌和,然后进行整形和碾压。在铺筑另一幅时,或在养护结束时,拆除支撑木(或板)。第二幅混合料拌和结束后,靠近第一幅的一条带,应人工进行补充拌和,然后进行整形和碾压。

3)路缘处理。如石灰稳定土层上为薄沥青面层,基层每边应较面层展宽20 cm以上。在基层全宽上喷洒透层沥青或设下封层,沥青面层边缘以三角形向路肩抛出6～10 cm。如设路缘块时,必须注意防止路缘块阻滞路面表面水和结构层中的水向路外流淌。

4)用石灰稳定低塑性指数的砂、粉性土的处理。用石灰稳定低塑性指数的砂性土和粉性土时,碾压过程中容易起皮松散,成型困难,施工时要大量洒水,分两阶段碾压。第一阶段,洒水后用覆带拖拉机先压2～3遍,达到初步稳定;第二阶段,待水分接近最佳含水量时,再继续用12 t以上压路机压实。当缺少履带拖拉机时,洒水后,先用轻型压路机碾压2遍,然后覆盖一层素土,继续用12 t以上压路机压实。养护后,将素土层清除干净。

5)通车路段的施工。对于不能中断交通的路段,可采用半幅施工方法。接缝处应对接,必须保持平整密合。同时,要加强管理,消除隐患,确保工程质量。

2. 中心站集中拌和(厂拌)法施工

石灰稳定土可以在中心站用多种机械集中拌和,如强制式拌合机、双转轴桨叶式拌合机等。集中拌和有利于保证配料的准确性和拌和的均匀性。

(1)备料。土块要粉碎,最大尺寸不应大于15 mm。集料的最大粒径和级配都应符合要求,必要时,应先筛除集料中不符合要求的颗粒。配料应准确,在潮湿多雨的地区施工时,还应采取措施保护集料,特别是细集料(含土)和石灰要免遭雨淋。

(2)拌制。在正式拌制稳定土混合料之前,必须先调试所用的厂拌设备,使混合料的颗粒组成和含水量都达到规定的要求。集料的颗粒组成发生变化时,应重新调试设备。应根据集料和混合料的含水量及时调整向拌合室中添加的水量,拌和要均匀。

(3)运输。已拌成的混合料应尽快运送到铺筑现场。如运距远、气温高,则车上的混合料应加以覆盖,以防水分过多蒸发。

(4)摊铺及碾压。下承层为石灰稳定土时,应先将下承层顶面拉毛,再摊铺混合料。摊铺应采用沥青混凝土摊铺机、水泥混凝土摊铺机或稳定土摊铺机摊铺混合料。在没有以上摊铺机的情况下,可以用摊铺箱或自动平地机摊铺混合料。用摊铺机或摊铺箱摊铺时,要求拌合机与摊铺机的生产能力相协调。如拌合机的生产能力较低,则应用最低速度摊铺,以减少摊铺机停机待料的情况。在摊铺机后面应设专人消除粗细集料离析现象,特别是局部粗集料窝应该铲除,并用新混合料填补。摊铺后应用振动压路机、三轮压路机和轮胎压路机及时进行碾压。用平地机摊铺混合料时,根据铺筑层的厚度和要求达到的压实干密度,计算每车混合料的铺筑面积。将混合料均匀地卸在路幅中央,路幅宽时,可将混合料卸成两行。用平地机将混合料按松铺厚度摊铺均匀,设一个3人小组跟在平地机后面,及时消除粗集料窝和粗集料带(补充细混合料并拌和均匀)。整形、碾压及接缝处理,与路拌法相同。

(5)横向接缝处理。

1)用摊铺机摊铺混合料时,每天的工作缝应做成横向接缝。摊铺机应驶离混合料末端。

2)人工将末端混合料处理整齐,紧靠混合料放两根方木,方木的高度与混合料的压实厚度相同,整平紧靠方木的混合料。

3)方木的另一侧用砂砾或碎石回填3 m长,其高度应高出方木几厘米。

4)将混合料碾压密实。

5)在重新开始摊铺混合料之前,将砂砾(或碎石)和方木除去,并将下承层顶面清扫干净和拉毛。

6)摊铺机返回到已压实层的末端,重新开始摊铺混合料。

7)如压实层末端未用方木做支撑处理,在碾压后末端成一斜坡,则在第二天开始摊铺新混合料之前,应将末端斜坡挖除,并挖成一横向(与路中心线垂直)垂直向下的断面。挖出的混合料加水到最佳含水量拌匀后仍可使用。

(6)纵向接缝。应避免纵向接缝。如摊铺机的摊铺宽度不够,必须分两幅摊铺时,宜采用两台摊铺机一前一后相隔8~10 m同步向前摊铺混合料,一起进行碾压。在仅有一台摊铺机的情况下,可先在一条摊铺带上摊铺一定长度后,再开到另一条摊铺带上摊铺,然后一起进行碾压。在不能避免纵向接缝的情况下,纵缝必须垂直相接,严禁斜接,并按下述方法处理。在前一幅摊铺时,在靠后一幅的一侧用方木或钢模板做支撑,方木或钢模板的高度与稳定土层的压实厚度相同。养护结束后,在摊铺另一幅之前,拆除支撑木(或板)。

(7)养护。

1)石灰稳定土在养护期间应保持一定的湿度,不应过湿。养护期一般不少于7 d。养护方法可视具体情况采用洒水,覆盖砂、低塑性土或沥青膜等。在养护期间石灰土表层不应忽干忽湿,每次洒水后,应用两轮压路机将表层压实。石灰稳定土层碾压结束后,过1~2 d,当其表层较干燥(如石灰土的含水量不大于10%,石灰粒料土的含水量在5%~6%)时,可以立即喷洒透层沥青、做下封层或铺筑面层。但初期应禁止重型车辆通行。

2)在养护期间未采用覆盖措施的石灰稳定土层上,除洒水车外,应封闭交通。在采用覆盖措施的石灰稳定土层上,不能封闭交通时,应限制车速不得超过 30 km/h。如石灰稳定土分层施工时,下层石灰稳定土碾压完后,可以立即在其上铺筑另一层石灰稳定土,不需专门的养护期。

3)养护期结束后,应立即喷洒透层沥青或做下封层,并在 5~10 d 内铺筑沥青面层。在喷洒透层沥青后,应撒布 3~8 mm 或 5~10 mm 的小碎(砾)石,小碎石约撒 60%的面积(不完全覆盖,但均匀覆盖 60%的面积,露黑)。如喷洒的透层沥青能透入基层,当运料车辆和面层混合料摊铺机在上面行驶不会破坏沥青膜时,可以不撒小碎石。如为水泥混凝土面层时,也不宜让基层长期暴晒开裂。

(8)路缘处理。如石灰稳定土层上为薄沥青面层,基层每边应较面层展宽 20 cm 以上。在基层全宽上喷洒透层沥青或设下封层,沥青面层边缘以三角形向路肩抛出 6~10 cm。如设路缘块时,必须注意防止路缘块阻滞路面表面水和结构层中的水。

(三)安全、环保措施

1. 安全保证措施

(1)在项目驻地、拌合站和施工现场设置专门安全员。
(2)电工、机械操作人员必须持证上岗。
(3)施工现场有明显标志牌,避免施工作业和施工机械车辆之间及与公路及市政交通互相影响。
(4)施工便道应平整无撒落石子。
(5)经常检查施工用电设施,杜绝隐患。
(6)消解石灰时,不得在浸水的同时边投料边翻拌,人员应远避,以免烫伤。
(7)沿路肩堆放石灰消解时,应慢洒水或泼水,操作人员应站在上风侧。
(8)装卸、洒铺及翻动粉状材料时,操作人员应站在上风侧,轻拌轻翻减少粉尘,并应佩戴口罩或其他防护用品。散装粉状材料宜使用粉料运输车运输,否则车箱上应采用篷布遮盖。装卸尽量避免在大风天气下进行,否则,应特别加强安全防护。
(9)应根据不同的拌和材料,选用合适的拌合齿,并对机械及各相关的配件等进行检查。
(10)拌合机作业时,应先将转子提起离开地面空转,然后再慢慢下降至拌和深度。
(11)在拌和过程中,不能急转弯或原地转向,严禁使用倒挡进行拌和作业。遇到底层有障碍物时,应及时提起转子,进行检查处理。
(12)拌合机在行走和作业过程中,必须采用低速,保持匀速。液压油的温度不得超过规定。
(13)停车时应拉上制动器,将转子置于地面。
(14)对机械及配套设施进行安全检查。
(15)皮带运输机应尽量降低供料高度,以减轻物料冲击。在停机前必须将料卸尽。
(16)拌合机仓壁振动器在作业中铁芯和衔铁不得碰撞。如发生碰撞应立即调整振动体的振幅和工作间歇。仓内不出料时,严禁使用振动器。
(17)拌和结束后,给料斗、贮料仓中不得有存料,应清理干净。
(18)应经常检查搅拌壁及叶浆的紧固状况,如有松动应立即拧紧,如有损坏,必须更换。

2. 环保措施

(1)严格按规范施工，施工便道和现场要经常洒水，防止扬尘。

(2)禁止在施工现场随便丢弃废料、废品。

(四)质量检验评定

1. 基本要求

(1)应选择质坚干净的粒料，石灰应经充分消解。

(2)路拌深度应达到层底。

(3)石灰类材料应在处于最佳含水率状态下碾压。

(4)碾压检查合格后立即覆盖或洒水养护，养护期要符合规范规定。

2. 实测项目

石灰、粉煤灰稳定粒料基层和底基层实测项目见表2-4-4。

表 2-4-4　石灰、粉煤灰稳定粒料基层和底基层实测项目

项次	检查项目		规定值或允许偏差				检查方法和频率	权值
			基层		底基层			
			高速公路一级公路	其他公路	高速公路一级公路	其他公路		
1	压实度/%	代表值	≥98	≥97	≥96	≥95	按《公路工程质量检验评定标准　第一册　土建工程》(JTG F80/1—2017)附录B检查，每200 m测2点	3
		极值	≥94	≥93	≥92	≥91		
2	平整度/mm		≤8	≤12	≤12	≤15	3 m直尺：每200 m测2处×5尺	2
3	纵断高程/mm		+5，−10	+5，−15	+5，−15	+5，−20	水准仪：每200 m测2个断面	1
4	宽度/mm		满足设计要求		满足设计要求		尺量：每200 m测4点	1
5	厚度/mm	代表值	−8	−10	−10	−12	按《公路工程质量检验评定标准　第一册　土建工程》(JTG F80/1—2017)附录H检查，每200 m测2点	2
		合格值	−10	−20	−25	−30		
6	横坡/%		±0.3	±0.5	±0.3	±0.5	水准仪：每200 m测2个断面	1
7	强度/MPa		满足设计要求		满足设计要求		按《公路工程质量检验评定标准　第一册　土建工程》(JTG F80/1—2017)附录G检查	3

3. 外观鉴定

(1)表面应无松散、无坑洼、无碾压轮迹。

(2)表面连续离析不得超过10 m，累计离析不得超过50 m。

4. 相关质检表格

相关质检表格主要包括检验记录(原材料质量检验、现场检验等)、施工原始记录、施工测量记录、各种记录的汇总、检验申请批复单、中间交工证书等施工过程质量记录文件。各种表格的格式详见附录二。表2-4-5为分项工程质量检验评定表。

表 2-4-5 ××高速公路工程分项工程质量检验评定表

分项工程名称：石灰、粉煤灰稳定粒料底基层　　　　　工程部位：（桩号）　　　　　所属建设项目：
所属分部工程名称：　　　　　　　　　　　　　　　　所属单位工程：　　　　　　　施工单位：　　　　　分项工程编号：

基本要求：根据《公路工程质量检验评定标准　第一册　土建工程》(JTG F80/1—2017)的规定：1. 粒料应符合设计和施工规范要求，矿渣应分解稳定后才能使用。2. 石灰质量应符合设计要求，块灰须经充分消解后才能使用。3. 石灰的用量按设计要求严格控制准确，未消解生石灰块必须剔除。4. 路拌深度要达到层底。5. 混合料处于最佳含水量状况下，用重型压路机碾压至要求的压实度。6. 保湿养护，养护期要符合规范要求。

项次	检查项目		规定值及允许偏差	实测值或实测偏差值										质量评定		
														平均值、代表值	合格率/%	合格判定
1	压实度/%	代表值	≥98													
		极值	≥94													
2	平整度/mm		≤8													
3	纵断高程/mm		+5，−10													
4	宽度/mm		满足设计要求													
5	厚度/mm	代表值	−8													
		合格值	−10													
6	横坡/%		±0.3													
7	强度/MPa		满足设计要求													
外观鉴定																
质量保证资料																
工程质量等级评定																

检验负责人：　　　　　　　检测：　　　　　　　记录：　　　　　　　复核：　　　　　　　年　月　日

检评表-05

· 76 ·

> **复习思考题**

1. 简述路面基层(底基层)的分类。
2. 简述填隙碎石施工操作方法。
3. 简述填隙碎石施工工艺流程。
4. 简述级配碎(砾)石施工操作方法。
5. 简述级配碎(砾)石施工工艺流程。
6. 简述水泥稳定碎(砾)石施工操作方法。
7. 简述水泥稳定碎(砾)石施工工艺流程。
8. 简述石灰粉煤灰稳定土施工操作方法。
9. 简述石灰粉煤灰稳定土施工工艺流程。

学习情境三　沥青路面施工

沥青路面是沥青材料通过各种不同的方式将矿料结合起来，经铺筑后形成路面面层并与其他各种路面结构层共同组成的路面结构的统称。由于使用沥青做结合料，矿料之间的黏结力获得极大的增强，提高了混合料的强度和稳定性，使路面的使用性能和耐久性都得到了提高。与水泥混凝土路面相比，沥青路面具有表面平整、无接缝、行车舒适、耐磨、振动小、噪声低、施工工期短、养护维修简便、适宜分期修建等特点。

沥青路面的分类及特点如下。

1. 按强度构成原理分类

按强度构成原理可将沥青路面分为密实类和嵌挤类两大类。

(1)密实类沥青路面的集料级配按最大密实原则设计，粒料尺寸多样，其强度和稳定性主要取决于混合料的黏聚力和内摩阻力。密实类沥青路面按其空隙率的大小可分为闭式（Ⅰ）和开式（Ⅱ）两种。

微课：沥青路面概述

1)闭式混合料中含有较多的小于 0.5 mm 和 0.074 mm 的矿料颗粒，空隙率小于 6%，混合料致密而耐久，但热稳定性较差。

2)开式混合料中小于 0.5 mm 的矿料颗粒含量较少，空隙率大于 6%，热稳定性好于闭式混合料。

(2)嵌挤类沥青路面采用的是颗粒尺寸较为均匀的集料，路面的强度和稳定性主要依靠集料颗粒之间相互嵌挤所产生的内摩阻力。黏聚力较小，只起次要作用。嵌挤类沥青路面比密实类路面的热稳定性要好，但因空隙率大，易渗水，因而耐久性较差。

微课：沥青原材料简介

2. 按施工工艺分类

按施工工艺，沥青路面可分为层铺法、路拌法和厂拌法三类。

(1)层铺法。层铺法是将沥青分层撒布、集料分层撒铺，然后碾压成型的施工方法。其主要优点是工艺和设备简便，功效较高，施工进度快，造价较低；其缺点是路面成型期较长，需要经过炎热季节行车碾压之后路面方能成型及结构强度低、使用寿命短。用这种方法所修筑的沥青路面有沥青表面处治和沥青贯入式两种。

微课：沥青混合料分类

(2)路拌法。路拌法是指在路上用人工或机械将矿料和沥青材料就地拌和、摊铺、碾压密实而成的沥青面层。路拌沥青面层，通过就地拌和，沥青材料在矿料中分布比层铺法均匀，可以缩短路面的成型期。但因所用矿料为冷料，需使用黏稠度较低的沥青材料，故混合料的强度较低。

(3)厂拌法。厂拌法是将规定级配的矿料和沥青材料用工厂的专用设备加热拌和，并在一定的时间内运到工地用摊铺机或人工摊铺，然后碾压而成的沥青路面。若混合料是拌和后立即趁热运到路上摊铺，称为热拌热铺；混合料加热拌和后储存一段时间后再在常温下运到路上摊铺，则称为热拌冷铺。厂拌法所用集料清洁、级配准确，且为热料拌和，沥青黏稠度高，用量准确，因而混合料质量高，寿命长，但修建费用较高。

3. 按沥青路面的技术特性分类

沥青路面类型，主要有沥青混凝土、沥青碎石、沥青贯入式、沥青表面处治等。近年来，在工程试验中，又出现了沥青玛蹄脂碎石混合料(SMA)、多孔隙沥青混凝土(PAWC)、多碎石沥青混凝土(SAC)等新型沥青混凝土。其中，沥青玛蹄脂碎石混合料在我国的公路建设中已得到了一定的应用。

(1)沥青混凝土。用不同粒径的碎石、天然砂或破碎砂、矿粉和沥青，按一定比例在拌合机中热拌所得的混合料称为沥青混凝土混合料。这种混合料的矿料部分具有严格的级配要求，若矿料中含有矿粉，混合料是按最佳密实级配配制的(空隙率小于10%)，这种混合料压实后达到规定的强度时，就称作沥青混凝土。按级配原理选配的矿料与适量沥青拌和均匀，经摊铺压实而成的路面称为沥青混凝土路面。

(2)沥青碎石。沥青碎石路面是由几种不同大小的矿料，所用矿料为开级配，掺有少量矿粉或不加矿粉，用沥青作结合料，按一定比例配合，均匀拌和，拌和后混合料的空隙率大于10%，混合料被称为厂拌沥青碎石；沥青碎石经摊铺压实成型的路面称为沥青碎石路面。

(3)沥青贯入式。沥青贯入式面层是在初步压实的碎石(或轧制砾石)上，分层浇洒沥青、撒布嵌缝料，经压实而成的面层结构，厚度通常为4~8 cm(但用作基层时，其厚度可达10 cm)。当采用乳化沥青时称为乳化沥青贯入式路面，其厚度通常为4~5 cm。

沥青贯入式结构层对提高路面结构强度起较重要的作用，用沥青贯入法施工的路面称作沥青贯入式路面。

(4)沥青表面处治。沥青表面处治路面是指用沥青和集料按层铺法或拌和法铺筑而成的厚度不超过3 cm的沥青路面。当采用乳化沥青时，称为乳化沥青表面处治路面。其一方面构成磨耗层，起到保护承重层免受行车破坏的作用，另一方面作沥青面层或基层的封面，起到封闭表面，防止地表水渗入基层及土基，提高平整度，增强抗滑性能，改善行车条件，延长路面使用寿命的作用。沥青表面处治的厚度一般为1.5~3.0 cm，可做成单层或多层。

(5)沥青玛蹄脂碎石。沥青玛蹄脂碎石路面是指用沥青玛蹄脂碎石混合料作面层或抗滑层的路面。沥青玛蹄脂碎石混合料是一种以沥青、矿粉及纤维稳定剂组成的沥青玛蹄脂结合料，填充于间断级配的矿料骨架中，所形成的沥青混合料。它具有抗滑耐磨、密实耐久、抗疲劳、抗高温车辙、减少低温开裂的优点。其适用于高速公路、一级公路作抗滑表层，其厚度在3.5~4 cm。

以上各种沥青路面沥青材料及集料的技术指标和沥青混合料技术指标，应满足《公路沥青路面设计规范》(JTG D50—2017)的要求。

工作任务一　沥青贯入式路面施工

学习目标

1. 能根据沥青贯入式路面的施工准备工作内容及材料要求，进行施工准备并填写开工报告。

2. 能根据施工操作方法指导施工作业。
3. 能进行施工记录的填写。
4. 能根据施工安全、环保措施进行相应的施工管理。

任务描述

通过学习本工作任务，掌握沥青贯入式路面的技能和相关理论知识及施工工艺流程，能够领会设计意图并在实地进行表现，能够承担施工现场组织管理及质量资料的填写等工作任务。

学习引导

本工作任务沿以下脉络进行。

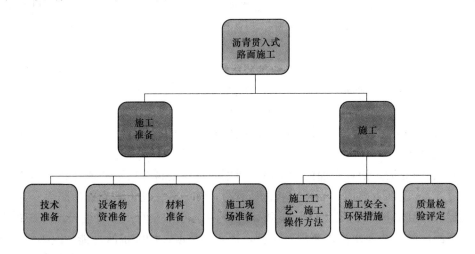

一、相关知识

沥青贯入式路面适用于三级及三级以下公路，也可作为沥青路面的联结层或基层，厚度宜为4~8 cm，但乳化沥青的厚度不宜超过5 cm，当贯入层上部加铺拌和的沥青混合料面层成为上拌下贯式路面时，拌合层的厚度应不小于2.5 cm。

沥青贯入式路面宜选择在干燥和较热的季节施工，并宜在日最高温度降低至15 ℃以前半个月结束，使贯入式结构层通过开放交通碾压成型。

二、任务实施

(一)施工准备

1. 技术准备

(1)复核水准点，必须全线联测。施工放样，采用全站仪准确测出中桩位置，并依据中桩确定各结构层边线位置。

微课：沥青贯入式路面施工

(2)熟悉图纸和相关规范、标准,编制施工组织设计,由项目总工程师向班组长进行书面的一级技术交底和安全交底,施工前由班组长向操作工人进行二级技术交底和安全交底。

2. 设备机具准备

(1)撒沥青设备:沥青洒布车。

(2)运输设备:自卸汽车。

(3)摊铺设备:摊铺机或平地机。

(4)碾压设备:双钢轮振动压路机、轮胎压路机(吨位宜大)。

(5)其他设备:装载机、洒水车、加油车、发电机、切割机、平板载重车等。

3. 材料准备及要求

原材料:沥青、粗集料、细集料、嵌缝料等由持证材料员和试验员按规定进行检验,确保其质量符合相应标准。

沥青贯入式路面的集料应选择有棱角、嵌挤性好的坚硬石料,其规格和用量宜根据贯入层厚度按相关规范要求选用。当使用破碎砾石时,应符合相关要求。表面不加铺拌合层的贯入式路面,在施工结束后每 1 000 m² 宜另备 2~3 m³ 与最后一层嵌缝料规格相同的细集料供初期养护使用。

沥青贯入层的主层集料最大粒径宜与贯入层厚度相当。当采用乳化沥青时,主层集料最大粒径可采用厚度的 0.8~0.85 倍,数量宜按压实系数 1.25~1.30 计算。

4. 作业条件准备

(1)沥青面层施工前,必须对下承层的质量进行检查验收,下承层的质量必须满足相应标准要求,并及时完成施工放样。

(2)施工前对施工机具进行全面检查、调整;压路机喷雾防粘轮的措施有效。

(3)各种规格的材料分开堆放(搭建隔墙有效),不得混杂;细集料的防雨设施应可靠有效;矿粉宜罐装。

(4)开工前应备足 10 d 施工使用的材料,并在施工中陆续进料。

(5)工地应备有防雨设施,并做好基层及路肩排水。

(6)摊铺现场、沥青拌合站及气象台站之间,应具有有效的联系手段。

(二)施工方法及程序

1. 浇洒透层或黏层沥青

透层是为使沥青面层与非沥青材料基层结合良好,在基层上浇洒乳化沥青、煤沥青或液体沥青而形成的透入基层表面的薄层。沥青路面的级配砂砾、级配碎石基层及水泥、石灰、粉煤灰等无机结合料稳定土或粒料的半刚性基层上必须浇洒透层沥青。

透层沥青宜采用慢裂的洒布型乳化沥青,也可采用中、慢凝液体石油沥青或煤沥青。透层沥青的稠度宜通过试洒确定,表面致密的半刚性基层宜采用渗透性好且较稀的透层沥青,级配砂砾、级配碎石等粒料基层宜采用较稠的透层沥青。各种透层沥青的品种和用量可按表 3-1-1 选定。

微课:沥青路面透层简介及施工要点

表 3-1-1 沥青路面透层材料的规格与用量

用途	液体沥青		乳化沥青		煤沥青	
	规格	用量/(L·m^{-2})	规格	用量/(L·m^{-2})	规格	用量/(L·m^{-2})
无结合料粒料类基层	AL(M)-1、2 或 3 AL(S)-1、2 或 3	1.0~2.3	PC-2 PA-2	1.0~2.0	T-1 T-2	1.0~1.5
半刚性基层	AL(M)-1 或 2 AL(S)-1 或 2	0.6~1.5	PC-2 PA-2	0.7~1.5	T-1 T-2	0.7~1.0

注：表中用量是指包括稀释剂和水分等在内的液体沥青、乳化沥青的总量。乳化沥青中的残留物含量以 50% 为基准

透层应紧接在基层施工结束表面稍干后浇洒。当基层完工后时间较长、表面过分干燥时，应在基层表面少量洒水，并待表面稍干后浇洒透层沥青。

透层沥青应采用沥青洒布车喷洒，当喷洒沥青的喷嘴不能保证喷洒均匀时，应更换喷嘴。在浇洒透层沥青时应注意以下事项：

(1) 浇洒透层前，路面应清扫干净，对路缘石及人工构造物应适当防护，以防污染。
(2) 透层沥青洒布后应不致流淌，渗透入基层一定深度不得在表面形成油膜。
(3) 如遇大风或即将降雨时，不得浇洒透层沥青。
(4) 气温低于 10 ℃时，不宜浇洒透层沥青。
(5) 应按设计的沥青用量一次浇洒均匀，当有遗漏时，应用人工补洒。
(6) 浇洒透层沥青后，严禁车辆、行人通过。
(7) 在铺筑沥青面层前，若局部还有多余的透层沥青未渗入基层时，应予清除。

在无机结合料稳定半刚性基层上浇洒透层沥青后，应立即撒布用量为 2~3 m³/km² 的石屑或粗砂。在无结合料稳定半刚性基层上浇洒透层沥青后，若不能及时铺筑面层，但需开放施工车辆通行时，也应撒铺适量的石屑或粗砂。此种情况下，透层沥青用量宜增加 10%。撒布石屑或粗砂后，应用 6~8 t 钢筒式压路机稳压一遍。当通行车辆时，应控制车速。在铺筑沥青面层前如发现局部透层沥青剥落，应予修补，当有多余的浮动石屑或砂时，应予扫除。

透层洒布后应尽早铺筑沥青面层。当用乳化沥青做透层时，洒布后应待其充分渗透、水分蒸发后方可铺筑沥青面层，此段时间不宜少于 24 h。

黏层是为使新铺沥青面层与下层表面粘接良好而浇洒的一种沥青薄层，适用于以下情况：

(1) 旧沥青路面作基层时。
(2) 在修筑沥青面层的水泥混凝土路面或桥面上。
(3) 在沥青面层容易产生推移的路段(如陡坡、急弯及街道的交叉口和停车站等)的基层上。

黏层沥青
施工技术

(4) 所有与新铺沥青混合料接触的侧面，如路缘石、雨水进水口、各种检查井。

黏层的沥青材料宜采用快裂的洒布型乳化沥青，也可采用快凝液体石油沥青、中凝液体石油沥青。其规格及用量见表 3-1-2。

表 3-1-2　沥青路面黏层材料的规格和用量

下卧层类型	液体沥青		乳化沥青	
	规格	用量/(L·m^{-2})	规格	用量/(L·m^{-2})
新建沥青层或旧沥青路面	AL(R)-3~AL(R)-6 AL(M)-3~AL(M)-6	0.3~0.5	PC-3 PA-3	0.3~0.6
水泥混凝土	AL(M)-3~AL(M)-6 AL(S)-3~AL(S)-6	0.2~0.4	PC-3 PA-3	0.3~0.5

注：表中用量是指包括稀释剂和水分等在内的液体沥青、乳化沥青的总量。乳化沥青中的残留物含量以50%为基准

黏层沥青宜用沥青洒布车喷洒，喷洒黏层沥青应注意：

(1)要均匀洒布或涂刷，特别是在路缘石、雨水进水口、检查井等地方应用刷子人工涂刷均匀。对浇洒过量处应予以刮除。

(2)路面有杂物、尘土时应清除干净。当沾到黏土块时，应用水刷净，待表面干燥后浇洒。

(3)当气温低于10℃或路面潮湿时，不得浇洒黏层沥青。

(4)浇洒黏层沥青后，严禁除沥青混合料运输车外的其他车辆、行人通过。

2. 铺撒主层集料

摊铺集料应避免大、小颗粒集中，并应检查其松铺厚度。应严禁车辆在铺好的矿料层上通行。

3. 第一次碾压

主层矿料摊铺后应先用6~8 t的压路机进行初压，速度宜为2 km/h，碾压应自路边缘逐渐移向中心，每次轮迹重叠宜为30 cm，接着应从另一侧以同样方法压至路中心。碾压一遍后应检验路拱和纵向坡高，当有不符合要求的地方时应找平再压，并宜碾压两遍，使石料基本稳定，无显著移动为止。然后应用10~12 t压路机(厚度大的贯入式路面可用12~15 t压路机)进行碾压，每次轮迹应重叠1/2以上，并应碾压4~6遍，直至主层矿料嵌挤紧密，无显著轮迹为止。

4. 洒布第一层沥青

主层矿料碾压完成后，即应洒布第一层沥青。沥青的洒布温度应根据施工气温及沥青标号来选择，石油沥青的洒布温度宜为130 ℃~170 ℃，煤沥青宜为80 ℃~120 ℃，乳化沥青可在常温下洒布，当气温低需要加快破乳速度时，可将乳液加温后洒布，加温洒布的乳液温度不得超过60 ℃。当采用乳化沥青贯入时，为防止乳液下漏过多，可在主层集料碾压稳定后，先撒布一部分上一层嵌缝料，再浇洒主层沥青。前后两车喷洒的接槎处用铁板或建筑纸铺1~1.5 m，使搭接良好。分幅浇洒时，纵向搭接宽度宜为100~150 mm。洒布第二层、第三层沥青时搭接缝应错开。

5. 铺撒第一层嵌缝料

主层沥青洒布后，应立即趁热铺撒第一层嵌缝料，铺撒应均匀，铺撒后应立即扫匀，个别不足处应找补。当使用乳化沥青时，石料撒布必须在乳液破乳前完成。

6. 第二次碾压

嵌缝料扫匀后应立即用8~12 t压路机进行碾压，轮迹重叠1/2左右，随压随扫，使嵌

缝料均匀嵌入，宜碾压4～6遍，如因气温高，在碾压过程中发生蠕动现象，应立即停止碾压，待气温稍低时再继续碾压。

碾压密实后，可洒布第二层沥青，铺撒第二层嵌缝料，进行第三次碾压，洒布第三层沥青，铺撒封层料，最后碾压，施工要求同上。最后碾压采用6～8 t压路机，碾压2～4遍即可开放交通。

如果沥青贯入式路面表面不撒布封层料，加铺沥青混合料拌合层时，应紧跟贯入层施工，使上下成为一个整体。贯入部分采用乳化沥青时，应待其破乳、水分蒸发且成型稳定后方可铺筑拌合层。当拌合层与贯入部分不能连续施工，又要在短期内通行施工车辆时，贯入层与贯入部分的第二遍嵌缝料应增加用量2～3 m^3/km^2。在摊铺拌合层沥青混合料前，应清除贯入层表面的杂物、尘土及浮动石料，再补充碾压一遍，并应浇洒黏层沥青。

(三)施工要求

对沥青贯入式路面施工要求与沥青表面处治基本相同。适度的碾压在贯入式路面施工中极为重要。碾压不足会影响矿料嵌挤稳定，且易使沥青流失，形成层次，上、下部沥青分布不均；但过度碾压，则矿料易于压碎，破坏嵌挤原则，造成空隙减小，沥青难以下渗，形成泛油。因此，应根据矿料的等级、沥青材料的标号、施工气温等因素来确定各次碾压所使用的压路机质量和碾压遍数。

(四)安全环保措施

1. 安全保证措施

(1)在项目驻地、拌合站和施工现场设置专职安全员。
(2)电工、机械操作人员必须持证上岗。
(3)施工现场有明显标志牌，避免施工作业和施工机械车辆之间及与公路及市政交通互相影响。
(4)施工便道应平整无撒落石子。
(5)经常检查施工用电设施，杜绝隐患。
(6)机械与配套设施应进行检查。
(7)自卸汽车与洒布机联合作业，应紧密配合，以防碰撞。
(8)沥青操作人员均应进行体检，凡患有结膜炎、皮肤病及对沥青有过敏反应者，不宜从事沥青作业。从事沥青作业人员，皮肤外露部均需涂抹防护药膏。工地上应配有医务人员。沥青操作工的工作服及防护用品，应集中存放，严禁穿戴回家和进入集体宿舍。
(9)块状沥青搬运一般宜在夜间和阴天进行，尤应避免炎热季节。搬运时，宜采用小型机械装卸，不宜直接装运。用手装运时，必须有相应的防护，如坎肩、帆布手套、工作服等。液态沥青宜采用液态沥青车运送。对沥青下出口阀门，应认真检查其可靠性和密封性。使用时应遵守下列规定：用泵抽送热沥青进出油罐时，工作人员应避让；向油罐注入沥青时，当浮标指标达到允许最大容量时，要及时停止注入；满载运行时，遇有弯道、下坡时要提前减速，避免紧急制动；油罐装载不满时，要始终保持中速行驶。
(10)采用吊耳吊装桶装沥青时应遵守下列规定：吊具应严格检查，达到合格要求；吊装作业应有专人指挥；沥青桶的吊索应绑扎牢固；吊起的沥青桶不得从运输车辆的驾驶室上空越过,并应高于车厢板,以防碰撞;吊臂旋转半径范围内不得站人;沥青桶未稳妥落地前,严禁卸、取吊绳。

(11)人工装卸桶装沥青时,应遵守下列规定:运输车辆应停放在平坡地段,并拉上手闸;上桶装沥青的跳板应有足够的强度,坡度不应过陡;沥青桶不得漏油,否则应先堵漏,后搬运;放倒的沥青桶经跳板上(下)滚动装车时,要在露出跳板两侧的铁桶上各套一根绳索,收放绳索时要缓慢,并应两端同步上下。

(12)人工运送液态沥青,装油量不得超过容器的2/3。

(13)明火熬制沥青的安全要点:

1)锅灶设置。

①支搭的沥青锅灶,应距离建筑物30 m,距离电线垂直下方在10 m以上。周围不得有易燃易爆物品,并应备有锅盖、灭火器等防火用具。

②油锅上方搭设的防雨棚,严禁使用易燃材料。

③沥青锅的前沿(有人操作的一面)应高出后沿10 cm以上,并高出地面0.8~1.0 m。

④舀、盛热沥青的勺、桶、壶等不得锡焊。

2)沥青预热。

①打开沥青桶上的大、小盖。当只有一个桶盖时,应在其相对方向另开一孔,以便通气出油。桶内如有积水,则必须先予排除。

②操作人员应注意沥青突然喷出,如发现沥青从桶的砂眼中喷出,应在桶外的侧面,铲以湿泥涂封,不得用手直接涂封。

③烤油中如发现沥青桶口堵塞,操作人员应站在侧面用铁棍疏通。

④烤油时必须用微火,不得用大火猛烤。

⑤卧桶烤油时的油槽应搭设牢固,流向储油锅(池)的通道要畅通。

⑥卧桶烤油时,如搭设有排灶,油桶在微火口上开始时应时时转动油桶,不得局部过分受热,当沥青开始处于流动状态时,应将油桶小口朝下,大口朝上,使油从小口流入油槽。同时,应在排灶火口和油槽前,设置安全墙。

⑦桶装沥青中,往往含有成团的水,在预热后沥青流入油锅熬制前,应注意除去明火,以免入锅后,引起涨锅。

3)沥青熬制。

①熬油锅应清洁,不得有水和杂物。

②沥青应缓缓投入,以免因一次投入量过多而造成涨锅。投入总量不得超过油锅容积的2/3。块状沥青应改小并装在铁丝瓢内下锅,不得直接向锅内抛掷,以免溅油伤人。

③严禁在烈火加热空锅时加入沥青。

④预热后的沥青宜用溜油槽流下油锅,并应视油锅中涨锅情况控制油量。如用油桶直接倒入油锅时,应小心搬运,桶口应尽量放低,以防被热沥青溅伤。

⑤在熬制沥青时,如发现油锅漏油,必须立即熄灭炉火,妥善处理。

⑥舀油时,应用长柄勺,并要经常检查其联结是否牢固。

⑦油料脱水应缓慢加热,经常搅动,使水蒸气不断溢出消散,以免由涨锅而导致溢锅。

⑧严禁猛火加温而导致沥青溢锅,如发现有漫油迹象时,应立即熄灭炉火。

⑨熬油工应随时掌握油温变化的情况,当白色烟转为红、黄色烟时,应立即熄灭炉火。

⑩熬油现场临时堆放的沥青及燃料不应过多,堆放位置距沥青锅炉应在5 m以外。

经常检查熬油现场用电照明设施的情况，应保证其安全、完好。熬油操作人员应穿工作服、工作鞋，戴工作帆布手套等，做好防护工作。防火器材应处于良好状态，并应有足够数量。

(14)洒布机(车)工作地段的安全要点如下：

1)洒布现场应设专人警戒。

2)施工现场的障碍物应清除干净。

3)洒油时作业范围内不得有人。

4)施工现场严禁使用明火。

(15)沥青洒布车作业中的安全要点如下：

1)检查机械、洒布装置及防护、防火设备是否齐全有效。

2)采用固定式喷灯向沥青箱的火管加热时，应先打开沥青箱上的烟囱口，并在液态沥青淹没火管后，方可点燃喷灯。加热喷灯的火焰过大或扩散蔓延时，应立即关闭喷灯，待多余的燃油烧尽后再行使用。

3)喷灯使用前除进行检查外，应先封闭吸油管及进料口。手提式喷灯点燃后不得接近易燃品。

4)满载沥青的洒布车应中速行驶。遇有弯道、下坡时，应提前减速，尽量避免紧急制动。行驶时，严禁使用加热系统。

5)驾驶员与机上操作人员应密切配合，操作人员应齐全佩戴防护用品，注意自身安全。作业时，在喷洒沥青方向 10 m 以内不得有人停留。

6)喷洒沥青时，手握喷油管部分应加缠旧麻袋或石棉绳等隔热材料。操作时，喷头严禁向上。喷头附近不得站人。注意风向，不得逆风操作。

7)压油时，速度要均匀，不得突然加快。喷油中断时，应将喷头放在洒布机油箱内，固定好喷管，不得滑动。

8)喷洒沥青时，如发现喷头堵塞或其他故障，应立即关闭阀门，等修理完好后，再行作业。

2. 环保措施

(1)公路施工堆料场、沥青加热灶应设在空旷地区，相距 200 m 范围内，不应有集中的居民区、学校等。

(2)沥青路面施工，沥青加热灶设在居民区、学校等环境敏感点以外的下风向处，既方便生产，又符合卫生要求(卫生防护距离分级中，规定的防护距离为 300 m)，不采用开敞式、半封闭式沥青加热工艺。

(3)施工便道定时洒水降尘，运输粉状材料要加以遮盖。

(4)当施工路段距住宅区距离小于 150 m 时，为保证居民夜间休息，在规定时间内禁止施工。

(5)主动与施工路段附近的学校和单位协商，对施工时间进行调整或采取其他措施，尽量减小施工噪声对教学和工作的干扰。

(6)注意机械保养，使机械保持最低声级水平；安排工人轮流进行机械操作，减少接触高噪声的时间；对在声源附近工作时间较长的工人，发放防声耳塞、头盔等，对工人进行保护。

(五)质量检验评定

1. 基本要求

(1)上拌沥青混合料每日应做沥青含量、矿料级配和马歇尔稳定度试验。
(2)沥青贯入式面层施工前,应先做好路面结构层与路肩的排水。
(3)碎石层必须平整坚实,嵌挤稳定,沥青贯入应深透,浇洒应均匀,不得污染其他构筑物。
(4)嵌缝料必须趁热撒铺,扫料均匀,不得有重叠现象。
(5)上层采用混合料时,混合料应均匀一致,无花白、无粗细料分离和结团现象;摊铺平整,接槎平顺,及时碾压。

2. 实测项目

沥青贯入式面层(或上拌下贯式面层)实测项目见表3-1-3。

表 3-1-3 沥青贯入式面层(或上拌下贯式面层)实测项目

项次	检查项目		规定值或允许偏差	检查方法和频率
1	平整度	σ/mm	≤3.5	平整度仪:全线每车道连续按每100 m计算 IRI 或 σ
		IRI/(m·km^{-1})	≤5.8	
		最大间隙 h/mm	≤8	3 m直尺:每200 m测2处×5尺
2	弯沉值/0.01 mm		不大于设计验收弯沉值	按《公路工程质量检验评定标准 第一册 土建工程》(JTG F80/1—2017)附录J检查
3	厚度①/mm	代表值	$-8\%H$ 或 -5	按《公路工程质量检验评定标准 第一册 土建工程》(JTG F80/1—2017)附录H检查,每200 m测2点
		合格值	$-15\%H$ 或 -10	
4	沥青总用量/(kg·m^{-2})		±0.5%	每台班每层洒布检查1次
5	中线平面偏位/mm		30	全站仪:每200 m测2点
6	纵断高程/mm		±20	水准仪:每200 m测2个断面
7	宽度/mm	有侧石	±30	尺量:每200 m测4点
		无侧石	不小于设计值	
8	横坡/%		±0.5	水准仪:每200 m测2个断面
9	矿料级配		满足生产配合比要求	T0725,每台班1次
10	沥青含量		满足生产配合比要求	T0722、T0721、T0735,每台班1次
注:①H 为设计厚度,当 H≥60 mm 时,按厚度百分率计算;当 H<60 mm 时,直接选用固定值				

3. 外观鉴定

(1)面层不得松散,不得漏洒,应无波浪、油包。
(2)路面应无积水。

4. 相关质检表格

相关质检表格主要包括检验记录(原材料质量检验、现场检验等)、施工原始记录、施工测量记录、各种记录的汇总、检验申请批复单、中间交工证书等施工过程质量记录文件。各种表格的格式详见附录二。表3-1-4为分项工程质量检验评定表。

表 3-1-4 ×××三级公路工程分项工程质量检验评定表

分项工程名称：沥青贯入式面层　　所属分部工程名称：　　所属建设项目：

工程部位：　　施工单位：　　监理单位：

基本要求：根据《公路工程质量检验评定标准 第一册 土建工程》（JTG F80/1—2017）的规定：1. 上拌沥青混合料每日应做沥青含量、矿料级配和马歇尔稳定度试验。2. 沥青贯入式面层施工前，应先做好路面结构层与路肩的排水。3. 碎石层应平整坚实，嵌挤稳定，洒布应深透，不得污染其他构筑物。4. 嵌缝料应趁热撒铺，扫料均匀，不应有重叠现象。5. 上层采用混合料时，混合料应均匀，无花白，无粗细料分离和结团成块现象；摊铺应平整，接槎平顺，反时碾压。

项次	检查项目		规定值及允许偏差	实测值或实测偏差值										质量评定		
														平均值、代表值	合格率/%	合格判定
1	平整度	σ/mm	≤3.5													
		IRI/(m·km^{-1})	≤5.8													
		最大间隙 h/mm	≤8													
2	弯沉值/0.01 mm		满足设计要求													
3	厚度/mm	代表值	−8%H 或 −5 mm													
		合格值	−15%H 或 −10 mm													
4	沥青总用量		±0.5%													
5	中线平面偏位/mm		30													
6	纵断高程/mm		±20													
7	宽度	有侧石	±30													
		无侧石	不小于设计值													
8	横坡/%		±0.5													
9	矿料级配		满足生产配合比要求													
10	沥青含量		满足生产配合比要求													
外观质量																
工程质量等级评定				质量保证资料												

检验负责人：　　检测：　　记录：　　复核：　　年　月　日

检评表-05

工作任务二 沥青表面处治路面与封层施工

学习目标

1. 能根据沥青表面处治路面与封层的施工准备工作内容及材料要求,进行施工准备并填写开工报告。
2. 能根据施工操作方法指导施工作业。
3. 能进行施工记录的填写。
4. 能根据施工安全、环保措施进行相应的施工管理。

任务描述

通过学习本工作任务,掌握沥青表面处治与封层路面的技能和相关理论知识及施工工艺流程,能够领会设计意图并在实地进行表现,能够承担施工现场组织管理及质量资料的填写等工作任务。

学习引导

本工作任务沿以下脉络进行。

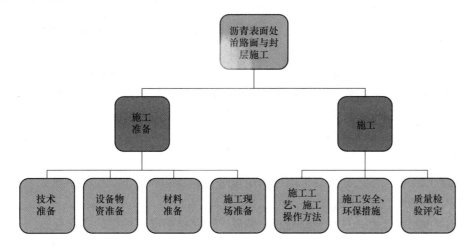

一、相关知识

沥青表面处治路面是指用沥青和集料按层铺法或拌和法铺筑而成的厚度不超过 3 cm 的沥青路面。当采用乳化沥青时,称为乳化沥青表面处治路面。其一方面构成磨耗层,起到保护承重层免受行车破坏;另一方面作沥青面层或基层的封面,起到封闭表面、防止地表水渗入基层及土基、提高平整度、增强抗滑性能、改善行车条件、延长路面使用寿命的作用。沥青表面处治的厚度一般为 1.0~3.0 cm,可做成单层或多层。

沥青表面处治路面适用于三级及三级以下公路的沥青面层。各种封层适用于加铺薄层罩面、磨耗层、水泥混凝土路面上的应力缓冲层、各种防水和密封层、预防性养护罩面层。

沥青表面处治路面与封层宜选择在干燥和较热的季节施工，并在最高温度低于 15 ℃时期到来之前半个月及雨期前结束。

二、任务实施

(一)施工准备

1. 技术准备

(1)复核水准点，必须全线联测。施工放样，采用全站仪准确测出中桩位置，并依据中桩确定各结构层边线位置。

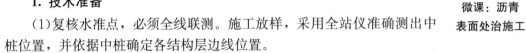

微课：沥青
表面处治施工

(2)熟悉图纸和相关规范、标准，编制施工组织设计，由项目总工程师向班组长进行书面的一级技术交底和安全交底，施工前由班组长向操作工人进行二级技术交底和安全交底。

2. 设备机具准备

(1)洒沥青设备：沥青洒布车。

(2)拌合设备：间歇式沥青混合料拌合站。

(3)运输设备：大吨位自卸汽车。

(4)摊铺设备：摊铺机、平地机。

(5)碾压设备：双钢轮振动压路机、轮胎压路机(吨位宜大)。

(6)其他设备：装载机、洒水车、加油车、发电机、切割机、平板载重车等。

3. 材料准备及要求

原材料：沥青、粗集料、细集料、嵌缝料等由持证材料员和试验员按规定进行检验，确保其质量符合相应标准。

沥青表面处治与封层路面的集料应选择有棱角、嵌挤性好的坚硬石料，其规格和用量宜根据贯入层厚度按相关规范要求选用。当使用破碎砾石时，应符合相关要求。沥青表面处治施工后，应在路侧另备 S12(5~10 mm)碎石或 S14(3~5 mm)石屑、粗砂或小砾石 2~3 m^3/1 000 m^2 作为初期养护用料。

4. 作业条件准备

(1)沥青面层施工前，必须对下承层的质量进行检查验收，下承层的质量必须满足相应标准要求，并及时完成施工放样。

(2)施工前对施工机具进行全面检查、调整；压路机喷雾防粘轮的措施有效。

(3)各种规格的材料分开堆放(搭建隔墙有效)，不得混杂；细集料的防雨设施应可靠有效；矿粉宜罐装。

(4)开工前应备足 10 d 施工使用的材料，并在施工中陆续进料。

(5)工地应备有防雨设施，并做好基层及路肩排水。

(6)摊铺现场、沥青拌合站及气象台站之间，应具有有效的联系手段。

(二)施工方法及程序

层铺法沥青表面处治施工，有先油后料和先料后油两种方法。其中，以前者使用较多，现以三层式为例说明其工艺程序。

三层式沥青表面处治路面施工程序为：备料→清扫基层、放样和安装路缘石浇洒透层沥青→洒布第一层沥青→铺撒第一层矿料→碾压→洒布第二层沥青→铺撒第二层矿料→碾压→洒布第三层沥青→铺撒第三层矿料→碾压→初期养护。

单层式和双层式沥青表面处治的施工程序与三层式相同，仅需相应地减少两次或一次洒布沥青、铺撒矿料与碾压工序。

1. 路面附属物的处理

（1）路缘石。城市道路的侧石（立式路缘石）、平石（卧式路缘石）和公路缘石（卧式路缘石）统称路缘石。侧石是指在城市道路中人行道或绿化带高出路面时，为保护和支承边缘用的立式路缘石；平石是指在城市道路中紧接侧石及路面边缘处，为起排水和保护路边用的卧式路缘石；公路缘石是指在公路上为使路面与路肩分界和保护路边用的卧式路缘石。路缘石应有足够的强度，以及抗风化和耐磨耗的能力，其表面应平整、无脱皮现象。

外路缘石有水泥混凝土、条石、块石等，应根据要求和条件选用。水泥混凝土路缘石持久外形尺寸（长、宽、高）偏差不得超过±5 mm，外露面缺边、缺角长度不得大于20 mm，并不得多于一处。路缘石的施工应符合下列要求：

1）路缘石应在沥青面层施工前铺砌。

2）路缘石基础要坚固、稳定，可采用水泥砂、石灰稳定土、石灰稳定工业废渣（土）以及砂砾等作业基础。

3）石料或水泥混凝土路缘石铺砌后宜用水泥砂浆勾缝。

4）公路路缘石铺砌后应及时回填或采取其他保护措施。

（2）雨水进水口。雨水进水口可分为侧立式、平卧式两种。侧立式雨水进水口应设置在侧石的位置，平卧式雨水进水口应设置在平石的位置。平卧式进水口盖座外边缘与侧石边距离不得大于5 cm，并不得伸进侧石的边线。

（3）检查井。检查井包括雨水、污水、给水、煤气、电话、电缆等附属设施。检查井应在路面施工前安装，并经一定时间养护，待水泥砂浆硬化后才可铺筑路面。检查井盖板底座应铺砌牢固，四周应仔细夯实，盖板顶面标高应与路面标高一致。

2. 清扫基层

在表面处治层施工前，应将路面基层清扫干净，使基层矿料大部分外露，并保持干燥。对有坑槽、不平整的路段应先修补和整平，若基层整体强度不足，则应先予补强。

3. 浇洒透层沥青

透层沥青的施工同贯入式。

4. 洒布第一层沥青

在透层沥青充分渗透后，或在已做透层并已开放交通的基层清扫后，即可洒布第一层沥青。沥青的浇洒温度根据施工气温及沥青标号选择，石油沥青的洒布温度宜为130 ℃～170 ℃，煤沥青的洒布温度宜为80 ℃～120 ℃，乳化沥青在常温下洒布，当气温偏低，破乳及成型过慢时，可将乳液加温后洒布，但乳液温度不得超过60 ℃，在洒布过程中，如发现洒布数不足，有空白、缺边等，应立即用人工补洒，有积聚现象应予刮除。

沥青洒布的长度应与矿料铺撒相配合，应避免沥青洒布后等待较长时间才铺撒矿料。

在每段接槎处，可用铁板或建筑纸等横铺在本段起洒点前及终点后，宽度为1.0～1.5 m。如需分两幅洒布时，应保证接槎搭接良好，纵向搭接宽度宜为10～15 cm。洒布第二层、第三层沥青，搭接缝应错开。

5. 铺撒第一层矿料

洒布第一层沥青后(不必等全段洒完)，应立即铺撒第一层矿料(当使用乳化沥青时，集料撒布必须在乳液破乳之前完成)。其数量按规定一次撒足。局部缺料或过多处，人工适当填补，或将多余矿料扫出。两幅搭接处，第一幅洒布沥青后应暂留 10~15 cm 宽度不撒矿料，待第二幅洒布沥青后一起铺撒矿料。

无论机械或人工铺撒矿料，撒料后应及时扫匀，普遍覆盖一层，厚度一致，不应露沥青。

6. 碾压

铺撒一段矿料后(不必等全段铺完)，应立即用 6~8 t 钢筒双轮压路机或轮胎压路机碾压。碾压时应从路边逐渐移至路中心，然后再从另一边开始压向路中心。每次轮迹重叠宽度宜为 30 cm，碾压 3~4 遍。压路机行驶速度开始不宜超过 2 km/h，以后可适当增加。

7. 第二层、第三层施工

第二层、第三层的施工方法和要求与第一层相同。但可采用 8~10 t 压路机。当使用乳化沥青时，第二层撒布 S12(5~10 mm)碎石作嵌缝料后还应增加一层封层料。其规格为 S14(3~5 mm)，用量为 3.5~5.5 m^3/km^2。

8. 初期养护

除乳化沥青表面处治应待破乳后水分蒸发并基本成型后方可通车外，其他处治碾压结束后即可开放交通，并通过开放交通补充压实，成型稳定。通车初期应设专人指挥交通或设置障碍物控制行车，使路面全部宽度获得均匀压实，成型前应限制行车速度不超过 20 km/h，严禁畜力车及铁轮车行驶。

在通车初期，如有泛油现象，应在泛油地点补撒与最后一层矿料规格相同的养护料(城市道路的养护料，宜在施工时与最后一遍料一起铺撒)，并仔细扫匀。过多的浮动矿料应扫出路面外，以免搓动其他已经黏着到位的矿料，若发现其他破坏现象，应及时进行修补。

(三)施工要求

沥青表面处治施工应符合下列要求：

(1)沥青表面处治宜选择在一年中干燥和较炎热的季节施工，并宜在日最高温度低于 15 ℃到来以前半个月结束。

(2)各工序必须紧密衔接，不得脱节，每个作业段长度应根据压路机数量、洒油设备等来确定。当天施工的路段应当天完成，以免产生因沥青冷却而不能裹覆矿料和尘土污染矿料等不良后果。

(3)除阳离子乳化沥青外不得在潮湿的矿料或基层上洒油。当施工中遇雨时，应待矿料晾干后才能继续施工。雨期施工应逐日了解气象预报，施工路段宜在雨前完成各项工序。

(4)对于道路上的各种井盖座、侧、平台等外露部分，以及人行道面等，洒油时应加以遮盖，防止污染影响路容路貌。

(四)封层施工

封层是指在路面上或基层上修筑的一个沥青表面处治薄层，其作用是封闭表面空隙、防止水分浸入面层(或基层)、延缓面层老化、改善路面外观等。封层可分为上封层和下封层两种。沥青贯入式做面层时，应铺上封层(在沥青面层以上修筑的一个薄层)；沥青贯入式做沥青混凝土路面的联结层或基层时，应铺下封层(在基层上修筑的一个薄层)。上封层适用于：在空隙较大的沥青层上，有裂缝或已进行填缝及修补后的旧沥青路面上；下封层适用于：在多雨地区采用空隙较大的沥青面层的基层上，在铺筑基层后；因推迟修筑沥青面层，且须维持一段时间交通(2～3个月)时。

微课：沥青路面封层施工技术

上封层的沥青材料宜用：道路石油沥青 A-100、A-140、A-180、AH-90、AH-110、AH-130；乳化沥青 PC-3、PA-3、BC-3、BA-3；煤沥青 T-5、T-6、T-7。

下封层的沥青材料宜用：道路石油沥青 A-180、A-100、A-140、AH-110、AH-130；液体石油沥青 AL(M)-5、AL(M)-6 及 AL(S)-5、AL(S)-6；煤沥青 T-4、T-5；乳化沥青 PC-2、PA-2、BC-2、BA-2。

沥青的标号应根据当地气候情况确定。封层的沥青用量：石油沥青宜为 $1.0 \sim 1.3 \text{ kg/m}^2$，上封层应采用低限，下封层应采用中高限；煤沥青用量宜增加 20%。

(1)层铺法沥青表面处治铺筑上封层的集料质量应与沥青表面处治的要求相同，下封层矿料质量可酌情降低。矿料尺寸可采用 3～5 mm、3～10 mm 或 8.5～10 mm 等。封层的矿料用量可根据矿料尺寸、形状、种类等情况确定，一般宜为 $5 \sim 8 \text{ m}^3/\text{km}^2$。

(2)拌和法沥青表面处治铺筑上封层及下封层，应按热拌沥青混合料方法及要求进行。当铺筑下封层时，宜采用 AC-5(或 LH-5)砂粒式沥青混凝土，厚度宜为 1.0 cm。

(3)采用乳化沥青稀浆封层作为上封层(不宜做新建的高速、一级公路的上封层)及下封层时，稀浆封层的厚度宜为 3～6 mm。

稀浆封层可采用慢裂或中裂的拌合型乳化沥青铺筑。当需要减缓破乳速度时，可掺加适量的氧化钙作外加剂；当需要加快破乳速度时，可采用一定数量的水泥或消石灰粉做填料。

稀浆封层施工时应注意以下事项：

1)应在干燥情况下进行施工，且施工时气温不应低于 10 ℃。

2)应用稀浆封层铺筑机施工。铺筑机应具有贮料、送料、拌和、摊铺和计量控制等功能。摊铺时应控制如集料、填料、水、乳液配合比例。当铺筑过程中发现有一种材料用完时，必须立即停止铺筑，重新装料后再继续进行。搅拌形成的稀混合料应符合质量要求，并有良好的施工和易性。

3)稀浆封层铺筑机工作时应匀速前进，达到厚度均匀、表面平整的要求。

4)稀浆封层铺筑后，必须待乳液破乳、水分蒸发、干燥成型后方可开放交通。

(五)质量检验评定

1. 基本要求

(1)下承层表面应坚实、稳定、平整、清洁、干燥。

(2)沥青浇洒应均匀，无露白，不得污染其他构筑物。

(3)集料应趁热撒铺，扫布均匀，不得有重叠现象，压实平整。

2. 实测项目

沥青表面处治面层实测项目见表 3-2-1。

表 3-2-1 沥青表面处治面层实测项目

项次	检查项目		规定值或允许偏差	检查方法和频率
1	平整度	σ/mm	≤4.5	平整度仪：全线每车道连续按每 100 m 计算 IRI 或 σ
		IRI/(m·km⁻¹)	≤7.5	
		最大间隙 h/mm	≤10	3 m 直尺：每 200 m 测 2 处×5 尺
2	弯沉值/0.01 mm		不大于设计验收弯沉值	按《公路工程质量检验评定标准 第一册 土建工程》(JTG F80/1—2017)附录 J 检查
3	厚度/mm	代表值	−5	按《公路工程质量检验评定标准 第一册 土建工程》(JTG F80/1—2017)附录 H 检查，每 200 m 每车道测 1 点
		合格值	−10	
4	沥青用量/(kg·m⁻²)		±0.5%	每工作日每层洒布查 1 次
4	中线平面偏位/mm		30	全站仪：每 200 m 测 2 点
5	纵断高程/mm		±20	水准仪：每 200 m 测 2 个断面
6	宽度/mm	有侧石	±30	尺量：每 200 m 测 4 处
		无侧石	不小于设计值	
7	横坡/%		±0.5	水准仪：每 200 m 测 2 个断面

3. 外观鉴定

(1)表面应无拖痕，松散、推挤、油丁、泛油、离析的累计长度不得超过 50 m。

(2)路面应无积水。

4. 相关质检表格

相关质检表格主要包括检验记录(原材料质量检验、现场检验等)、施工原始记录、施工测量记录、各种记录的汇总、检验申请批复单、中间交工证书等施工过程质量记录文件。各种表格的格式详见附录二。表 3-2-2 为分项工程质量检验评定表。

表 3-2-2 ××四级公路工程分项工程质量检验评定表 检评表-05

分项工程名称：沥青表面处治面层　　所属建设项目：
工程部位：　　　　　　　　　　　　所属分部工程名称：
　　　　　　　　　　　　　　　　　施工单位：　　　　　　　监理单位：

基本要求：根据《公路工程质量检验评定标准 第一册 土建工程》(JTG F80/1—2017)的规定：1. 下承层表面应坚实、稳定、平整、清洁、干燥。2. 沥青浇洒应均匀，无露白，不得污染其他构筑物。3. 集料应摊撒均匀，扫布均匀，不得有重叠现象，压实平整。

项次	检查项目		规定值及允许偏差	实测值或实测偏差值										质量评定		
														平均值、代表值	合格率/%	合格判定
1	平整度	σ/mm	≤4.5													
		IRI/(m·km^{-1})	≤7.5													
		最大间隙 h/mm	≤10													
2	弯沉值/0.01		满足设计要求													
3	厚度/mm	代表值	−5													
		合格值	−10													
4	沥青用量/(kg·m^{-2})		±0.5%													
5	中线平面偏位/mm		30													
6	纵断高程/mm		±20													
7	宽度	有侧石	±30													
		无侧石	不小于设计值													
8	横坡/%		±0.5													

外观质量	
质量保证资料	
工程质量等级评定	

检验负责人：　　　　　　　　　　检测：　　　　　　　　　　记录：　　　　　　　　　　复核：　　　　　　　　　　年　月　日

工作任务三　热拌沥青混凝土路面施工

学习目标

1. 能根据热拌沥青混凝土路面的施工准备工作内容及材料要求，进行施工准备并填写开工报告。
2. 能根据施工操作方法指导施工作业。
3. 能进行施工记录的填写。
4. 能根据施工安全、环保措施进行相应的施工管理。

任务描述

通过学习本工作任务，掌握热拌沥青混凝土路面的技能和相关理论知识及施工工艺流程，能够领会设计意图并在实地进行表现，能够承担施工现场组织管理及质量资料的填写等工作任务。

学习引导

本工作任务沿以下脉络进行。

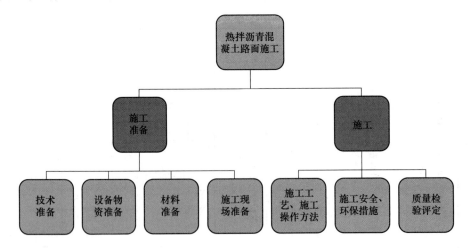

一、相关知识

沥青混合料是由矿料与沥青结合料拌和而成的混合料的总称。按制造工艺分为热拌沥青混合料、冷拌沥青混合料、再生沥青混合料等；按材料组成及结构分为连续级配、间断级配混合料；按矿料级配组成及空隙率大小分为密级配、半开级配、开级配混合料；按公称最大粒径的大小可分为特粗式(公称最大粒径大于 31.5 mm)、粗粒式(公称最大粒径大于或等于 26.5 mm)、中粒式(公称最大粒径 16 mm 或 19 mm)、细粒式(公称最大粒径 9.5 mm 或 13.2 mm)、砂粒式(公称最大粒径小于 9.5 mm)沥青混合料。

热拌沥青混合料(HMA)适用于各种等级公路的沥青路面。其种类按集料公称最大粒径、矿料级配、空隙率划分,分类见表 3-3-1。

表 3-3-1 热拌沥青混合料种类

混合料类型	密级配		密级配	开级配		半开级配	公称最大粒径/mm	最大粒径/mm
	连续级配	间断级配	间断级配	间断级配				
	沥青混凝土	沥青稳定碎石	沥青玛琦脂碎石	排水式沥青磨耗层	排水式沥青碎石基层	沥青碎石		
特粗式	—	ATB-40	—	—	ATPB-40	—	37.5	53.0
粗粒式	—	ATB-30	—	—	ATPB-30	—	31.5	37.5
	AC-25	ATB-25	—	—	ATPB-25	—	26.5	31.5
中粒式	AC-20	—	SMA-20	—	—	AM-20	19.0	26.5
	AC-16	—	SMA-16	OGFC-16	—	AM-16	16.0	19.0
细粒式	AC-13	—	SMA-13	OGFC-13	—	AM-13	13.2	16.0
	AC-10	—	SMA-10	OGFC-10	—	AM-10	9.5	13.2
砂粒式	AC-5	—	—	—	—	AM-5	4.75	9.5
设计空隙率/%	3~5	3~6	3~4	>18	>18	6~12	—	—
注:设计空隙率可按配合比设计要求适当调整								

二、任务实施

(一)施工准备

1. 技术准备

(1)复核水准点,必须全线联测。施工放样,采用全站仪准确测出中桩位置,并依据中桩确定各结构层边线位置。

微课:热拌沥青混合料路面施工准备

(2)熟悉图纸和相关规范、标准,编制施工组织设计,由项目总工程师向班组长进行书面的一级技术交底和安全交底,施工前由班组长向操作工人进行二级技术交底和安全交底。

2. 设备机具准备

(1)拌合设备:间歇式沥青混合料拌合站。
(2)运输设备:大吨位自卸汽车。
(3)摊铺设备:配备自动找平装置的摊铺机(有条件的可配备沥青混合料转运车)。
(4)碾压设备:双钢轮振动压路机、轮胎压路机(吨位宜大)。
(5)其他设备:装载机、空压机、洒水车、加油车、发电机、切割机、平板载重车等。

3. 材料准备及要求

原材料:沥青、粗集料、细集料、矿粉、抗剥落剂等由持证材料员和试验员按规定进行检验,确保其质量符合相应标准。

沥青混合料的矿料级配应符合工程设计规定的级配范围。

4. 作业条件准备

(1)沥青面层施工前,必须对下承层的质量进行检查验收,下承层的质量必须满足相应标准要求,并及时完成施工放样。

(2)施工前对施工机具进行全面检查、调整,特别要求对拌合楼的计量装置进行计量标定,对摊铺机的自动找平装置、各项作业控制参数进行选择与调整;运输车的防黏措施及保温措施落实;压路机喷雾防粘轮的措施有效(图 3-3-1、图 3-3-2)。

图 3-3-1 材料堆放应采取一定的防护措施

图 3-3-2 材料堆放应采取一定的防护措施并分规格堆放

(3)要求拌合站场地硬化处理,各种规格的材料分开堆放(搭建隔墙有效),不得混杂;细集料的防雨设施应可靠有效;矿粉宜罐装。

(4)开工前应备足 10 d 施工使用的材料,并在施工中陆续进料。

(5)工地应备有防雨设施,并做好基层及路肩排水。

(6)摊铺现场、沥青拌合站及气象台站之间,应具有有效的联系手段。

(二)施工操作方法

1. 工艺流程(图 3-3-3)

下承层准备验收→测量放样→沥青混合料拌制→沥青混合料运输→沥青混合料摊铺→

沥青混合料碾压→养护→成品检验、验收→开放交通。

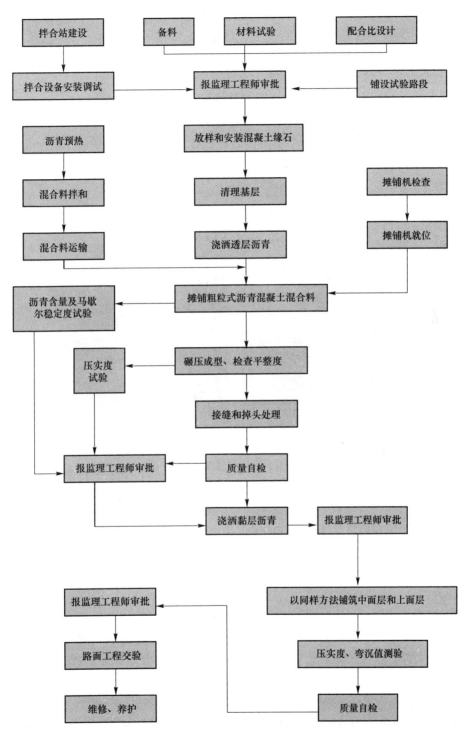

图 3-3-3 热拌沥青混合料面层(三层式)施工工艺
(每一工序施工完须经监理工程师验收批准后才可进行下一工序施工)

2. 操作方法

(1)测量放样。依据设计资料,恢复中桩位置和结构层边线。下面层施工应采用钢丝引导控制高程的方法,每 10 m 设置一个控制桩,施工前准确布设。

(2)沥青混合料拌制。

1)严格按照目标配合比和生产配合比拌制沥青混合料,混合料级配和沥青用量、外掺材料剂量必须符合设计要求。

微课:热拌沥青混凝土路面施工技术

2)沥青混合料必须在沥青拌合站采用拌合机械拌制,各种规格的集料应分隔堆放,不得混杂。集料(尤其是细集料)需设置防雨顶棚储存,矿粉不得受潮。沥青混合料拌合站如图 3-3-4 所示。

图 3-3-4 沥青混合料拌合站

3)沥青混合料应采用间歇式拌合机拌和,拌合机应有良好的除尘设备,并有自动检测拌和温度的装置和自动打印装置。

4)沥青混合料拌和时间以混合料拌和均匀、所有矿料颗粒全部裹覆沥青胶结料为度,外观应均匀一致,无花白料、无结团或严重的粗细料分离现象。

5)混合料拌和温度应符合《公路沥青路面施工技术规范》(JTG F40—2004)中表 5.2.2-2、表 5.2.2-3 的要求,混合料不得在储料仓内过夜,达不到要求的混合料做废弃处理。

(3)沥青混合料运输。

1)热拌沥青混合料宜采用较大吨位的运料车运输,但不得超载运输,或紧急制动、急弯掉头使透层、封层损伤。运料车的运力应稍有富余,施工过程中摊铺机前方应有运料车等候。对高速公路、一级公路,待等候的运料车多于 5 辆后开始摊铺。

2)运料车每次使用前后必须清扫干净,在车厢板上涂一薄层防止沥青黏结的隔离剂或防黏剂,但不得有余液积聚在车厢底部。从拌合机向运料车上装料时,应前、后、中挪动汽车位置,平衡装料,以减少混合料离析。运料车运输混合料宜用苫布覆盖保温、防雨、防污染。

3)运料车进入摊铺现场时,轮胎上不得沾有泥土等可能污染路面的杂物,否则宜设水池洗净轮胎后进入工程现场。沥青混合料在摊铺地点凭运料单接收,若混合料不符合施工温度要求,或已经结成团块、已遭雨淋,不得铺筑。

4)摊铺过程中运料车应在摊铺机前 100~300 mm 处停住,空挡等候,由摊铺机推动前进开始缓缓卸料,避免撞击摊铺机(在有条件时,运料车可将混合料卸入转运车经二次拌和后,再向摊铺机连续均匀地供料)。运料车每次卸料必须倒净,尤其是对改性沥青或 SMA 混合料,如有剩余,应及时清除,防止硬结。

5)SMA 混合料及 OGFC 混合料在运输、等候过程中,如发现有沥青结合料沿车厢板滴漏时,应采取措施予以避免。

(4)沥青混合料摊铺。

1)沥青混合料摊铺前必须将工作面清扫干净,且工作面必须保持干燥。

2)沥青混合料必须采用配备有自动找平装置的摊铺机进行摊铺,同时必须具有振动熨平板或振动夯锤等初步压实装置。摊铺机提前 0.5~1 h 预热熨平板不低于 100 ℃,摊铺机必须调整到最佳状态,铺面要求均匀一致,严禁出现离析现象。

3)摊铺机的摊铺速度应调节至与供料、压实速度相平衡,保证连续不断地均衡摊铺,中间不得停顿。

4)热拌沥青混合料的施工温度必须符合《公路沥青路面施工技术规范》(JTG F40—2004)要求(表3-3-2)。

表 3-3-2　热拌沥青混合料的施工温度　　　　　　　　　　　　℃

施工工序		石油沥青的标号			
		50 号	70 号	90 号	110 号
沥青加热温度		160~170	155~165	150~160	145~155
矿料加热温度	间隙式拌合机	集料加热温度比沥青温度高 10~30			
	连续式拌合机	矿料加热温度比沥青温度高 5~10			
沥青混合料出料温度		150~170	145~165	140~160	135~155
混合料贮料仓贮存温度		贮料过程中温度降低不超过 10			
混合料废弃温度,高于		200	195	190	185
运输到现场温度,不低于		150	145	140	135
混合料摊铺温度,不低于	正常施工	140	135	130	125
	低温施工	160	150	140	135
开始碾压的混合料内部温度,不低于	正常施工	135	130	125	120
	低温施工	150	145	135	130
碾压终了的表面温度,不低于	钢轮压路机	80	70	65	60
	轮胎压路机	85	80	75	70
	振动压路机	75	70	60	55
开放交通的路表温度,不高于		50	50	50	45

注:1. 沥青混合料的施工温度采用具有金属探测针的插入式数显温度计测量。表面温度可采用表面接触式温度计测定。当采用红外线温度计测量表面温度时,应进行标定。
　　2. 表中未列入的 130 号沥青的施工温度由试验确定

5)松铺系数应根据试铺路段确定,摊铺过程中必须随时检查摊铺层厚度及路拱、横坡,达不到要求时,立刻进行调整。

6)下面层摊铺必须采用钢丝引导的高程控制方式控制好路面高程,中面层、上面层摊铺宜采用移动式自动找平基准装置,以控制路面厚度和平整度。

7)沥青面层的摊铺宜采用两台摊铺机梯队作业,如图 3-3-5 所示。

图 3-3-5　两台摊铺机梯队作业进行沥青混合料摊铺

(5)沥青混合料碾压。

1)沥青混合料的碾压必须在摊铺后立即进行,严禁等候,碾压过程中压路机严禁停机。且压路机不得在未碾压成型路段上转向、掉头、加水。在当天成型的路面上,不得停放各种施工机械设备或车辆,不得散落矿料、油料等杂物。

2)沥青混合料的碾压按初压、复压、终压三个阶段进行。压路机应以慢而均匀的速度碾压,压路机的碾压速度应符合表 3-3-3 的规定。碾压路线及碾压方向不应突然改变而导致混合料推移。碾压区的长度应大体稳定,两端的折返位置应随摊铺机前进而推进,横向不得在相同的断面上。压路机的碾压温度应符合表 3-3-2 的要求,并根据混合料种类、压路机、气温、层厚等情况经试压确定。在不产生严重推移和裂缝的前提下,初压、复压、终压都应在尽可能高的温度下进行。同时,不得在低温状况下反复碾压,使石料棱角磨损、压碎,破坏集料嵌挤。压路机碾压宜参照表 3-3-3 中速度均匀进行。初压用 10 t 以上的钢轮压路机紧随摊铺机碾压;复压必须在初压完成后紧接着进行,用 16~25 t 轮胎压路机碾压;终压用较宽的钢轮压路机碾压;压路机的碾压遍数及组合方式依据试铺段确定。

表 3-3-3　压路机碾压速度　　　　　　　　　　　　　　km·h^{-1}

压路机类型	初压		复压		终压	
	适宜	最大	适宜	最大	适宜	最大
钢筒式压路机	2~3	4	3~5	6	3~6	6
轮胎压路机	2~3	4	3~5	6	4~6	8
振动压路机	2~3（静压或振动）	3（静压或振动）	3~4.5（振动）	5（振动）	3~6（静压）	6（静压）

3)碾压温度应符合《公路沥青路面施工技术规范》(JTG F40—2004)的相关要求,并不得将集料颗粒压碎。

4)同时,沥青混合料的初压、复压、终压还应满足以下要求:

①初压应紧跟在摊铺机后进行,并保持较短的初压区长度,以尽快使表面压实,减少热量散失。对摊铺后初始压实度较大,经实践证明采用振动压路机或轮胎压路机直接碾压无严重推移而有良好效果时,可免去初压,直接进入复压工序。

②通常宜采用钢轮压路机静压1~2遍。碾压时应将压路机的驱动轮面向摊铺机,从外侧向中心碾压,在超高路段则由低向高碾压,在坡道上应将驱动轮从低处向高处碾压。

③初压应检查平整度、路拱,有严重缺陷时进行修整乃至返工。

④复压应紧跟在初压后开始,且不得随意停顿。压路机碾压段的总长度应尽量缩短,通常不超过60~80 m。采用不同型号的压路机组合碾压时宜安排每一台压路机做全幅碾压,防止不同部位的压实度不均匀。

⑤密级配沥青混凝土的复压宜优先采用重型的轮胎压路机进行搓揉碾压,以增加密水性,其总质量不宜小于25 t,吨位不足时宜附加重物,使每一个轮胎的压力不小于15 kN。冷却时的轮胎充气压力不小于0.55 MPa,且各个轮胎的气压大体相同,相邻碾压带应重叠1/3~1/2的碾压轮宽度,碾压至要求的压实度为止。

⑥对以粗集料为主的较大料径的混合料,尤其是大粒径沥青稳定碎石基层,宜优先采用振动压路机复压。厚度小于30 mm的薄沥青层不宜采用振动压路机碾压。振动压路的振动频率宜为35~50 Hz,振幅宜为0.3~0.8 mm。

⑦当采用三轮钢筒式压路机时,总质量不宜小于12 t,相邻碾压带宜重叠后轮的1/2宽度,并不应少于200 mm。

⑧对路面边缘、加宽及港湾式停车带等大型压路机难以碾压的部位,宜采用小型振动压路机或振动夯板做补充碾压。

⑨终压应紧接在复压后进行,如经复压后已无明显轮迹时可免去终压。终压可选用双轮钢筒式压路机或关闭振动的振动压路机碾压至少两遍,至无明显轮迹为止(图3-3-6)。

图3-3-6 压路机组在进行沥青混凝土面层的碾压作业

5)为了防止混合料粘轮,可在钢轮表面均匀洒水(最好是喷雾),水中可掺少量的清洗剂或其他隔离材料,严禁掺加柴油、机油等。要防止过量喷水引起混合料温度骤降。胶轮压路机轮胎表面不宜洒水(轮胎温度高时不粘轮),宜涂刷植物油。

6)钢轮压路机静压时相邻碾压带应重叠15~20 cm轮宽,振动时相邻碾压带重叠宽度不得超过15~20 cm。轮胎压路机碾压时应重叠1/3~1/2碾压轮宽。压路机的启动、停止必须减速缓慢进行。

(6)施工接缝的处理。

1)纵向施工缝:对于采用两台摊铺机成梯队联合摊铺方式的纵向接缝,应在前面已摊铺混合料部分留下10~20 cm宽暂不碾压作为后高程基准面,并有5~10 cm的摊铺层重叠,以热接缝形式在最后做跨接缝碾压以消除缝迹。上、下层纵缝应错开15 cm以上。

2)横向施工缝:全部采用平接缝。用3 m直尺沿纵向,在摊铺段端部呈悬臂状,以摊铺层与直尺脱离接触处定出接缝位置,用锯缝机割齐后铲除;继续摊铺时,应将接缝锯切时留下的灰浆擦洗干净,涂上少量黏层沥青,摊铺机熨平板从接缝后起步摊铺;碾压时用钢筒式压路机进行横向压实,从先铺路面上跨缝逐渐移向新铺面层。

横向施工缝应远离桥梁毛勒缝20 m以外,不得设在毛勒缝处,以确保毛勒缝两边路面表面的平顺。

沥青混凝土路面的横向接缝如图3-3-7所示。

图3-3-7 沥青混凝土路面的横向接缝

(7)养护。沥青路面必须待摊铺层完全自然冷却到周围地面温度时(最好隔夜),方可开放交通,同时做好沥青路面的保洁工作。

(8)成品检查、验收。沥青路面自然冷却后,按照相关规范和标准对路面几何尺寸、体积性质等进行检测,并按照报验程序申请验收。

(三)安全、环保措施

1. 安全保证措施

(1)在项目驻地、拌合站和施工现场设置专职安全员。

(2)电工、机械操作人员必须持证上岗。

(3)施工现场有明显标志牌,避免施工作业和施工机械车辆间及与公路及市政交通互相影响。

(4)施工便道应平整无撒落石子。

(5)经常检查施工用电设施,杜绝隐患。

(6)机械与配套设施应进行检查。

(7)沥青操作人员均应进行体检,凡患有结膜炎、皮肤病及对沥青有过敏反应者,不宜从事沥青作业。从事沥青作业人员,皮肤外露部分均需涂抹防护药膏。工地上应配有医务人员。沥青操作工的工作服及防护用品,应集中存放,严禁穿戴回家和进入集体宿舍。

(8)块状沥青搬运一般宜在夜间和阴天进行,尤其应避免在炎热季节进行搬运。搬运时,宜采用小型机械装卸,不宜直接装运。用手装运时,必须要有相应的防护,如坎肩、帆布手套、工作服等。液态沥青宜采用液态沥青车运送。对沥青下出口阀门应认真检查可靠性和密封性。使用时应遵守下列规定:用泵抽送热沥青进出油罐时,工作人员应避让。向油罐注入沥青时,当浮标指标达到允许最大容量时,要及时停止注入。满载运行时,遇有弯道、下坡时要提前减速,避免紧急制动。油罐装载不满时,要始终保持中速行驶。

(9)采用吊耳吊装桶装沥青时应遵守下列规定:吊具应严格检查,达到合格要求;吊装作业应有专人指挥;沥青桶的吊索应绑扎牢固;吊起的沥青桶不得从运输车辆的驾驶室上空越过,并应高于车厢板,以防碰撞;吊臂旋转半径范围内不得站人;沥青桶未稳妥落地前,严禁卸、取吊绳。

(10)人工装卸桶装沥青时,应遵守下列规定:运输车辆应停放在平坡地段,并拉上手闸;上桶装沥青的跳板应有足够的强度,坡度不应过陡;沥青桶不得漏油,否则应先堵漏后搬运;放倒的沥青桶经跳板上(下)滚动装车时,要在露出跳板两侧的铁桶上各套一根绳索,收放绳索时要缓慢,并应两端同步上下。

(11)人工运送液态沥青,装油量不得超过容器的2/3。

(12)明火熬制沥青应注意以下几点:

1)锅灶设置。

①支搭的沥青锅灶,应距离建筑物30 m,距离电线垂直下方在10 m以上。周围不得有易燃易爆物品,并应备有锅盖、灭火器等防火用具。

②油锅上方搭设的防雨棚,严禁使用易燃材料。

③沥青锅的前沿(有人操作的一面)应高出后沿10 cm以上,并高出地面0.8~1.0 m。

④舀、盛热沥青的勺、桶、壶等不得锡焊。

2)沥青预热。

①打开沥青桶上的大、小盖。当只有一个桶盖时,应在其相对方向另开一孔,以便通气出油。桶内如有积水,则必须先予排除。

②操作人员应注意沥青突然喷出,如发现沥青从桶的砂眼中喷出,应在桶外的侧面,铲以湿泥涂封,不得用手直接涂封。

③烤油中如发现沥青桶口堵塞时,操作人员应站在侧面用铁棍疏通。

④烤油时必须用微火,不得用大火猛烤。

⑤卧桶烤油时的油槽应搭设牢固,流向储油锅(池)的通道要畅通。

⑥卧桶烤油时,如搭设有排灶,油桶在微火口上开始时应时时转动油桶,不得局部过分受热,当沥青开始处于流动状态时,应将油桶小口朝下,大口朝上,油从小口流入油槽。同时,应在排灶火口和油槽前,设置安全墙。

⑦桶装沥青中,往往含有成团的水,在预热后沥青流入油锅熬制前,应注意除去明火,以免入锅后引起涨锅。

3)沥青熬制。

①熬油锅应清洁,不得有水和杂物。

②沥青应缓缓投入,以免因一次投入量过多而造成涨锅。投入总量不得超过油锅容积的2/3。块状沥青应改小并装在铁丝瓢内下锅,不得直接向锅内抛掷,以免溅油伤人。

③严禁在烈火加热空锅时加入沥青。

④预热后的沥青宜用溜油槽流下油锅,并应视油锅中涨锅情况控制油量。如用油桶直接倒入油锅时,应小心搬运,桶口应尽量放低,以防被热沥青溅伤。

⑤在熬制沥青时,如发现油锅漏油,必须立即熄灭炉火,妥善处理。

⑥舀油时,应用长柄勺,并要经常检查其联结是否牢固。

⑦油料脱水应缓慢加热,经常搅动,使水蒸气不断溢出消散,以免由涨锅而导致溢锅。

⑧严禁猛火加温而导致沥青溢锅,如发现有漫油迹象时,应立即熄灭炉火。

⑨熬油工应随时掌握油温变化的情况,当白色烟转为红、黄色烟时,应立即熄灭炉火。

⑩熬油现场临时堆放的沥青及燃料不应过多,堆放位置距沥青锅炉应在5 m以外。经常检查熬油现场用电照明设施的情况,应保证其安全、完好。熬油操作人员应穿工作服、工作鞋,戴工作帆布手套等,做好防护工作。防火器材应处于良好状态,并应有足够数量。

(13)沥青混合料拌合设备作业时应注意:

1)作业前,热料提升斗、搅拌器及各种称斗内不得有存料。

2)配有湿式除尘系统的拌合设备,应检查其除尘系统的水泵及其他部件是否完好,保证喷水量稳定且不中断。

3)卸料斗处于地下底坑时,应防止坑内积水淹没电气元件。

4)拌合机启动、停机必须按规定程序进行。点火失效时,应关闭喷燃器油门,待充分通风后再行点火。需要调整点火时,必须先切断高压电源。

5)液化器点火时,必须认真检查减压阀及压力表,确认其完好可靠,方可使用。燃烧器点燃后,必须关闭总阀门。

6)连续式拌合设备的燃烧器熄火时应立即停止喷射沥青。当烘干拌合筒着火时,应立即关闭燃烧器鼓风机及排风机,停止供给沥青,再用含水量高的细集料投入烘干拌合筒,并在外部卸料口用干粉或泡沫灭火器进行灭火。

7)关机后,应清除皮带上、各供料斗及除尘装置内外的残余积物,并清洗沥青管道。

(14)沥青混合料拌合站作业中应注意以下几点:

1)沥青混合料拌合站的各种机电(包括使用微型计算机控制进料的)设备,在运转前均需由机工、电工、计算机操作人员进行仔细检查,确认其正常完好后才能合闸运转。

2)机组投入运转后,各部门、各工种都要随时监视各部位运转情况,不得擅离岗位。

3)运转中严禁人员靠近各种运转机构。

4)运转过程中,如发现有异常情况,应报机长,并及时排除故障。停机前应首先停止进料,等搅拌鼓、烘干筒等各部位卸料完后,才可提前停机。再次启动时,不得带荷启动。

5)拌合机运行中,不得使用工具伸入滚筒内掏挖或清理。需要清理时,必须停机。如需人员进入搅拌鼓内工作时,搅拌鼓外要有人监护。

6)料斗升起时,严禁有人在斗下工作或通过。检查料斗时,应将保险链挂好。

7)拌合站机械设备需经常检查的部位应设置铁爬梯。采用皮带机上料时,贮料仓应加防护。

(15)沥青混合料摊铺作业时应注意以下几点:

1)驾驶台及作业现场要视野开阔,清除一切有碍工作的障碍物。作业时无关人员不得在驾驶台上逗留。驾驶员不得擅离岗位。

2)运料车向摊铺机卸料时,应协调动作,同步进行,防止互撞。

3)换挡必须在摊铺机完全停止时进行,严禁强行挂挡和在坡道上换挡或空挡滑行。

4)熨平板预热时,应控制热量,防止因局部过热而变形。加热过程中,必须设专人看管。

5)驾驶力求平稳,不得急剧转向。弯道作业时,熨平装置的端头与路缘石的间距不得小于 10 cm,以免发生碰撞。

6)使用柴油清洗摊铺机时,不得接近明火。

2. 环保措施

(1)公路施工堆料场、沥青加热灶应设在空旷地区,相距 200 m 范围内,不应有集中的居民区、学校等。

(2)沥青路面施工,沥青加热灶设在居民区、学校等环境敏感点以外的下风向处,既方便生产,又符合卫生要求(卫生防护距离分级中,规定的防护距离为 300 m),不采用开敞式、半封闭式沥青加热工艺。

(3)施工便道定时洒水降尘,运输粉状材料要加以遮盖。

(4)当施工路段距住宅区距离小于 150 m 时,为保证居民夜间休息,在规定时间内禁止施工。

(5)主动与施工路段附近的学校和单位协商,对施工时间进行调整或采取其他措施,尽量减小施工噪声对教学和工作的干扰。

(6)注意机械保养,使机械保持最低声级水平;安排工人轮流进行机械操作,减少接触高噪声的时间;对在声源附近工作时间较长的工人,发放防声耳塞、头盔等,对工人进行保护。

(四)质量检验评定

1. 基本要求

(1)基层质量应符合相关规范规定并满足设计要求,表面应干燥、清洁、无浮土。

(2)应严格控制沥青混合料拌和的加热温度。拌和后的沥青混合料应均匀、无花白、无粗细料分离和结团成块现象。

(3)应按规定要求控制碾压工艺,严格控制摊铺和碾压温度。

2. 实测项目

沥青混凝土面层和沥青碎(砾)石面层实测项目见表 3-3-4。

表 3-3-4 沥青混凝土面层和沥青碎(砾)石面层实测项目

项次	检查项目	规定值或允许偏差		检查方法和频率
		高速公路一级公路	其他公路	
1	压实度①/%	≥试验室标准密度的 96%(*98%) ≥最大理论密度的 92%(*94%) ≥试验路段密度的 98%(*99%)		按《公路工程质量检验评定标准 第一册 土建工程》(JTG F80/1—2017)附录 B 要求检查,每 200 m 测 1 点;核子(无核)密度仪每 200 m 测 1 处,每处测 5 点

续表

项次	检查项目		规定值或允许偏差		检查方法和频率
			高速公路 一级公路	其他公路	
2	平整度	σ/mm	≤1.2	≤2.5	平整度仪:全线每车道连续检测,按每100 m计算IRI或σ
		IRI/(m·km^{-1})	≤2.0	≤4.2	
		最大间隙 h/mm	—	≤5	3 m直尺:每200 m测2处×5尺
3	弯沉值/0.01 mm		不大于设计弯沉值		按《公路工程质量检验评定标准 第一册 土建工程》(JTG F80/1—2017)附录J检查
4	渗水系数/(mL·min^{-1})		SMA路面不大于120;其他沥青混凝土路面不大于200	—	渗水试验仪:每200 m测1处
5	抗滑	摩擦系数	满足设计要求	—	摆式仪:每200 m测1处 横向力系数测定车:全线连续检测,按要求评定
		构造深度			铺砂法:每200 m测1处
6	厚度[②]/mm	代表值	总厚度−5%H 上面层−10%h	−8%H	按《公路工程质量检验评定标准 第一册 土建工程》(JTG F80/1—2017)附录H检查,每200 m测1点
		合格值	总厚度−10%H 上面层−20%h	−15%H	
7	中线平面偏位/mm		20	30	全站仪:每200 m测2点
8	纵断高程/mm		±15	±20	水准仪:每200 m测2个断面
9	宽度	有侧石	±20	±30	尺量:每200 m测4个断面
		无侧石	不小于设计值		
10	横坡/%		±0.3	±0.5	水准仪:每200 m测2个断面
11	矿料级配		满足生产配合比要求		T0725,每台班1次
12	沥青含量		满足生产配合比要求		T0722、T0721、T0735,每台班1次
13	马歇尔稳定度		满足生产配合比要求		T0709,每台班1次

注:①表内压实度,高速公路、一级公路应选用2个标准评定,以合格率低的作为评定结果;其他公路选用1个标准进行评定。带*号者是指SMA路面。
②表列沥青层厚度仅规定负允许偏差。H为沥青层总厚度,h为沥青上面层厚度。其他公路的厚度代表值和合格值允许偏差按总厚度计,当H≤60 mm时,允许偏差分别为−5 mm和−10 mm;当H>60 mm时,允许偏差分别为−8%H和−15%H

3. 外观鉴定

(1)表面裂缝、松散、推挤、碾压轮迹、油丁、泛油、离析的累计长度不得超过50 m。
(2)搭接处烫缝应无枯焦。
(3)路面应无积水。

4. 相关质检表格

相关质检表格主要包括检验记录(原材料质量检验、现场检验等)、施工原始记录、施工测量记录、各种记录的汇总、检验申请批复单、中间交工证书等施工过程质量记录文件。各种表格的格式详见附录二。表3-3-5为分项工程质量检验评定表。

表 3-3-5 ××高速公路工程分项工程质量检验评定表

检评表-05

分项工程名称：沥青混凝土面层　　所属分部工程名称：　　　　　　所属建设项目：
工程部位：　　　　　　　　　　　　施工单位：　　　　　　　　　　　监理单位：

基本要求：根据《公路工程质量检验评定标准 第一册 土建工程》（JTG F80/1—2017）的规定：1. 基层质量应符合规范规定并满足设计要求，表面应干燥、清洁、无浮土。2. 应严格控制沥青混合料拌和的加热温度。拌和后的沥青混合料应均匀，无花白，无粗细料分离和结团成块现象。3. 应按规定要求控制碾压工艺，严格控制摊铺和碾压温度。

项次	检查项目		规定值及允许偏差	实测值或实测偏差值										质量评定	
														平均值 代表值	合格率 /%	合格判定
1	压实度/%		≥试验室标准密度的 96% ≥最大理论密度的 92% ≥试验段密度的 98%												
2	平整度	σ/mm	≤1.2												
		IRI/(m·km⁻¹)	≤2.0												
		最大间隙 h/mm	—												
3	弯沉值/0.01 mm		满足设计要求												
4	渗水系数		200 mL/min												
5	摩擦系数		满足设计要求												
6	构造深度		满足设计要求												
7	厚度 /mm	代表值	总厚度 −5%H，上面层 −5%h												
		合格值	总厚度 −10%H，上面层 −20%h												
8	中线平面偏位/mm		20												
9	纵断高程/mm		±15												
10	宽度 /mm	有侧石	±20												
		无侧石	不小于设计值												
11	横坡/%		±0.3												
12	矿料级配		满足生产配合比要求												
13	沥青含量		满足生产配合比要求												
14	马歇尔稳定度		满足生产配合比要求												
外观质量															
质量保证资料															
工程质量等级评定															

检验负责人：　　　　　　检测：　　　　　　记录：　　　　　　复核：　　　　　　　年　月　日

复习思考题

1. 简述沥青路面的分类。
2. 简述沥青贯入式路面施工方法。
3. 简述沥青贯入式路面施工工艺流程。
4. 简述沥青表面处治路面施工要求。
5. 简述沥青表面处治路面施工方法及程序。
6. 简述热拌沥青混凝土路面施工操作方法及程序。
7. 简述热拌沥青混凝土路面摊铺、碾压注意事项。

学习情境四　水泥混凝土路面施工

　　水泥混凝土路面具有刚度大、强度高、稳定性好、养护维修费用低等优点。国内外对水泥混凝土路面的修筑技术一直在进行不懈的研究和总结，使水泥混凝土路面在施工技术上日臻完善，得到了较为广泛的应用，特别是在高等级、重交通的道路上有了较大的发展。一些国家的高等级公路，根据交通量的大小，常用的水泥混凝土面板厚度为 22～28 cm；在交通量很大的重交通公路上，采用的板厚度为 30～32 cm，基层常采用水泥稳定粒料或碾压式水泥混凝土(RCC)等。

　　由于我国路用沥青受石油资源分布的限制，且数量和质量难以满足修筑高等级路面的需要，而我国水泥产量大、分布广、可就近供应。因此，近年来水泥混凝土路面在我国有了较大发展。新乡至郑州一级公路 70 km，采用了水泥混凝土路面；哈尔滨至大庆一级公路全长 134 km，其中，117 km 为水泥混凝土路面，其面板厚度为 24 cm，基层为水泥稳定砂砾，底基层采用水泥石灰综合稳定土、二灰稳定土和石灰土，在中、潮湿路段设置了天然砂砾垫层，路面结构总厚度达 70～100 cm；广州环城高速公路，采用 25 cm 水泥混凝土面板，基层为 20～25 cm 水泥稳定石屑；312 国道合肥至西安段(一级公路)，水泥混凝土面板厚 25 cm，采用了水泥稳定粒料基层和石灰土底基层。

　　国内外大量实践证明，水泥混凝土路面的使用性能在很大程度上取决于施工质量，而施工质量又依赖于先进的施工机具。目前，我国水泥混凝土路面施工中，主要采用滑模式摊铺机、轨道式摊铺机和小型机具。为保证高等级公路水泥混凝土路面的施工质量，必须从拌和、运输、摊铺直至养护成型整个工艺过程，采用机械化施工与现代化质量检测手段。

工作任务一　水泥混凝土路面施工准备工作

学习目标

1. 了解水泥混凝土路面的分类及特点。
2. 掌握原材料的选择及配合比设计与调整方法。
3. 熟悉拌合站的设置。
4. 能正确完成物资、设备的准备。
5. 能根据《公路水泥混凝土路面施工技术细则》(JTG/T F30—2014)完成下承层的检验。

任务描述

　　本工作任务旨在帮助学生利用××在建公路的路面施工案例、多媒体教学资源和教师的讲解，掌握水泥混凝土路面施工准备工作。

学习引导

本工作任务沿以下脉络进行。

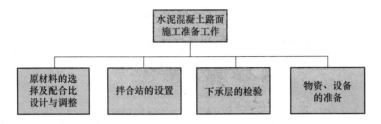

一、相关知识

（一）水泥混凝土路面的分类

水泥混凝土路面是高级路面。它由混凝土面板和基、垫层组成，根据材料的要求、组成及施工工艺的不同可分为以下几种：

微课：水泥混凝土路面的分类

（1）普通水泥混凝土路面。普通水泥混凝土路面是指除接缝区和局部范围（如角隅和边缘）外，其余部位不配置钢筋的混凝土路面，也称为素混凝土路面。目前，该路面广泛用于公路及城市道路中。本工作任务主要介绍该种路面。

（2）碾压混凝土路面。碾压混凝土路面是利用沥青混凝土路面摊铺、碾压技术施工的一种水泥混凝土路面。它与普通水泥混凝土路面所用材料基本相同，均为水、水泥、砂、碎（砾）石及外掺剂，不同之处是碾压混凝土为用水量很少的特干硬性混凝土，比普通水泥混凝土路面节约水泥10%～30%，且施工速度快，养护时间短，具有很好的社会经济效益。

（3）钢纤维混凝土路面。钢纤维混凝土路面在混凝土中掺入一些低碳钢、不锈钢或玻璃钢等纤维，即成为一种均匀而多向配筋的混凝土。与普通混凝土路面相比，该种路面的板厚在同等条件下相对较薄，且使用寿命长，养护费用少。国外一致认为它是一种新型路面材料，具有广泛的发展前途，特别是作为旧混凝土路面的罩面尤为适宜。

（4）钢筋混凝土路面。钢筋混凝土路面是指板内配置了纵横向钢筋（或钢丝）网的混凝土路面。其中，钢筋网的设置可以控制裂缝的张开量，将开裂的板拉在一起，使板依靠断裂面上集料的嵌锁作用保证结构强度。

（5）连续配筋混凝土路面。连续配筋混凝土路面是指一般不设横缝（施工缝和特定情况下必设的胀缝除外），在板内配置大量纵向钢筋的混凝土路面。其适用于高速公路、一级公路和机场混凝土路面。

（6）复合式混凝土路面。复合式混凝土路面，其面板由两层或两层以上不同强度或不同类型的混凝土复合而成，通常下层用当地品质较差的材料来铺筑，而上层用品质较好的材料，以降低造价，该路面也叫作双层式或组合式路面。一般下层为碾压混凝土，其厚度取总厚度的2/3，上层为普通混凝土，其厚度一般取总厚度的1/3，并不宜小于8 cm。

（7）混凝土小块铺砌路面。混凝土小块铺砌路面，其块料由高强的水泥混凝土材料预制而成。形状有矩形和嵌锁型（不规则形状）两类。这种路面结构由面层、砂整平层（厚

0.03 m)和基层构成,基层类型同普通混凝土路面。该种路面具有结构简单、价格低廉、能承受较大的单位压力、出现较大变形也不会破坏块料、便于修复等优点。因此,20 世纪 70 年代以来,这种路面在欧美得到了较大的发展,较广泛地用于铺筑人行道、停车场、堆场(特别是集装箱码头)、街区道路、一般公路的路面等。

(8)装配式混凝土路面。装配式混凝土路面是在工厂中将混凝土预制成板块,然后运至工地现场装配而成。混凝土板可以全年生产,不受气候的影响,混凝土质量容易保证;而且施工进度快,铺筑完毕即可通车,损坏后易于拆换修理。因此,它适用于城市道路、厂矿道路、大型基建场地、停车站场和软弱土基上。

(二)水泥混凝土路面的特点

水泥混凝土路面与其他路面相比,具有以下特点。

1. 优点

(1)强度高,水泥混凝土路面具有较高的抗压、抗弯拉强度及抗磨耗能力。

(2)水泥混凝土路面色泽鲜明,能见度好,对夜间行车有利。

(3)抗滑性能好,水泥混凝土路面粗糙度好,能保证车辆有较高的安全行驶速度,提高车辆行驶的稳定性。

(4)养护费用少、经济效益高,与沥青混凝土路面相比,水泥混凝土路面的养护工作量和养护费用均较少。虽然一次修筑投资大,但使用年限长,故所分摊于每年的工程费用较少。因此,从长远角度看,选用水泥混凝土路面,其经济效益显著。

(5)耐久性好,由于水泥混凝土路面强度和耐久性好,经久耐用,一般能使用 20~40 年,而且它能通过包括履带式车等在内的各种运输工具。

(6)稳定性好,水泥混凝土路面受到水的浸入和温度等自然因素影响时,引起的强度变化小,不存在沥青路面老化的现象。

2. 缺点

(1)开放交通较迟。水泥混凝土路面铺筑后,一般要经过 15~20 d 的湿治养护,才能开放交通,如需提前开放交通,则需采取特殊措施。

(2)水泥和水的需要量大。修筑 0.3 m 厚、7 m 宽的混凝土路面,每 1 000 m 要耗费水泥 400~500 t 和水 250 t,还不包括养护用水在内,这给水泥供应不足和缺水地区带来较大困难。

(3)有接缝。一般水泥混凝土路面要建造许多接缝,这些接缝不但会增加施工和养护的复杂性,而且容易引起行车跳动,影响行车的舒适性。同时,接缝又是路面的薄弱点,如处理不当,将导致路面板边和板角处的破坏。

(4)修复困难。水泥混凝土路面破坏后,开挖很困难,修补工作量也大,且影响交通,这给有地下管线的城市道路带来较大困难。

水泥混凝土路面因为刚度较大,荷载作用下板底压应力很小,使得其对基层的承载力要求较低,所以,适用于稳定基层上的大交通量和重载交通的道路上。由于它的耐水性好,能够较好地应用于降雨量较大的地区和短期浸水的路面上。而且路面只要施工平整度好,基层抗冲刷性能好,其良好平整度的衰变就会很慢。但是,水泥混凝土路面的光、热反射能力高于沥青路面,驾驶员行车容易造成晃眼疲劳。当然,可以通过彩色路面技术来降低晃眼等不利影响。

二、任务实施

施工前的准备工作是水泥混凝土路面施工的重要组成部分,此工作做得充分与否,将直接影响工程能否有次序按计划顺利进行。

(一)拌合站的设置

1. 拌合站的选址

应防止噪声扰民和粉尘污染,距摊铺路段的最长运输距离不宜大于 20 km。拌合站应布置粗、细集料储存区,水泥或掺合料罐仓,蓄水池,搅拌生产区,工地试验室,钢筋储备库和加工场。使用袋装水泥时还应设置水泥库。拌合站的规模和场地布置应根据施工需求确定。应布置紧凑,节约用地。拌合站蓄水池容量应满足拌和、清洗、养护用水及洒水防尘的需要。拌合站的电力总容量应满足施工用电设备、施工照明及生活用电需要。距离加油站较远的工地宜设燃料储备库,并确保其储备安全。拌合站内的运输道路及拌合楼下应硬化处理,其结构和强度应满足施工车辆行驶的需要。拌合站内宜设置完善的排水设施,水泥库、备件库及集料堆场应重点进行防排水设计,拌合站四周应设置截水沟或排水沟。拌合楼应设置污水排放管沟、沉淀池或污水回收处理设备。

2. 水泥和掺合料的储存与供应

水泥和掺合料的储存与供应符合下列规定:

(1)散装水泥和粉煤灰应使用罐仓储存。罐仓顶部应有过滤、防潮措施。不同厂家的水泥应分罐存放,更换水泥品种或厂家时应清仓再灌。粉煤灰不得与水泥混罐。

(2)罐仓中宜储备满足不少于 3 d 生产需要的水泥与掺合料。水泥库应防水防潮。

(3)纤维混凝土的拌合楼应配备专用纤维均匀分散装置,并储备 1 个月的纤维用量。

(4)外加剂应设置储液罐或稀释池。储液罐、稀释池应与拌合楼外加剂计量容器的管路及沉淀池上下接通,并便于清理沉淀。

3. 集料储备

集料储备应符合下列规定:

(1)施工前,宜储备不少于正常施工 10 d 用量的粗、细集料。

(2)料场宜建在排水通畅的位置,底部应做硬化处理。不同规格的集料之间应设置隔离设施,并设置明显标识牌,避免混杂。

(3)应控制粗、细集料中粉尘与含泥量,并应架设顶棚,保证其含水率稳定。

(二)原材料的选择

1. 水泥

极重、特重、重交通荷载等级公路面层水泥混凝土应采用旋窑生产的道路硅酸盐水泥、硅酸盐水泥、普通硅酸盐水泥,中、轻交通荷载等级公路面层水泥混凝土可采用矿渣硅酸盐水泥。高温期施工宜采用普通型水泥,低温期施工宜采用早强型水泥。各交通等级路面水泥各龄期的抗折强度、抗压强度应符合表 4-1-1 的规定。

表 4-1-1　各交通等级路面水泥各龄期的抗折强度、抗压强度

交通等级	特重交通		重交通		中交通		轻交通	
混凝土设计弯拉强度标准值/MPa	5.5①		5.0		4.5		4.0	
龄期/d	3	28	3	28	3	28	3	28
水泥实测抗折强度/MPa≥	5.0	8.0	4.5	7.5	4.0	7.0	3.0	6.5
水泥实测抗压强度/MPa≥	23.0	52.5	17.0	42.5	17.0	42.5	10.0	32.5

注：①本栏也适用于设计弯拉强度为 6.0 MPa 的纤维混凝土。

水泥进场时每批量应附有化学成分，物理、力学指标合格的检验证明。各交通等级路面所使用水泥的化学成分、物理性能等要求应符合表 4-1-2 的规定。

表 4-1-2　各交通等级路面用水泥的化学成分和物理性能

项次	水泥成分		极重、特重、重交通荷载等级	中、轻交通荷载等级
1	熟料游离氧化钙含量5/% ≤		1.0	1.8
2	氧化镁含量/% ≤		5.0	6.0
3	铁铝酸四钙含量/%		15.0～20.0	12.0～20.0
4	铝酸三钙含量/%		7.0	9.0
5	三氧化硫含量①/%		3.5	4.0
6	碱含量 $Na_2O+0.658 K_2O$/% ≤		0.6	怀疑集料有碱活性时，0.6；无碱活性时，1.0
7	氯离子含量②/% ≤		0.06	0.06
8	混合材种类		不得掺窑灰、煤矸石、火山灰、烧黏土、煤渣，有抗盐冻要求时不得掺石灰岩粉	不得掺窑灰、煤矸石、火山灰、烧黏土、煤渣，有抗盐冻要求时不得掺石灰岩粉
9	出磨时安定性		雷氏夹和蒸煮法检验均必须合格	蒸煮法检验必须合格
10	凝结时间/h	初凝时间 ≥	1.5	0.75
		终凝时间 ≤	10	10
11	标准稠度需水量/%		28.0	30.0
12	比表面积/(m²·kg⁻¹)		300～450	300～450
13	细度(80μm 筛余)/% ≤		10.0	10.0
14	28 d 干缩率/% ≤		0.09	0.10
15	耐磨性/(kg·m⁻²) ≤		2.5	3.0

注：①三氧化硫含量在硫酸盐腐蚀场合为必测项目，无腐蚀场合为选测项目。
②氯离子含量在配筋混凝土与钢纤维混凝土面层中为必测项目，在水泥混凝土面层中为选测项目。

面层水泥混凝土选用水泥时，除应满足表 4-1-1、表 4-1-2 的各项要求外，还应对拟采用厂家水泥进行混凝土配合比对比试验，根据所配制的混凝土弯拉强度、耐久性和工作性，选择适宜的水泥品种和强度等级。

采用滑模摊铺机铺筑时，宜选用散装水泥。高温期施工时，散装水泥的入罐最高温度不宜高于 60 ℃；低温期施工时，水泥进入搅拌缸前的温度不宜低于 10 ℃。

2. 粉煤灰及其他掺合料

使用道路硅酸盐水泥或硅酸盐水泥时,可在混凝土中掺入适量粉煤灰;使用其他水泥时,不应掺入粉煤灰。

面层水泥混凝土可单独或复配掺用符合《公路水泥混凝土路面施工技术细则》(JTG/T F30—2014)规定的粉状低钙粉煤灰、矿渣粉或硅灰等掺合料,不得掺用结块或潮湿的粉煤灰、矿渣粉和硅灰。粉煤灰质量不应低于表 4-1-3 中的Ⅱ级粉煤灰的要求。不得掺用高钙粉煤灰或Ⅲ级及Ⅲ级以下低钙粉煤灰。粉煤灰进货应有等级检验报告。

表 4-1-3 低钙粉煤灰分级和质量指标

粉煤灰等级	细度(45μm气流筛,筛余量)/%	烧失量/%	需水量/%	含水量/%	游离氧化钙含量/%	SO₃/%	混合砂浆强度活性指数*	
							7 d	28 d
Ⅰ	≤12.0	≤5.0	≤95.0	≤1.0	<1.0	≤3.0	≥75	≥85(75)
Ⅱ	≤25.0	≤8.0	≤105.0	≤1.0	<1.0	≤3.0	≥70	≥80(62)
Ⅲ	≤45.0	≤15.0	≤115.0	≤1.0	<1.0	≤3.0	—	—

注: * 混合砂浆强度活性指数为掺粉煤灰的砂浆与水泥砂浆的抗压强度比的百分数,不带括号的数值适用于所配制混凝土强度等级不小于 C40 时;当配制的混凝土强度等级小于 C40 时,混合砂浆强度活性指数应满足 28 d 括号中数值的要求

掺加于面层水泥混凝土中的矿渣粉、硅灰的质量应符合表 4-1-4 的规定。使用矿渣硅酸盐水泥时不得再掺加矿渣粉。高温期施工时,不宜掺用硅灰。

表 4-1-4 矿渣粉、硅灰的质量标准

质量标准 种类	等级	比表面积/(m·kg⁻²)	密度/(g·cm⁻³)	烧失量/%	流动度比/%	含水率/%	氯离子含量②/%	玻璃体含量/%	游离氧化钙含量/%	SO₃/%	混合砂浆强度活性指数/%	
											7 d	28 d
磨细矿渣粉①	S105	≥500	≥2.80	≤3.0	≥95.0	≤1.0	<0.06	≥85.0	<1.0%	≤4.0	≥95	≥105
	S95	≥400									≥75	≥95
硅灰		≥15 000	≥2.10	≤6.0	—	≤3.0	<0.06	≥90.0	<1.0%	—		≥105

注:①矿渣粉匀质性以比表面积为考核依据,单一样品的比表面积不应超过前 10 个样品比表面积平均值的 10.0%。
②氯离子含量在配筋混凝土与钢纤维混凝土面层中为必测项目,在水泥混凝土面层中为选测项目

粉煤灰宜采用散装灰,进货应有等级检验报告。应确切了解所用水泥中已经加入的掺合料种类和数量。各种掺合料在使用前,应进行混凝土配合比试配检验与掺量优化试验,确认面层水泥混凝土弯拉强度、工作性、抗磨性、抗冰冻性、抗盐冻性等指标满足设计要求。

3. 粗集料与再生粗集料

粗集料应使用质地坚硬、耐久、干净的碎石、破碎卵石或卵石。极重、特重、重交通荷载等级公路面层混凝土用粗集料质量不应低于表 4-1-5 中Ⅱ级的要求;中、轻交通荷载等级公路面层混凝土可使用Ⅲ级粗集料。

表 4-1-5 碎石、破碎卵石和卵石质量标准

项次	项目		技术要求		
			Ⅰ级	Ⅱ级	Ⅲ级
1	碎石压碎指标/% ≤		18.0	25.0	30.0
2	卵石压碎指标/% ≤		21.0	23.0	26.0
3	坚固性(按质量损失计)/% ≤		5.0	8.0	12.0
4	针片状颗粒含量(按质量计)/% ≤		8.0	15.0	20.0
5	含泥量(按质量计)/% ≤		0.5	1.0	2.0
6	泥块含量(按质量计)/% ≤		0.2	0.5	0.7
7	吸水率①(按质量计)/% ≤		1.0	2.0	3.0
8	硫化物及硫酸盐含量②(按 SO_3 质量计)/% ≤		0.5	1.0	1.0
9	洛杉矶磨耗损失③/% ≤		28.0	32.0	35.0
10	有机物含量(比色法)		合格	合格	合格
11	岩石抗压强度②	岩浆岩	100		
		变质岩	80		
		沉积岩	60		
12	表观密度/(kg·m^{-3}) ≥		2 500		
13	松散堆积密度/(kg·m^{-3}) ≥		1 350		
14	空隙率/% ≤		47		
15	磨光值③/% ≥		35.0		
16	碱活性反应②		不得有碱活性反应或疑似碱活性反应		

注：①有抗冰冻、抗盐冻要求时，应检验粗集料吸水率。
②硫化物及硫酸盐含量、碱活性反应、岩石抗压强度在粗集料使用前应至少检验一次。
③洛杉矶磨耗损失、磨光值仅在要求制作露石水泥混凝土面层时检测

中、轻交通荷载等级公路面层水泥混凝土可使用再生粗集料，其质量应符合表 4-1-6 的规定。再生粗集料可单独或掺配新集料后使用，但应通过配合比试验验证，确定混凝土性能满足设计要求，并符合下列规定：

(1)有抗冰冻、抗盐冻要求时，再生粗集料不应低于Ⅱ级；无抗冰冻、抗盐冻要求时，可使用Ⅲ级再生粗集料。

(2)再生粗集料不得用于裸露粗集料的水泥混凝土抗滑表层。

(3)不得使用出现碱活性反应的混凝土作为原料破碎生产的再生粗集料。

表 4-1-6 再生粗集料的质量标准

项次	项目		技术要求		
			Ⅰ级	Ⅱ级	Ⅲ级
1	压碎值/%	≤	21.0	30.0	43.0
2	坚固性(按质量损失计)/%	≤	5.0	10.0	15.0
3	针片状颗粒含量(按质量计)/%	≤	10.0	10.0	10.0
4	微粉含量(按质量计)/%	≤	1.0	2.0	3.0
5	泥块含量(按质量计)/%	≤	0.5	0.7	1.0
6	吸水率(按质量计)/%	≤	3.0	5.0	8.0
7	硫化物及硫酸盐含量(按SO_3质量计)/%	≤	2.0	2.0	2.0
8	氯化物含量(按氯离子质量计)/%	≤	0.06	0.06	0.06
9	洛杉矶磨耗损失/%	≤	35	40	45
10	杂物含量(按质量计)/%	≤	1.0	1.0	1.0
11	表观密度/(kg·m^{-3})	≥	2 450	2 350	2 250
12	空隙率/%	≤	47	50	53

粗集料与再生粗集料应根据混凝土配合比的公称最大粒径分为 2~4 个单粒级的集料,并掺配使用。粗集料与再生粗集料的合成级配及单粒级配范围应符合表 4-1-7 的要求。不得使用不分级的统料。

表 4-1-7 粗集料与再生粗集料的级配范围

方孔筛尺寸/mm		2.36	4.75	9.50	16.0	19.0	26.5	31.5	37.5
集配类型		累计筛余(以质量计)/%							
合成级配	4.75~16.0	95~100	85~100	40~60	0~10	—	—	—	—
	4.75~19.0	95~100	85~95	60~75	30~45	0~5	0	—	—
	4.75~26.5	95~100	90~100	70~90	50~70	25~40	0~5	0	—
	4.75~31.5	95~100	90~100	75~90	60~75	40~60	20~35	0~5	0
单粒级配	4.75~9.5	95~100	80~100	0~15	0	—	—	—	—
	9.5~16.0	—	95~100	80~100	0~15	0	—	—	—
	9.5~19.0	—	95~100	85~100	40~60	0~15	0	—	—
	16.0~26.5	—	—	95~100	55~70	25~40	0~10	0	—
	16.0~31.5	—	—	95~100	85~100	55~70	25~40	0~10	0

各种面层水泥混凝土配合比的不同种类粗集料与再生粗集料公称最大粒径宜符合表 4-1-8 的规定。卵石最大公称粒径不应大于 19.0 mm;破碎卵石最大公称粒径不应大于 26.5 mm;碎石最大公称粒径不应大于 31.5 mm;纤维混凝土与碾压混凝土粗集料最大公称粒径不应大于 19.0 mm。

表 4-1-8　各种面层水泥混凝土配合比的不同种类粗集料与再生粗集料公称最大粒径　mm

交通荷载等级		极重、特重、重		中、轻	
面层类型		水泥混凝土	纤维混凝土、配筋混凝土	水泥混凝土	碾压混凝土、砌块混凝土
最大公称粒径	碎石	26.5	16.0	31.5	19.0
	破碎卵石	19.0	16.0	26.5	19.0
	卵石	16.0	9.5	19.0	16.0
	再生粗集料	—	—	26.5	19.0

4. 细集料

细集料应使用质地坚硬、耐久、洁净的天然砂或机制砂，不宜使用再生细集料。

极重、特重、重交通荷载等级公路面层水泥混凝土用天然砂的质量标准不应低于表 4-1-9 规定的 Ⅱ 级，中、轻交通荷载等级公路面层水泥混凝土可使用 Ⅲ 级天然砂。

机制砂宜采用碎石作为原料，并用专用设备生产。极重、特重、重交通荷载等级公路面层水泥混凝土用机制砂的质量标准不应低于表 4-1-9 规定的 Ⅱ 级，中、轻交通荷载等级公路面层水泥混凝土可使用 Ⅲ 级机制砂。

微课：水泥混凝土原材料选择——细集料

表 4-1-9　细集料的质量标准

项次	项目			技术要求		
				Ⅰ级	Ⅱ级	Ⅲ级
1	机制砂母岩的抗压强度/MPa		≥	80.0	60.0	30.0
2	机制砂母岩的磨光值		≥	38.0	35.0	30.0
3	机制砂单粒级最大压碎指标/%		≤	20.0	25.0	30.0
4	坚固性(按质量损失计)/%		≤	6.0	8.0	10.0
5	氯离子含量①(按质量计)/%		≤	0.01(机制砂) 0.02(天然砂)	0.02(机制砂) 0.03(天然砂)	0.06
6	云母含量(按质量计)/%		≤	1.0	2.0(机制砂) 1.0(天然砂)	2.0
7	硫化物及硫酸盐含量①(按 SO_3 质量计)/%		≤	0.5	0.5	0.5
8	泥块含量(按质量计)/%		≤	0	0.5	1.0
9	石粉含量/%	MB值<1.40 或合格	<	3.0	5.0	7.0
		MB值≥1.40 或不合格		1.0	3.0	5.0
10	轻物质含量(按质量计)/%		≤	1.0		
11	吸水率/%		≤	2.0		
12	表观密度/(kg·m⁻³)		≥	2 500.0		
13	松散堆积密度/(kg·m⁻³)		≥	1 400.0		
14	空隙率/%		≤	45.0		

续表

项次	项目	技术要求		
		Ⅰ级	Ⅱ级	Ⅲ级
15	有机物含量(比色法)	合格		
16	碱活性反应①	不得有碱活性反应或疑似碱活性反应		
17	天然砂含泥量(按质量计)/% ≤	1.0	2.0	3.0
18	海砂中的贝壳类物质含量(按质量计)/% ≤	3.0	5.0	8.0
19	天然砂松散堆积密度/(kg·m⁻³)	1 400.0		
20	天然砂结晶态二氧化硅含量②/% ≥	25.0		

注:①碱活性反应、氯离子含量、硫化物及硫酸盐含量在天然砂使用前应至少检验一次。
②按《公路工程集料试验规程》(JTG E42—2005)T0324岩相法,测定除隐晶质、玻璃质二氧化硅以外的结晶态二氧化硅的含量

天然砂的级配范围应符合表4-1-10的规定。面层水泥混凝土使用的天然砂细度模数宜为2.0～3.7。

表4-1-10 天然砂的推荐级配范围

天然砂分级	细度模数	方孔筛尺寸/mm(试验方法 JTG E42—2005 T0327)							
		9.5	4.75	2.36	1.18	0.60	0.30	0.15	0.075
		通过各筛孔的质量百分比/%							
粗砂	3.1～3.7	100	90～100	65～95	35～65	15～30	5～20	0～10	0～5
中砂	2.3～3.0	100	90～100	75～100	50～90	30～60	8～30	0～10	0～5
细砂	1.6～2.2	100	90～100	85～100	75～100	60～84	15～45	0～10	0～5

机制砂的级配范围应符合表4-1-11的规定。面层水泥混凝土使用的机制砂细度模数宜为2.3～3.1。

表4-1-11 机制砂的级配范围

机制砂分级	细度模数	方孔筛尺寸/mm(试验方法 JTG E42—2005 T0327)						
		9.5	4.75	2.36	1.18	0.60	0.30	0.15
		水洗法通过各筛孔的质量百分比/%						
Ⅰ级砂	2.3～3.1	100	90～100	80～95	50～85	30～60	10～20	0～10
Ⅱ、Ⅲ级砂	2.8～3.9	100	90～100	50～95	30～65	15～29	5～20	0～10

细集料的使用还应符合下列规定:
(1)配筋混凝土路面及钢纤维混凝土路面中不得使用海砂。
(2)细度模数差值超过0.3的砂应分别堆放,分别进行配合比设计。
(3)采用机制砂时,外加剂宜采用引气高效减水剂或聚羧酸高性能减水剂。

5. 水

饮用水可直接作为混凝土搅拌和养护用水。非饮用水应进行水质检验，并应符合表 4-1-12 的规定，还应与蒸馏水进行水泥凝结时间与水泥胶砂强度的对比试验；对比试验的水泥初凝与终凝时间差均不应大于 30 min，水泥胶砂 3 d 和 28 d 强度不应低于蒸馏水配制的水泥胶砂 3 d 和 28 d 强度的 90%。

表 4-1-12 非饮用水质量标准

项次	项目		钢筋混凝土及钢纤维混凝土	素混凝土
1	pH 值	≥	5.0	4.5
2	Cl^- 含量/(mg·L^{-1})	≤	1 000	3 500
3	SO_4^{2-} 含量/(mg·L^{-1})	≤	2 000	2 700
4	碱含量/(mg·L^{-1})	≤	1 500	1 500
5	可溶物含量/(mg·L^{-1})	≤	5 000	10 000
6	不溶物含量/(mg·L^{-1})	≤	2 000	5 000
7	其他杂质		不应有漂浮的油脂和泡沫；不应有明显的颜色和异味	

养护用水可不检验不溶物含量和其他杂质，其他指标应符合表 4-1-12 的规定。

6. 外加剂

面层水泥混凝土外加剂质量除应符合国家和行业现行相关标准外，还应符合表 4-1-13 的要求，各项性能的检验方法应符合现行《混凝土外加剂》(GB 8076—2008)的规定。外加产品出厂报告中应标明其主要化学成分和使用注意事项。面层水泥混凝土的各种外加剂应经有相应资质的检测机构检验合格，并提供检验报告后方可使用。

表 4-1-13 面层水泥混凝土外加剂产品的质量标准

项目		普通减水剂	高效减水剂	引气剂	引气减水剂	引气高效减水剂	缓凝剂	缓凝减水剂	缓凝高效减水剂	引气缓凝高效减水剂	早强剂	早强减水剂	早强高效减水剂	引气早强高效减水剂
减水率/% ≥		8	15	8	12	18	—	8	15	18	—	8	15	15
泌水率比/% ≤		100	90	80	80	90	100	100	100	80	100	95	90	95
含气量[①]/%		≤4.0	≤3.0	≥3.0	≥3.0	≥3.0	—	—	—	≤5.5	≤4.5	≥3.0	—	≤4.0	≥3.0
凝结时间差[②]/min	初凝	−90~+120	−90~+120	−90~+120	−90~+120	−90~+120	−60~+90	>+90	>+90	>+90	>+90	−90~+90	−90~+90	−90~+90	−90~+90
	终凝														
抗压强度比/% ≥	1 d	—	140	—	—	—	—	—	—	—	135	135	140	135
	3 d	115	130	95	115	120	100	—	125	125	130	130	135	130
	7 d	115	125	95	110	115	110	115	125	120	110	110	125	110
	28 d	110	120	90	100	105	110	110	120	115	100	100	120	100
弯拉强度比[③]/% ≥	1 d	—	—	—	—	—	—	—	—	—	130	130	135	130
	3 d	—	125	—	—	120	—	—	—	120	120	120	125	120
	28 d	105	115	105	110	115	105	105	115	110	100	105	110	110

续表

项目		普通减水剂	高效减水剂	引气剂	引气减水剂	引气高效减水剂	缓凝剂	缓凝减水剂	缓凝高效减水剂	引气缓凝高效减水剂	早强剂	早强减水剂	早强高效减水剂	引气早强高效减水剂
收缩率比/% ≤	28 d	125	125	120	120	120	125	125	125	120	130	130	130	120
磨耗量④/(kg·m⁻²)≤	28 d	2.5	2.0	2.5	2.5	2.0	2.5	2.5	2.5	2.5	2.5	2.5	2.0	2.0

注：除含气量外，表中所列数据为掺外加剂混凝土与基准混凝土差值或比值。
①引气剂与各种引气型减水剂含气量1 h最大经时损失应小于1.5%。
②凝结时间之差质量标准中的"—"号表示提前，"+"号表示延缓。
③弯拉强度比仅用于路面混凝土检验。
④磨耗量仅用于路面与桥面混凝土检验

外加剂产品出厂报告中应标明其主要化学成分和使用注意事项。面层水泥混凝土的各种外加剂应经有相应资质的检测机构检验合格，并提供检验报告后方可使用。外加剂产品应使用工程实际采用的水泥、集料和拌合用水进行试配，检验其性能，确定合理掺量。外加剂复配使用时，不得有絮凝现象，应使用工程实际采用的水泥、集料和拌合用水进行试配，确定其性能满足要求后方可使用。

各种可溶外加剂均应充分溶解为均匀水溶液，按配合比计算的剂量加入。采用非水溶的粉状外加剂时，应保证其分散均匀、搅拌充分，不得结块。

滑模摊铺施工的水泥混凝土面层宜采用引气高效减水剂；高温施工混凝土拌合物的初凝时间短于3 h时，宜采用缓凝引气高效减水剂；低温施工混凝土拌合物终凝时间长于10 h时，宜采用早强引气高效减水剂。

有抗冰冻、抗盐冻要求时，各级公路水泥混凝土面层及暴露结构物混凝土应掺入引气剂；无抗冻要求地区的二级及二级以上公路水泥混凝土面层宜掺入引气剂。处在海水、海风、氯离子环境或冬季撒除冰盐的路面或桥面钢筋混凝土、钢纤维混凝土中可掺用或复配阻锈剂。阻锈剂产品的质量标准、检验方法及应用技术应符合现行《钢筋阻锈剂应用技术规程》(JGJ/T 192—2009)的规定。

7. 钢筋

水泥混凝土、钢筋混凝土及连续配筋混凝土面层所用钢筋、钢筋网、传力杆、拉杆等应符合国家和行业现行相关标准的规定。

钢筋不得有裂纹、断伤、刻痕、表面油污和锈蚀。配筋混凝土路面与桥面用钢筋宜采用环氧树脂涂层或防锈漆涂层等保护措施。传力杆应无毛刺，两端应加工成圆锥形或半径为2～3 mm的圆倒角。

8. 接缝材料

(1)胀缝板、胀缝橡胶填缝条应选用能适应混凝土面板膨胀和收缩、施工时不变形、弹性复原率高、耐久性好的胀缝板。高速公路、一级公路宜采用塑胶板、橡胶(泡沫)板或沥青纤维板；其他公路可采用浸油木板。其技术要求应符合《公路水泥混凝土路面施工技术细则》(JTG/T F30—2014)的规定。

(2)缩缝填缝材料应具有与混凝土板壁黏结牢固、回弹性好、不溶于水、不渗水，高温时不挤出、不流淌、抗嵌入能力强、耐老化龟裂、负温拉伸量大、低温时不脆裂、耐久性好等性能。填缝料包括常温施工式和加热施工式，其技术指标应分别符合《公路水泥混凝土路面施工技术细则》(JTG/T F30—2014)的规定。常温施工式填缝料主要有聚(氨)酯、硅树脂类，氯丁橡胶、沥青橡胶类等。加热施工式填缝料主要有沥青玛蹄脂类、聚氯乙烯胶泥类、改性沥青类等。高速公路、一级公路应优先使用树脂类、橡胶类或改性沥青类填缝材料，并宜在填缝料中加入耐老化剂。

(3)填缝时应使用背衬垫条控制填缝形状系数。填缝背衬垫条应具有弹性良好、柔韧性好、不吸水、耐酸碱腐蚀及高温不软化等性能。背衬垫条可采用橡胶条、发泡聚氨酯、微孔泡沫塑料等制成，其形状宜为可压缩圆柱形，直径宜比接缝宽度大 2~5 mm。

9. 其他材料

沥青混凝土夹层用材料、热沥青表面处治和改性乳化沥青稀浆封层用材料应符合现行《公路沥青路面施工技术细则》(JTG/T F30—2014)的规定。

水泥混凝土面层用养护剂应由石蜡、适宜的高分子聚合物与适量稳定剂、增白剂经胶体磨制成水乳液，不得采用以水玻璃为主要成分的养护剂。养护剂宜为白色胶体乳液，不宜为无色透明的乳液。使用养护剂时，高速公路、一级公路水泥混凝土面层应使用满足一级品要求的养护剂，其他等级公路可使用满足合格品要求的养护剂。

水泥混凝土面层用节水保湿养护膜应由高分子吸水保水树脂和不透水塑料面膜制成。高温期施工时，宜选用白色反光面膜的节水保湿养护膜；低温期施工时，宜选用黑色或蓝色吸热面膜的产品。

(三)配合比设计与调整

1. 路面用普通水泥混凝土的技术要求

路面用普通水泥混凝土配合比设计方法以《公路水泥混凝土路面施工技术细则》(JTG/T F30—2014)为依据，应满足弯拉强度、工作性、耐久性、经济性四项技术要求。

(1)弯拉强度。适用于滑模摊铺机、三辊轴机组及小型机具施工的水泥混凝土、钢筋混凝土、连续配筋混凝土面层水泥混凝土目标配合比设计，面层水泥混凝土配制 28 d 弯拉强度均值宜按式(4-1-1)计算确定：

$$f_c = \frac{f_r}{1-1.04C_v} + ts \tag{4-1-1}$$

式中　f_c——配制 28 d 弯拉强度的均值(MPa)。

f_r——设计弯拉强度标准值(MPa)，各交通等级路面板的 28 d 设计弯拉强度标准值应符合《公路水泥混凝土路面设计规范》(JTG D40—2011)表 3.0.8 的规定。

t——保证率系数，应按表 4-1-14 确定。

s——弯拉强度试验样本的标准差(MPa)，有试验数据时应使用试验样本的标准差；无试验数据时可按公路等级及设计弯拉强度，参考表 4-1-15 规定范围确定。

C_v——弯拉强度变异系数，应按统计数据取值，小于 0.05 时取 0.05；无统计数据时，可在表 4-1-16 的规定范围内取值。其中，高速公路、一级公路变异水平应为低，二级公路变异水平应不低于中。

表 4-1-14　保证率系数 t

公路等级	判别概率 P	样本数 n/组			
		6～8	9～14	15～19	≥20
高速	0.05	0.79	0.61	0.45	0.39
一级	0.10	0.59	0.46	0.35	0.30
二级	0.15	0.46	0.37	0.28	0.24
三、四级	0.20	0.37	0.29	0.22	0.19

表 4-1-15　各级公路水泥混凝土面层弯拉强度试验样本的标准差 s

公路等级	高速	一级	二级	三级	四级
目标可靠度/%	95	90	85	80	70
目标可靠指标	1.64	1.28	1.04	0.84	0.52
样本的标准差 s/MPa	0.25≤s≤0.50		0.45≤s≤0.67	0.40≤s≤0.80	

表 4-1-16　弯拉强度变异系数 C_v 的范围

弯拉强度变异水平等级	低	中	高
弯拉强度变异系数 C_v 的范围	0.05≤C_v≤0.10	0.10≤C_v≤0.15	0.15≤C_v≤0.20

(2)工作性。

1)不同施工工艺混凝土拌合物的工作性应符合下列规定：

①碎石混凝土滑模摊铺时的坍落度宜为 10～30 mm，卵石混凝土滑模摊铺时的坍落度宜为 5～20 mm，振动黏度系数宜为 200～500 N·s/m²。混凝土拌合物振动黏度系数试验方法见《公路水泥混凝土路面施工技术细则》(JTG/T F30—2014)附录 A。

微课：影响水泥混凝土拌合物工作性的因素

②三辊轴机组摊铺时，拌合物的现场坍落度宜为 20～40 mm。

③小型机具摊铺时，拌合物的现场坍落度宜为 5～20 mm。

④拌合楼(机)出口拌合物坍落度值，应根据不同工艺摊铺时的坍落度值加上运输过程中坍落度损失值确定。

2)最大水灰(胶)比和最小单位水泥用量。各级公路面层水泥混凝土的最大水灰(胶)比和最小单位水泥用量应符合表 4-1-17 的规定，最大单位水泥用量不宜大于 420 kg/m³；使用掺合料时，最大单位胶材总量不宜大于 450 kg/m³。

表 4-1-17　各级公路面层水泥混凝土最大水胶比和最小单位水泥用量

公路等级		高速、一级	二级	三、四级
最大水灰(胶)比		0.44	0.46	0.48
有抗冰冻要求时最大水灰(胶)比		0.42	0.44	0.46
有抗盐冻要求时最大水灰(胶)比①		0.40	0.42	0.44
最小单位水泥用量/(kg·m⁻³)	52.5 级	300	300	290
	42.5 级	310	310	300
	32.5 级	—	—	315

续表

公路等级		高速、一级	二级	三、四级
有抗冰冻、抗盐冻要求时 最小单位水泥用量/(kg·m⁻³)	52.5级	310	310	300
	42.5级	320	320	315
	32.5级	—	—	325
掺粉煤灰时最小单位 水泥用量/(kg·m⁻³)	52.5级	250	250	245
	42.5级	260	260	255
	32.5级	—	—	265
有抗冰冻、抗盐冻要求时掺粉煤灰 混凝土最小单位水泥用量②/(kg·m⁻³)	52.5级	265	260	255
	42.5级	280	270	265
注：①处在除冰盐、海风、酸雨或硫酸盐等腐蚀性环境中或在大纵坡等加减速车道上，最大水灰(胶)比宜比表中数值降低0.01～0.02。 ②掺粉煤灰，并有抗冰冻、抗盐冻要求时，面层不应使用32.5级水泥				

(3)耐久性。

1)面层水泥混凝土应掺加引气剂，确保其抗冻性，提高工作性；拌合机出口拌合物含气量均值及允许偏差范围宜符合表4-1-18的规定。

表4-1-18 拌合机出口拌合物含气量均值及允许偏差范围　　　　　　%

公称最大粒径/mm	无抗冻要求	有抗冰冻要求	有抗盐冻要求	试验方法
9.5	4.5±1.0	5.0±0.5	6.0±0.5	混凝土拌合物含气量测定应符合《公路工程水泥及水泥混凝土试验规程》(JTG E30—2005)T0522
16.0	4.0±1.0	4.5±0.5	5.5±0.5	
19.0	4.0±1.0	4.0±0.5	5.0±0.5	
26.5	3.5±1.0	3.5±0.5	4.5±0.5	
31.5	3.5±1.0	3.5±0.5	4.0±0.5	

2)严寒与寒冷地区面层水泥混凝土的抗冻等级不应低于表4-1-19的要求。

表4-1-19 严寒与寒冷地区面层水泥混凝土的抗冻等级要求

公路等级		高速、一级		二、三、四级		试验方法
试件		基准配合比	现场取芯	基准配合比	现场取芯	基准配合比按《公路工程水泥及水泥混凝土试验规程》(JTG E30—2005 T0565)进行 现场取芯按《公路水泥混凝土路面施工技术细则》(JTG/T F30—2014)附录B.1进行
抗冻等级(F)≥	严寒地区	300	250	250	200	
	寒冷地区	250	200	200	150	
注：严寒指当地最冷月平均气温低于−8℃的地区；寒冷指当地最冷月平均气温在−8℃～−3℃的地区						

3)处在海水、海风、酸雨、除冰盐或硫酸盐等腐蚀环境中的面层水泥混凝土使用道路硅酸盐水泥或硅酸盐水泥时，宜掺加适量粉煤灰、矿渣粉、硅灰或复合矿物掺合料。桥面混凝土中宜掺加矿渣粉与硅灰，不宜掺加粉煤灰。

(4)经济性。在进行配合比设计时，对粗细集料及所需外加剂进行多种组合，在满足混凝土强度、工作性、耐久性的前提下，力争水泥使用量最少，对施工成本进行有效控制。

2. 初步配合比设计

各级公路面层水泥混凝土配合比设计宜采用正交试验法，二级及二级以下公路可采用经验公式法。

混凝土配合比设计应包括目标配合比设计和施工配合比设计两个阶段。目标配合比设计应确定混凝土的水泥用量、集料用量、水灰（胶）比、外加剂掺量，纤维混凝土还应确定纤维掺量。施工配合比设计应通过拌合楼试拌确定拌和参数。经批准的配合比在施工过程中不得擅自调整。

(1) 面层水泥混凝土配合比设计使用正交试验法时，应符合下列规定：

1) 试验可变因素应根据混凝土的性能要求和材料变化情况根据经验确定。水泥混凝土可选水泥用量、用水量、砂率或粗集料填充体积率3个因素；掺粉煤灰的混凝土可选用水量、基准胶材总量、粉煤灰掺量、粗集料填充体积率4个因素。每个因素至少应选定3个水平，并宜选用$L_9(3^4)$正交表安排试验方案。

2) 对正交试验结果进行直观及回归分析，回归分析的考察指标应包括坍落度、弯拉强度、磨损量。有抗冰冻、抗盐冻要求的地区，还应包括抗冻等级、抗盐冻性。

3) 满足第2)款要求的正交配合比，可确定为目标配合比。

(2) 二级及二级以下公路采用经验公式法时，可按下列规定进行：

1) 计算水灰比。无掺合料时，根据粗集料的类型，水灰比可分别按统计公式式(4-1-2)和式(4-1-3)计算。

碎石或破碎卵石混凝土

$$\frac{W}{C}=\frac{1.5684}{f_c+1.0097-0.3595f_s} \quad (4-1-2)$$

卵石混凝土

$$\frac{W}{C}=\frac{1.2618}{f_c+1.5492-0.4709f_s} \quad (4-1-3)$$

式中 $\frac{W}{C}$——水灰比；

f_s——水泥实测28 d抗折强度（MPa）；

f_c——面层水泥混凝土配制28 d弯拉强度的均值（MPa）。

2) 计算水胶比。掺用粉煤灰、硅灰、矿渣粉等掺合料时，应计入超量取代法中代替水泥的那一部分掺合料用量（代替砂的超量部分不计入）计算水胶比。计算水胶比（或水灰比）大于表4-1-17的规定时，应按表4-1-17取值。

3) 水泥混凝土的砂率宜根据砂的细度模数和粗集料种类，按表4-1-20选取。软作抗滑槽时，砂率可在表4-1-20基础上增大1%～2%。

表4-1-20 水泥混凝土的砂率

砂细度模数		2.2～2.5	2.5～2.8	2.8～3.1	3.1～3.4	3.4～3.7
砂率S_p/%	碎石	30～34	32～36	34～38	36～40	38～42
	卵石	28～32	30～34	32～36	34～38	36～40
注：1. 相同细度模数时，机制砂的砂率宜偏低限取用。 2. 破碎卵石可在碎石和卵石之间内插取值						

4)根据粗集料种类和坍落度要求,按经验式(4-1-4)～式(4-1-6)计算单位用水量。计算单位用水量大于表4-1-21最大用水量的规定时,应通过采用减水率更高的外加剂降低单位用水量。

碎石

$$W_o = 104.97 + 0.309 S_L + 11.27 \frac{C}{W} + 0.61 S_P \qquad (4\text{-}1\text{-}4)$$

卵石

$$W_o = 86.89 + 0.370 S_L + 11.24 \frac{C}{W} + 1.00 S_P \qquad (4\text{-}1\text{-}5)$$

掺外加剂的混凝土单位用水量

$$W_{ow} = W_o \left(1 - \frac{\beta}{100}\right) \qquad (4\text{-}1\text{-}6)$$

式中 W_o——不掺外加剂与掺合料混凝土的单位用水量(kg/m^3);

S_L——坍落度(mm);

S_P——砂率(%);

W_{ow}——掺外加剂混凝土的单位用水量(kg/m^3);

β——所用外加剂剂量的实测减水率(%)。

表 4-1-21 面层水泥混凝土最大单位用水量 $kg \cdot m^{-3}$

施工工艺	碎石混凝土	卵石混凝土	施工工艺	碎石混凝土	卵石混凝土
滑模摊铺机摊铺	160	155	小型机具摊铺	150	145
三辊轴机组摊铺	153	148			
注:破碎卵石混凝土最大单位用水量可在碎石和卵石混凝土之间内插取值					

5)计算单位水泥用量。可按式(4-1-7)计算,计算结果小于表4-1-17规定值时,应取表4-1-17的规定值。

$$C_o = \frac{C}{W} \cdot W_o \qquad (4\text{-}1\text{-}7)$$

式中 C_o——单位水泥用量(kg/m^3)。

6)集料用量可按密度法或体积法计算。按密度法计算时,混凝土单位质量可取 2 400～2 450 kg/m^3;按体积法计算时,应计入设计含气量。

7)经计算得到的配合比,应验算粗集料填充体积率。粗集料填充体积率不宜小于70%。

3. 配合比检验与施工控制

(1)配合比试配检验。各阶段混凝土的配合比应遵循《公路水泥混凝土路面施工技术细则》(JTG/T F30—2014)规定的程序、要求和现行《公路工程水泥及水泥混凝土试验规程》(JTG E30—2005)规定的试验方法进行试配检验。

1)目标配合比设计应对混凝土性能进行全面检验,并规定施工配合比设计与目标配合比的允许偏差。目标配合比设计应按下列要求进行:

①根据原材料、路面结构及施工工艺要求,通过计算或正交试验拟定混凝土配合比的控制性参数。

②按拟定配合比进行试验室试拌,实测各项性能指标,选择混凝土的弯拉强度、工作

性、耐久性满足要求,且取经济合理的配合比作为目标配合比。

③根据拌合楼(机)试拌情况,对试拌配合比进行性能检验和调整,直至符合目标配合比要求。

2)施工配合比应符合目标配合比的实测数据,并应按下列要求进行:

①施工配合比中的水泥用量可根据拌和过程中的损耗情况,较目标配合比适当增加 5~10 kg/m³。

②根据目标配合比计算各种原材料用量,按照实际生产要求进行试拌。

③进行混凝土的弯拉强度、工作性和耐久性检验,确定是否满足要求。

④总结试验数据,提出施工配合比,确定设备参数,明确施工中根据集料实际含水率调整拌合楼(机)上料参数和加水量的有关要求。

3)当原材料变化时,应重新进行目标配合比和施工配合比设计与检验。

4)目标配合比设计中,进行混凝土试拌时,粗集料和细集料应处于饱和面干状态。

(2)应检验混凝土拌合物工作性是否满足相应摊铺工艺的要求,检验项目应包括含气量、坍落度及经时损失、振动黏度系数、碾压混凝土改进 VC 值。

(3)采用密度法计算的配合比。应实测拌合物视密度,并应按拌合物视密度调整配合比,调整时水灰比不得增大,单位水泥用量、各种纤维掺量不得减小。调整后的拌合物视密度允许偏差应达到调整前的±2.0%之内。

(4)弯拉强度。各种混凝土应实测 7 d 和 28 d 配制弯拉强度均值和抗压强度均值。掺粉煤灰水泥混凝土还应实测 56 d 配制弯拉强度均值。实测弯拉强度后,宜利用其试件完好部分实测抗压强度与劈裂强度。强度实测结果应符合其质量标准。

(5)耐久性检验应符合下列规定:

1)各级公路面层与桥面混凝土设计配合比应实测耐磨性,并应符合公路面层水泥混凝土磨损量要求的规定。

2)有抗冰冻要求时,应实测拌合物含气量、硬化混凝土最大气泡间距系数和抗冻性,并应分别符合表 4-1-18 和表 4-1-19 的规定。

3)有抗盐冻要求时,除应检验含气量和最大气泡间距系数外,还应实测抗盐冻性。

施工期间,料堆的实际含水率发生变化时,应实测粗集料、细集料的实际含水率,并对粗、细集料的称量和加水量做出调整,以保持基准配合比不变。可根据施工季节、气温和运距等的变化,微调高效减水剂、引气剂、缓凝剂或早强剂的掺量,保持摊铺现场的坍落度始终适于铺筑,减小摊铺前混凝土拌合物的工作性波动。

(四)施工放样及物资、设备用量的准备

施工放样是采用机械摊铺混凝土路面的重要准备工作。首先,根据设计图纸恢复路中心线和混凝土路面边线,在中心线上每隔 20 m 设一中桩,同时布设曲线主点桩及纵坡变坡点、路面板胀缝等施工控制点,并在路边设置相应的边桩,重要的中心桩要进行拴桩。每隔 100 m 左右应设置一临时水准点,以便复核路面标高。

混凝土路面施工前必须对机械设备、测量仪器、基准线或模板、机具工具及各种试验仪器等进行全面地检查、调试、校核、标定、维修和保养,主要施工机械的易损零部件应有适量储备,以便施工时能正常运行。选择的主导机械应能满足施工质量和进度要求,在保证主导机械发挥最大效率的前提下,选用的配套机械应尽可能少。

在施工准备阶段，应依据混凝土路面设计要求、工程规模，对当地及周边的水泥、钢材、粉煤灰、外加剂、砂石料、水资源、电力、运输等状况进行实地调研，确认符合铺筑混凝土路面的原材料质量、品种、规格、原材料的供应量、供应强度和供给方式、运距等。通过调研优选，初步选择原材料供应商。

开工前，工地试验室应对计划使用的原材料进行质量检验和混凝土配合比优选，监理应对原材料抽检和配合比试验验证，报请业主正式审批。

各种原材料，应将相同料源、规格、品种原材料作为一个批次，按《公路水泥混凝土路面施工技术细则》(JTG/T F30—2014)(表4-1-22)中的全部检测项目、检测频率和试验方法进行检测，检测合格并经配合比试验确认满足要求后，方可使用。不合格原材料不得进场。

表 4-1-22　混凝土原材料的检测项目和检查频度

材料	检查项目	检查频度 高速公路、一级公路	检查频度 其他公路
水泥	抗折强度、抗压强度，安定性	机铺 1 500 t 一批	机铺 1 500 t、小型机具 500 t 一批
水泥	凝结时间，标稠需水量，细度	机铺 2 000 t 一批	机铺 3 000 t、小型机具 500 t 一批
水泥	f-CaO、MgO、SO_3 含量，铝酸三钙、铁铝酸四钙、干缩率、耐磨性、碱度，混合材料种类及数量	每合同段不少于 3 次，进场前必测	每合同段不少于 3 次，进场前必测
水泥	温度	冬、夏期施工随时检测	冬、夏期施工随时检测
掺合料	活性指数、细度、烧失量	机铺 1 500 t 一批	机铺 1 500 t、小型机具 500 t 一批
掺合料	需水量比、SO_3 含量	每合同段不少于 3 次，进场前必测	每合同段不少于 3 次，进场前必测
粗集料	级配、针片状、超径颗粒含量、表观密度、堆积密度、空隙率	机铺 2 500 m³ 一批	机铺 5 000 m³，小型机具 1 500 m³ 一批
粗集料	含泥量、泥块含量	机铺 1 000 m³ 一批	机铺 2 000 m³，小型机具 1 000 m³ 一批
粗集料	压碎值、岩石抗压强度	每种粗集料每合同段不少于 2 次	每种粗集料每合同段不少于 2 次
粗集料	碱-集料反应	怀疑有碱活性集料进场前测	怀疑有碱活性集料进场前测
粗集料	含水量	降雨或湿度变化随时测，且每日不少于 2 次	降雨或湿度变化随时测，且每日不少于 2 次
砂	细度模数、表观密度、堆积密度、空隙率、级配	机铺 2 000 m³ 一批	机铺 4 000 m³，小型机具 1 500 m³ 一批
砂	含泥量、泥块、石粉含量	机铺 1 000 m³ 一批	机铺 2 000 m³，小型机具 500 m³ 一批
砂	坚固性	每种砂每合同段不少于 3 次	每种砂每合同段不少于 3 次
砂	云母含量、轻物质与有机物含量	目测有云母或杂质时测	目测有云母或杂质时测
砂	硫化物及硫酸盐、海砂中氯离子含量	必要时测，淡化海砂每合同段 3 次	必要时测，淡化海砂每合同段 2 次
砂	含水率	降雨或湿度变化随时测，且每日不少于 4 次	降雨或湿度变化随时测，且每日不少于 3 次

续表

材料	检查项目	检查频度	
		高速公路、一级公路	其他公路
外加剂	减水率、缓凝时间、液体外加剂含固量和相对密度、粉状外加剂的不溶物含量	机铺5 t一批	机铺5 t、小型机具3 t一批
	引气剂引气量、气泡细密程度和稳定性	机铺2 t一批	机铺3 t、小型机具1 t一批
纤维	抗拉强度、弯折性能或延伸率、长度、长径比、形状	开工前或有变化时,每合同段3次	开工前或有变化时,每合同段3次
	杂质、质量及其偏差	机铺50 t一批	机铺50 t、小型机具30 t一批
养护材料	有效保水率、抗压强度比、耐磨性、耐热性、膜水溶性、含固量、成膜时间、薄膜或成膜连续不透气性	开工前或有变化时,每合同段不少于3次,每5 t一批	开工前或有变化时,每合同段不少于3次,每5 t一批
水	pH值、含盐量、硫酸根及杂质含量	开工前和水源有变化时	开工前和水源有变化时

注:1. 当原材料规格、品种、生产厂、来源变化时或开工前,所有原材料项目均应检验。
2. 机铺是指滑模、三辊轴机组和碾压混凝土摊铺,数量不足一批时,按一批检验

(五)下承层的检验

施工前应对桥头、软基、高填方、填挖方交界等处的路基段进行连续沉降观测,当发现局部路基段沉降尚未稳定时,不得进行该段面层施工。面层施工前,应提供足够连续施工7 d以上的合格基层,并应严格控制表面高程和横坡。(上)基层纵、横坡一般可与面层一致,但横坡可略大0.15%~0.20%,并不得小于路面横坡。硬路肩厚度薄于面板时,应设排水基层或排水盲沟。缘石和软路肩底部应有渗透排水措施。

局部破损的基层应按下列规定进行修复:

(1)存在挤碎、隆起、空鼓等病害的基层,应清除病害部位,并使用相同的基层料重新铺筑。

(2)当基层产生非扩展性温缩、干缩裂缝时,可先采用灌沥青密封防水后,再采用土工合成材料进行防裂处理。

(3)局部开裂、破碎的部位,应局部全厚度挖除,并采用贫混凝土修复。

(六)夹层与封层施工

薄膜封层的铺设施工应符合下列规定:

(1)施工前,应清除基层表面的浮土、碎石等杂物,再铺设薄膜。

(2)封层铺设应完全覆盖基层表面,不得漏铺,并应做到平整、顺直,避免褶皱。一布一膜型复合土工膜或单面复合塑料编织布封层铺设应使膜面朝上,布面紧贴基层。

(3)封层搭接时,纵向搭接长度不应小于500 mm,横向搭接宽度不应小于300 mm。采用黏结方式连接时,纵向黏结长度不应小于200 mm,横向黏结宽度不应小于150 mm。重

叠部分，沿纵坡或横坡下降方向高程较大一侧，封层应在上方。

(4)纵坡大于5.0%路段和设超高的弯道封层宜采用二布一膜型复合土工膜，平曲线上宜采用折线形式铺设。

(5)薄膜封层宜与基层表面粘贴固定。

(6)应对铺设好的封层进行保护，损坏的封层应及时进行修补。

(7)封层铺设应在面层施工模板或基准线安装前完成。

(七)试验路段铺筑

二级及二级以上公路水泥混凝土面层施工前，应制定试验路段的施工方案和质量检测计划，并应铺筑试验路段。其他等级公路施工前宜铺筑试验路段。试验路段长度不应短于100 m，高速公路、一级公路宜在主线路面以外进行试铺。

(1)试验路段铺筑应达到下述目的：
1)确定拌合楼的拌和参数、实际生产能力和配料精度。
2)检验混凝土的施工性能、技术参数和实测强度。
3)检验铺筑机械、工艺参数及与拌和能力的匹配情况。
4)检验施工组织方式、质量控制水平和人员配备情况。
(2)拌合楼应通过动、静态标定检验合格后方可试拌。试拌应确定下列内容：
1)每座拌合楼的生产能力、施工配合比的配料精度，以及全部拌合楼(机)的总产量。
2)计算机拌和程序及粗细集料含水率的反馈控制系统满足要求。
3)合理投料顺序和时间、纯拌和与总拌和时间。
4)拌合物坍落度、VC值、含气量等工艺参数。
5)检验混凝土试件弯拉强度是否满足要求。
用于试验段的拌合楼(机)试拌合格后，方可进行试验路段铺筑。
(3)试验路段铺筑时，应确定下列内容：
1)主要铺筑设备的工艺性能、质量指标和生产能力满足要求；辅助设备的配备合理、适用；模板架设固定方式或基准线设置方式能够保证高程和厚度控制要求。
2)实测试验路段的松铺系数、摊铺速度、振捣时间与频率、滚压遍数、碾压遍数、压实度、拉杆与传力杆置入精度、抗滑构造深度、摩擦系数、接缝顺直度等。
3)验证施工各工艺环节操作要领，确定各关键岗位的作业指导书。
4)检验施工组织形式和人员编制。
5)通信联络、生产调度指挥及应急管理系统满足施工组织要求。

工作任务二　混凝土拌合物搅拌与运输

学习目标

1. 了解混凝土拌合物拌和要求。
2. 了解混凝土拌合物运输技术要求。
3. 能正确完成混凝土拌合物质量检验与控制。

任务描述

本工作任务旨在帮助学生利用××在建公路的路面施工案例、多媒体教学资源和教师的讲解,掌握混凝土拌合物搅拌与运输技术要求和质量控制方法。

学习引导

本工作任务沿以下脉络进行。

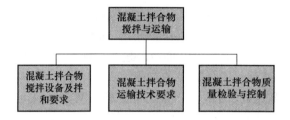

一、相关知识

(1)混凝土拌合物拌和要求。
(2)混凝土拌合物运输技术要求。
(3)混凝土拌合物质量检验与控制。

二、任务实施

微课:混凝土拌合物
搅拌与运输

(一)水泥混凝土拌合物搅拌与运输的一般规定

(1)应根据工程规模、施工工艺和日进度要求合理配备拌合设备。

(2)混凝土拌合物应在初凝时间之内运输到铺筑现场。

(3)拌合楼(机)出口混凝土拌合物的坍落度应根据铺筑最适宜的坍落度值加上运输过程中坍落度的经时损失值确定,并应根据运距长短、气温高低随时进行微调。坍落度的微调应符合《公路水泥混凝土路面施工技术细则》(JTG/T F30—2014)的要求。

(4)当原材料、混凝土种类、混凝土强度等级等有变化时,应重新进行配合比设计及试拌,必要时应重新铺筑试验路段,合格后方可搅拌生产。

(二)水泥混凝土拌合物搅拌设备及运输车辆

1. 拌合站

拌合站的搅拌能力配置应符合下列规定:
(1)拌合站最小生产能力应满足表 4-2-1 的规定。

表 4-2-1 拌合站最小生产能力配置 $m \cdot h^{-3}$

摊铺宽度	滑模摊铺	碾压混凝土	三辊轴机组摊铺	小型机具摊铺
单车道 3.75～4.5 m	≥150	≥100	≥75	≥50

续表

摊铺宽度	滑模摊铺	碾压混凝土	三辊轴机组摊铺	小型机具摊铺
双车道 7.5～9 m	≥300	≥200	≥100	≥75
整幅宽≥12.5 m	≥400	≥300	—	—

(2)拌合站配制的混凝土总设计标称生产能力可按式(4-1-8)计算,并按总搅拌能力确定拟采用的拌合楼(机)数量和型号。

$$M = 60\mu b h v_t \qquad (4-1-8)$$

式中 M——拌合楼(机)总设计标称搅拌能力(m^3/h)。

　　　μ——拌合楼(机)可靠性系数,取值范围在 1.2～1.5,根据下列具体情况确定:拌合楼(机)可靠性高,μ 可取较小值,反之,μ 取较大值;搅拌钢纤维混凝土时,μ 应取较大值;坍落度要求较低时,μ 应取较大值。

　　　b——摊铺宽度(m)。

　　　h——面层松铺厚度(m),普通混凝土与碾压混凝土分别取设计厚度 1.10 倍、1.15 倍。

　　　v_t——摊铺速度(m/min),不小于 1 m/min。

(3)应根据需要和设备能力确定拌合楼(机)数量。同一拌合站的拌合楼(机)的规格宜统一,且宜采用同一厂家的设备。

(4)每座拌合楼(机)应根据粗集料级配数加细集料进行分仓,各级集料不得混仓。粗集料、细集料仓顶应设置过滤超粒径颗粒的钢筋筛。

(5)每座拌合楼(机)应配备至少两个用于储存水泥的罐仓,如图 4-2-1 所示。每种掺合料应单独设置储存料仓。

图 4-2-1 水泥混凝土拌合楼

2. 拌合楼(机)

水泥混凝土拌和应采用间歇强制式拌合楼(机),或配料计量精度满足要求的连续式拌合楼(机)，不宜使用自落式滚筒搅拌机。高速公路、一级及二级公路水泥混凝土面层施工时，应采用配备计算机自动控制的强制式拌合楼(机)。

3. 运输车辆

(1)可选配车况优良、载质量 2～20 t 的自卸车，自卸车后挡板应关闭紧密，运输时不漏浆洒料，车厢板应平整、光滑。桥面铺装或远距离运输时，宜选配混凝土罐车。

(2)运输车数量可按式(4-1-9)计算，且不应少于 3 辆，高速公路、一级公路不应少于 5 辆。

$$N = 2n(1 + \frac{S\rho_0 m}{v_q g_q}) \tag{4-1-9}$$

式中　N——运输车数量(量)；
　　　n——相同产量拌合楼(机)台数；
　　　S——单程运输距离(km)；
　　　ρ_0——混凝土拌合物视密度(t·m^{-3})；
　　　m——一座拌合楼(机)生产能力(m^3·h^{-1})；
　　　v_q——车辆的平均运输速度(km·h^{-1})；
　　　g_q——汽车载重能力(t/辆)。

(三)混凝土拌和

每台拌合楼在投入生产前，必须进行标定和试拌。在标定有效期满或拌合楼(机)搬迁安装后，应重新标定。施工中应每 15 d 校验一次拌合楼(机)计量精度。拌合楼(机)应满足表 4-2-2 的计量精度要求。采用计算机自动控制的拌合楼(机)时，应使用自动配料方式控制生产，并按要求打印对应路面摊铺桩号的混凝土配料统计数据及偏差。

表 4-2-2　拌合楼(机)配料计量允许偏差　　　　　　　　　　％

材料名称	水泥	掺料	纤维	细集料	粗集料	水	外加剂
高速公路、一级公路每盘	±1	±1	±2	±2	±2	±1	±1
高速公路、一级公路累计每车	±1	±1	±2	±2	±2	±1	±1
其他等级公路	±2	±2	±3	±3	±3	±2	±2

拌合楼(机)拌和第一盘拌合物之前，应润湿搅拌锅，并排净积水。拌合楼(机)生产时，每台班结束后均应对搅拌锅进行清洗，剔除结硬的混凝土块，并更换严重磨损的搅拌叶片。除拌合楼(机)应配备砂(石)含水率自动反馈控制系统外，每台班应至少监测 3 次粗细集料含水率。并根据集料含水率变化，快速反馈并严格控制加水量和粗、细集料用量。

搅拌时间应根据拌合物的黏聚性、匀质性及拌合机类型，经试拌确定，并应符合下列规定：

(1)单立轴式拌合机总搅拌时间宜为 80～120 s，纯搅拌时间不应短于 40 s。
(2)行星立轴和双卧轴式拌合机总搅拌时间宜为 60～90 s，纯搅拌时间不应短于 35 s。
(3)连续双卧轴拌合楼(机)的总搅拌时间宜为 80～120 s，纯搅拌时间不应短于 40 s。

可溶解的外加剂应充分溶解、搅拌均匀后加入搅拌锅，并扣除溶液中的加水量。有沉淀的外加剂溶液，应每天清除一次稀释池中的沉淀物。不可溶解的粉末外加剂加入前应过 0.30 mm 筛，可与集料同时加入，并适当延长纯搅拌时间。混凝土中掺有引气剂时，拌合楼(机)一次搅拌量不应大于其额定搅拌量的90%。

粉煤灰或其他掺合料应采用与水泥相同的输送、计量方式加入。加入粉煤灰的水泥混凝土拌合物的纯搅拌时间应比不掺的搅拌时间延长15～25 s。拌合楼(机)的水泥、粉煤灰或矿渣粉罐仓除应防止拌和期间洒漏外，在水泥罐车输送水泥时，罐仓顶部应设置过滤布，以避免大量水泥粉或粉煤灰、矿渣粉从仓顶飞散入大气中。

拌合楼(机)卸料时，自卸车每装载一盘拌合物应挪动一次车位，搅拌锅出口与车厢底板之间的卸料落差不应大于2.0 m。

(四)混凝土运输

混凝土的运输应保证到现场的拌合物具有适宜摊铺的工作性。不掺加缓凝剂的混凝土拌合物从搅拌机出料到运抵现场的允许最长时间应符合表4-2-3的规定。不满足时，可采用通过试验调整缓凝剂的剂量等措施，保证到达现场的拌合物工作性满足要求。混凝土一旦在车内停留超过初凝时间，应采取紧急措施处置，严禁混凝土硬化在车厢(罐)内。烈日、大风、雨天和低温天远距离运输时，自卸车应遮盖混凝土，罐车宜加保温隔热套。

表4-2-3 混凝土拌合物出料到运抵现场允许最长时间

施工气温/℃	滑模摊铺/h	三辊轴机组摊铺、小型机具摊铺/h	碾压铺筑/h
5～9	1.5	1.20	1.0
10～19	1.25	1.0	0.8
20～29	1.0	0.75	0.6
30～35	0.75	0.40	0.4

运送混凝土的车辆装料前，应清洁车厢或车罐，洒水润壁，排干积水。混凝土运输过程中应防止漏浆、漏料和污染，防止拌合物离析。车辆行驶和卸料过程中，当碰撞了模板或基准线时，应告知测工重新测量纠偏。车辆倒车及卸料时，应有专人指挥。卸料应到位，严禁碰撞摊铺机和前场施工设备及测量仪器。卸料完毕，车辆应迅速离开。碾压混凝土卸料时，车辆应在前一辆车离开后立即倒向摊铺机，并在机前10～30 cm处停住，不得撞击沥青摊铺机。然后换成空挡，并迅速升起料斗卸料，靠摊铺机推动前进。

(五)混凝土拌合物质量检验与控制

混凝土拌合物质量检验与控制应符合下列规定：

(1)施工单位应编制安全搅拌生产作业指导书，明确混凝土拌合物质量标准和安全拌和生产程序。拌合楼(机)机械上料时，在铲斗及拉铲活动范围内，人员不得逗留和通过。

(2)混凝土拌合物质量检测项目及检查频度应符合表4-2-4的规定。

表4-2-4 混凝土拌合物的质量检测项目及检查频度

检查项目	检查频度	
	高速公路、一级公路	其他公路
水灰比及其稳定性	每5 000 m³抽检1次，有变化随时测	每5 000 m³抽检1次，有变化随时测
坍落度及其损失率	每工班测3次，有变化随时测	每工班测3次，有变化随时测
振动黏度系数	试拌、原材料和配合比有变化时测	试拌、原材料和配合比有变化时测

续表

检查项目	检查频度	
	高速公路、一级公路	其他公路
纤维体积率	每工班测2次,有变化随时测	每工班测1次,有变化随时测
含气量	每工班测2次,有抗冻要求不少于3次	每工班测1次,有抗冻要求不少于3次
泌水率	每工班测2次	每工班测2次
表观密度	每工班测1次	每工班测1次
温度、凝结时间、水化发热量	冬、夏期施工,气温最高、最低时,每工班至少测1~2次	冬、夏期施工,气温最高、最低时,每工班至少测1次
改进VC值	每工班测3次,有变化随时测	每工班测3次,有变化随时测
离析	随时观察	随时观察
压实度、松铺系数	每工班测3次,有变化随时测	每工班测3次,有变化随时测

(3)拌合物出料温度宜控制在10 ℃~35 ℃范围内。

(4)拌合物应均匀一致。生料、干料、严重离析的拌合物,或有外加剂团块、粉煤灰团块的拌合物不得用于路面摊铺。

(5)一座拌合楼(机)每盘之间,各拌合楼(机)之间,拌合物的坍落度偏差应小于10 mm。

(6)在拌合楼(机)的搅拌锅内清理黏结混凝土时,无电视监控的拌合楼(机)应有两人以上方可进行,一人清理,一人值守操作台。有电视监控的拌合楼(机),应打开电视监控系统,关闭主电机电源,并在主开关上挂警示红牌。

(7)当摊铺机械出现故障时,应及时通知拌合楼(机)停止搅拌,防止运输到机前的混凝土因超过初凝时间不能铺筑而废弃。

工作任务三 水泥混凝土面层铺筑

学习目标

1. 了解滑模机械铺筑水泥混凝土路面施工的工艺流程及操作方法、质量控制要点。
2. 了解轨道摊铺机铺筑水泥混凝土路面施工的工艺流程及操作方法、质量控制要点。
3. 了解三辊轴机组和小型机具铺筑水泥混凝土路面施工的工艺流程及操作方法、质量控制要点。
4. 掌握面层接缝的设置方法。
5. 掌握抗滑构造施工方法。
6. 掌握水泥混凝土路面的养护方法。
7. 掌握水泥混凝土路面施工安全、环保措施。
8. 掌握水泥混凝土路面施工质量记录的填写与质量评价方法。

任务描述

本工作任务旨在帮助学生利用××在建公路的路面施工案例、多媒体教学资源和教师的讲解，掌握不同水泥混凝土路面施工方法的工艺流程、操作方法、施工技术要点；掌握面层接缝的设置、抗滑构造施工及水泥混凝土路面的养护；理解施工安全及环保技术措施；能根据相关技术规范对施工质量进行控制与评价。

学习引导

本工作任务沿以下脉络进行。

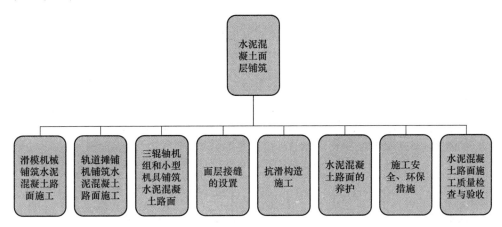

一、相关知识

（1）滑模机械铺筑水泥混凝土路面施工的工艺流程及操作方法、质量控制要点。

（2）轨道摊铺机铺筑水泥混凝土路面施工的工艺流程及操作方法、质量控制要点。

（3）三辊轴机组和小型机具铺筑水泥混凝土路面施工的工艺流程及操作方法、质量控制要点。

（4）面层接缝的设置。

（5）抗滑构造施工。

（6）水泥混凝土路面的养护。

（7）水泥混凝土路面施工安全、环保措施。

（8）水泥混凝土路面施工质量记录的填写与质量评价。

微课：水泥混凝土
路面施工方式

视频：模板的
架设和拆除

二、任务实施

（一）选择水泥混凝土路面的施工方式

水泥混凝土路面各施工工序可以选用不同类型的机械，而不同类型的机械有不同的工艺要求和生产率，因此，整个机械化施工需要考虑机械的选型和配套。在机械选型时，应

· 137 ·

首先选定主导机械,然后根据主导机械的性能和生产率,选配配套机械。决定水泥混凝土路面质量和使用性能的施工工序,主要是混凝土的拌和及摊铺成型。因此,通常将混凝土摊铺机械作为第一主导机械,将混凝土拌合机械作为第二主导机械。

根据公路等级的不同,按表4-3-1选择水泥混凝土路面的施工方式。

表4-3-1 与公路等级相适应的机械装备

施工方式	高速公路	一级公路	二级公路	三级公路	四级公路
滑模摊铺机	√	√	√	▲	○
轨道摊铺机	▲	√	√	√	○
三辊轴机组	○	▲	√	√	√
小型机具	×	○	▲	√	√
碾压混凝土机械	×	×			▲
计算机自动控制强制拌合楼(站)	√	√	√	▲	○
强制拌合楼(站)	×	○	▲	√	√

注:1. 符号含义:√:应使用;▲:有条件使用;○:不宜使用;×:不得使用。
2. 各等级公路均不得使用体积计量、小型自落滚筒式搅拌机,严禁使用人工控制加水量。
3. 碾压混凝土也可用于高速公路、一级公路复合式路面的下面层和贫混凝土基层

(二)滑模机械铺筑水泥混凝土路面施工的工艺流程及操作方法

水泥混凝土路面滑膜摊铺施工技术是当今世界上施工速度最快、工程质量最高、施工规模最大的现代化、机械化和智能化的先进技术,是高速公路水泥混凝土路面施工技术的主要趋势和发展方向。滑模摊铺工艺宜用于高速、一级、二级公路普通水泥混凝土面层、配筋混凝土面层、纤维混凝土面层、钢筋混凝土桥面、隧道混凝土面层、混凝土路缘石、路肩石及护栏等的滑模施工。

传统工艺的水泥混凝土路面面层施工操作程序主要包括安装模板、接缝与安设钢筋、混凝土的拌和与运输、混凝土的摊铺与振捣、抹面和拆模、养护与填缝。滑模式摊铺机施工混凝土路面不需要轨模,摊铺机支承在4个液压缸上,它可以通过控制机械上下移动来调整摊铺厚度。在摊铺机两侧设置了随机移动的固定滑模板。滑模式摊铺机一次通过即可完成摊铺、振捣、整平等多道工序,作业过程如图4-3-1所示。

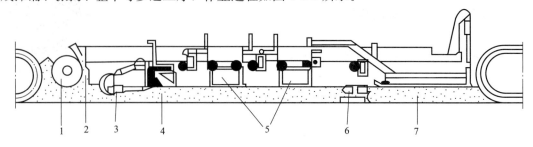

图 4-3-1 滑模式摊铺机摊铺工艺过程图
1—螺旋摊铺器;2—刮平器;3—振动器;4—刮平板;5—振动振平板;6—光面带;7—混凝土

滑模摊铺系统机械配套宜符合表 4-3-2 的要求。

1. 设备选择

滑模摊铺机的选择应根据路面结构形式、路面板块划分等因素，并参考滑模摊铺机的性能确定。选用的滑模摊铺机的技术指标应符合表 4-3-2 规定的基本技术参数要求。

高速公路、一级公路宜选配能一次摊铺不少于两个车道宽度的滑模摊铺机。二级公路路面的最小摊铺宽度不得小于单个车道设计宽度。硬路肩宜选配可连体摊铺路缘石的中型、小型多功能滑模摊铺机。

微课：水泥混凝土路面滑模机械施工工艺

表 4-3-2　滑模摊铺机的基本技术参数表

项目	发动机最小功率/kW ≥	摊铺宽度范围/m	摊铺最大厚度/mm ≤	摊铺速度范围/(m·min⁻¹)	最大空驶速度/(m·min⁻¹) ≤	最大行走速度/(m·min⁻¹) ≤	履带个数/个
三车道滑模摊铺机	200	12.5～16.0	500	0.75～3.0	5.0	15	4
双车道滑模摊铺机	150	3.6～9.7	500	0.75～3.0	5.0	18	2～4
多功能单车道滑模摊铺机	70	2.5～6.0	400 护栏最大高度≤1 900	0.75～3.0	9.0	15	2～4
小型路缘石滑模摊铺机	60	0.5～2.5	450	0.75～2.0	9.0	10	2～3

滑模摊铺水泥混凝土路面时，摊铺机应配备自动抹平板装置。

滑模摊铺机械系统应配套齐全，辅助设备的数量及生产能力应满足铺筑进度的要求。可按下列要求进行配备：

（1）滑模铺筑无传力杆水泥混凝土路面时，布料可使用轻型挖掘机或推土机。

（2）滑模铺筑连续配筋混凝土路面、钢筋混凝土路面、桥面和桥头搭板，路面中设传力杆钢筋支架、胀缝钢筋支架时，布料应采用侧向上料的布料机或供料机。

（3）应采用刻槽机制作宏观抗滑构造。

（4）面层切缝可使用软锯缝机、支架式硬锯缝机或普通锯缝机。

2. 摊铺前准备、测量放样和悬挂基准线

（1）摊铺前准备。摊铺段夹层和封层质量应检验合格，对于破损或缺失部位，应及时修复。表面应清扫干净并洒水润湿，并采取防止施工设备和车辆碾坏封层的措施。应检查并平整滑模摊铺机的履带行走区。行走区应坚实，不得存在湿陷等病害，并应清除砖、瓦、石块、废弃混凝土块等杂物。履带行走部位基层存在斜坡时，应提前整平。

摊铺前应检查并调试施工设备。滑模摊铺机首次作业前，应挂线对其铺筑位置、几何参数和机架水平度进行设置、调整和校准，满足要求后方可用于摊铺作业。

横向连接摊铺前，前次摊铺路面纵向施工缝处溜肩胀宽部位应切割顺直；拉杆应校正扳直，缺少的拉杆应钻孔锚固植入。

(2)测量放样、悬挂基准线。滑模式施工取消了固定模板,改为随摊铺机一起运动的滑移式滑动模板。路面的高程、纵横坡度、板宽、平整度等以基准线作为基本参照系,通过滑模摊铺机上设置的传感器进行调整、控制。

基准线架设与保护应符合下列规定:

(1)滑模摊铺高速公路、一级公路时,应采用单向坡双线基准线;横向连接摊铺时,连接一侧可依托已铺成的路面,另一侧设置单线基准线。

(2)滑模整体铺筑二级公路的双向坡路面时,应设置双线基准线,滑模摊铺机底板应设置为路拱形状。

(3)基准线桩纵向间距直线段不宜大于10 m,桥面铺装、隧道路面及竖曲线和平曲线路段宜为5~10 m,大纵坡与急弯道可加密布置。基准线桩的最小距离不宜小于2.5 m。

(4)基层顶面到夹线臂的高度宜为450~750 mm,基准线桩夹线臂夹口到桩的水平距离宜为300 mm,基准线桩应固定牢固。

(5)单根基准线的最大长度不宜大于450 m,架设长度不宜大于300 m。

(6)基准线宜使用钢绞线。采用直径2.0 mm的钢绞线时,张线拉力不宜小于1 000 N;采用直径3.0 mm钢绞线时,不宜小于2 000 N。

(7)基准线设置精度应符合表4-3-3的规定。

表4-3-3 基准线设置精度要求

项目	中线平面偏位/mm ≤	路面宽度偏差/mm ≤	面层厚度偏差/mm ≥		纵断高程偏差/mm	横坡偏差/%	连接纵缝高差/mm
			平均值	极值			
规定值	10	+15	−3	−8	±5	±0.10	±1.5

基准线设置后,应避免扰动、碰撞和振动。特别是正在作业时,严禁碰撞和振动基准线,以确保摊铺质量。多风季节施工,宜缩小基准线桩间距。

3. 混凝土的搅拌和运输

混凝土混合料的生产供应一般有预拌混凝土和现场拌合站两种方式,无论哪种方式都是在摊铺前试验室已经做出的混凝土配合比设计和拌合设备配套容量均满足滑模施工的基础上进行的。因为预拌混凝土是由专门预拌混凝土站生产的,专业化程度高,设备齐全,原材料规格齐备,所生产的混凝土质量高,稳定性和均匀性较好,所以,在有条件的情况下应优先选用。对于远离城市的公路工程,需要自建搅拌站生产混凝土。滑模摊铺水泥混凝土路面必须采用强制式混凝土拌合楼来生产混合料,以确保混合料的搅拌质量和生产效率。

滑模施工中,国内外运输混合料的车型见表4-3-4。为了适应滑模摊铺水泥混凝土路面的快速施工要求,一般要求采用装载8 m³(20 t)以上的大型车辆来运输混凝土。

表4-3-4 国内外运输滑模摊铺混凝土的车型

车种	翻斗车	改进罐车	侧翻多斗车	半圆螺旋车	半圆皮带车
卸料方式	后翻固定卸料	后面均匀移动卸料	侧翻固定卸料	后面均匀移动卸料	后面均匀移动卸料
方量/(m³·辆⁻¹)	4~8	6~8	24	10~20	10~20
车型	通用车	混凝土专用车	特大型车	特重车	特重车

混凝土运输允许的最长时间和混凝土从搅拌机出料、运输到摊铺完毕的时间,应根据

试验提供的新拌混凝土的初凝时间和施工时的气温来控制。一般情况下，混凝土运输应当在 45 min 到 1 h 以内完成，否则即使没有到初凝时间，由于坍落度损失太大也不适宜滑模摊铺。混凝土运输过程中应防止漏浆，夏期、雨期和冬期运送混合料时应采取覆盖措施。运送新拌混凝土的车辆，在装料时，应防止混凝土的离析，卸一斗应挪动一下车位。

4. 混合料的卸料、布料

滑模摊铺普通混凝土路面时，混凝土混合料直接卸在基层上，卸料分布应均匀。滑模摊铺机的前部有螺旋布料器或布料刮板，料堆高度不得高于摊铺机的进料挡板上边缘，以减小摊铺机的摊铺推进负荷。机前缺料时，可用装载机或挖掘机补充送料，并要求供料与摊铺速度协调。

当路面设计有缩缝传力杆、钢筋混凝土路面和要求连续滑模摊铺桥面时，均需用布料机布料，从而加快施工速度，并保证混凝土路面的施工质量。运料车辆在另外的车道侧向将混合料卸进布料机的接料斗内，经过布料机输料皮带输送到待摊铺位置，再由布料机上的螺旋输送器水平分布混凝土，松方高度梁控制松铺混凝土的厚度。布料宽度不得宽于滑模摊铺机宽度，布料的松铺厚度要适宜，松铺系数随坍落度大小而变化。布料机与滑模摊铺机的施工距离应控制在 5~10 m，现场蒸发率较大时，宜采用较小值。

布料还应符合下列规定：

（1）卸料、布料速度应与摊铺速度协调一致，不得局部或全断面缺料。发生缺料时应立即停止摊铺。

（2）当坍落度在 10~30 mm 时，布料松铺系数宜为 1.08~1.15。

（3）应保证滑模摊铺机前的料位高度位于螺旋布料器叶片最高点以下，最高料位高度不得高于松方控制板上缘。使用布料犁布料时，应按松方高度严格控制料位高度。

（4）当面层传力杆、胀缝与隔离缝钢筋采用前置支架法施工时，不得在支架顶面直接卸料。传力杆以下的混凝土宜在摊铺前采用手持振捣棒振实。

5. 混凝土的摊铺

（1）振捣。滑模摊铺机起步时，应先开启振捣棒，在 2~3 min 内调整振捣到适宜振捣频率，使进入挤压底板前缘拌合物振捣密实，无大气泡冒出破灭，方可开动滑模机平稳推进摊铺。当天摊铺施工结束，摊铺机脱离拌合物后，应立即关闭振捣棒组。滑模摊铺振捣频率应根据板厚、摊铺速度和混凝土工作性确定，以保证拌合物不发生过振、欠振或漏振的现象。振捣频率可在 100~183 Hz 范围内进行调整，宜为 150 Hz。

（2）摊铺控制。混凝土混合料布好后，在开始摊铺的 5~10 m 内，应在铺筑行进中对摊铺出的路面高程、边缘厚度、中线、横坡度等参数进行复核测量，必要时可缓慢微调摊铺参数，保证路面摊铺质量满足表 4-3-2 规定的要求。根据测量结果及时缓慢地在摊铺行进中进行微调，禁止停机调整，以免影响路面的平整度。摊铺机起步—调整—正常摊铺，应在 10 m 内完成。

摊铺过程中应随时调整松方高度板位置控制摊铺机进料，保证进料充足。起步时宜适当调高，正常摊铺时宜保持振捣仓内料位高于振捣棒顶面 100 mm 左右，料位高低波动宜控制在 ±30 mm 之内。

滑模摊铺推进应匀速平稳，滑出挤压底板或搓平梁的拌合物表面应平整、无缺陷，两侧边角应为 90°，光滑规则，无塌边溜肩，表层砂浆厚度不宜大于 3 mm。除露石混凝土路面外，滑模摊铺水泥混凝土面层表面不应裸露粗集料。

滑模摊铺机的摊铺推进速度主要取决于混凝土路面板是否振捣密实。可根据拌合物的稠度大小，采取调整摊铺的振捣频率或速度等措施，保证摊铺质量稳定。当拌合物稠度发生变化时，宜先采取调振捣频率的措施，后采取改变摊铺速度的措施。因为滑模摊铺施工与其他施工方法有一个显著的不同点，就是只能一次摊铺出高密实度的混凝土路面，不能回车反复制作，即使不符合要求，也无法补救，因此，滑模摊铺应缓慢、匀速、连续不间断地作业，严禁快速推进、随意停机与间歇摊铺。滑模摊铺速度应根据板厚、混凝土工作性、布料能力、振捣排气效果等确定，可在 0.75～2.5 m/min 之间选择，宜采用 1 m/min。

当摊铺宽度大于 7.5 m 时，应加强左右两侧拌合物工作性检查。发现不一致时，应采取微调偏干一侧的摊铺速度，并将偏稀一侧的振捣棒频率调小等措施，避免局部过振。当拌合物严重离析或离散时，应停止摊铺，废弃已拌和混合料，查找并解决问题后，再重新开始摊铺。

(3)局部修整。滑模摊铺的水泥混凝土面层纵缝边缘出现局部倒边、塌边、溜肩现象，或表面局部存在小缺陷时，可用人工进行局部修整。修整作业应符合下列规定：

1)局部修整后应精确整平，整平用抄平器的长度不应短于 2 m。

2)面层边缘应采用设置侧模或在上部支方形金属管，控制修整时的变形。

3)纵、横向施工接头处存在明显高差时，可整平后采用手持振捣棒振捣密实和水准仪测量，整平用的抄平器长度应不短于 3 m。

4)表面修补作业需要补料时，可使用从摊铺拌合物中筛出的细料进行，不得洒水、撒水泥粉。

5)不得采用薄层贴补的办法进行表面修补。

6. 接缝设置

当滑模摊铺机停机等料时间预计会超过运至现场混凝土的初凝时间时，应将滑模摊铺机迅速开出摊铺工作面，制作横向施工缝。横向施工缝可采用架设端模板的方法施做，并宜与胀缝或隔离缝合并设置，无法与胀缝合并设置时，应与缩缝合并设置。横向施工缝部位应满足面层平整度、高程、横坡的质量要求。

施工缝端部两侧可采取架设侧模的方法，使侧边向内收进 20～40 mm，方便后续连续摊铺。侧边向内收进长度宜比滑模摊铺机侧模板略长。

(1)纵缝。当一次摊铺多车道路面时，纵向假缝采用锯缝法制作，假缝处的拉杆用中间拉杆插入装置在摊铺时插入。纵向施工缝处的拉杆，在前一幅路面摊铺时，用摊铺机的侧向拉杆插入装置插入。由于拉杆插入装置插入拉杆的方式不同，插入时的拉杆或为直的或为 L 形的。在后一幅路面摊铺前，应扳直和校正已插入的纵缝拉杆，并在缝壁上半部涂满沥青。

(2)横缝。带传力杆的假缝，可在摊铺机上配备传力杆自动插入装置(DBI)，在施工时置入，或采用预制钢筋支架法固定传力杆，钢筋支架上部的混凝土应先采用手持振捣棒振捣密实，摊铺机通过时必须提高振捣棒，使其最低点位置在挤压板的后缘高度以上，以便不扰动传力杆。这种方法精度较高，也较稳妥。当混凝土强度达到设计值的 25%～30% 时，采用支架式硬切缝机切割。

横向施工缝采用钢制端头模板，模板上每 1.5 m 不少于一个钉钢钎的垂直固定孔，传力杆用模板上焊接的短钢管进行水平定位(图 4-3-2)。摊铺时使混凝土供料略多一些，去除摊铺机通过时翻在端模外的料。再次施工时，令滑模摊铺机倒退到工作缝部位，连续起步施工。

目前，滑模摊铺水泥混凝土路面的胀缝施工，国内外均采用前置式胀缝支架施工法。即将胀缝板、传力杆、传力杆套筒等构成完整的胀缝支架组件，施工时牢固安装在胀缝位置，令滑模摊铺机连续摊铺通过，振捣棒的最低位置应高于胀缝

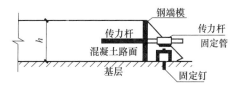

图 4-3-2　施工缝端模

板的顶面，滑模摊铺机通过后，即刻将胀缝板上部的混凝土剔除，对中夹上高 3～4 cm、宽 2 cm 的木条，顶面与路面持平，用人工捣实并抹平混凝土路面的胀缝部位，等到胀缝填缝时，再将夹入的木条剔出，填缝。

混凝土强度初步形成后，用刻纹机或拉毛机制作表面纹理。其养护、锯缝、灌缝等施工方法与轨道式摊铺机施工相同。图 4-3-3 为水泥混凝土路面正在进行滑模摊铺施工。

图 4-3-3　滑模摊铺

7. 传力杆设置

滑模摊铺机配备传力杆自动插入装置(DBI)时，应通过试验路段采用非破损方法对传力杆插入深度进行校准，在施工中应进行传力杆精度复核。检测可使用钢筋保护层厚度测试仪或专用传力杆位置检测仪进行。

滑模摊铺采用传力杆插入装置(DBI)设置传力杆与拉杆时，应符合下列规定：

(1)应安排专人负责对中横向缩缝位置，应一次振动插入整排传力杆。

(2)插入传力杆时，应缓慢插入，以防止快速插入导致阻力过大使滑模摊铺机整体抬升。

(3)拉杆插入装置应根据一次摊铺的车道数和设计选用。与未摊铺水泥混凝土面层连接的拉杆应采用侧向拉杆插入装置插入；两个以上车道摊铺，在摊铺范围内的拉杆应采用拉杆压入装置压入。

(4)中央拉杆可自动定位插入或手工操作在规定位置插入，应一次插入到位。

(5)边缘拉杆应一次插入到位,不得在脱模后多次插入或手工反复打进。插入就位的拉杆应妥善保护,避免拉杆与混凝土黏结丧失。

(三)轨道摊铺机铺筑水泥混凝土路面施工的工艺流程及操作方法

轨道式摊铺机施工是由支撑在平底型轨道上的摊铺机将混凝土拌合物摊铺在基层上的工作。它是水泥混凝土路面机械化施工中最普遍的一种方法。轨道式摊铺机施工各工序可选用的机械见表 4-3-5。

微课:水泥混凝土路面轨道摊铺施工工艺

表 4-3-5 轨道式摊铺机施工各工序可选用机械

工序	可考虑选用的机械
混凝土拌和	拌合机、装载机、称量设备
混凝土运输	自卸汽车、搅拌车
卸料	侧面卸料机、纵向卸料机
摊铺	刮板式匀料机、箱式摊铺机、螺旋式摊铺机
振捣	振捣机、内部振动式振捣机
接缝施工	钢筋(传力杆、拉杆)插入机、切缝机
表面整修	修整机、纵向表面修整机、斜向表面修整机
修整粗糙面	拉毛机、压(刻)槽机

1. 混凝土的拌和与运输

采用轨道式摊铺机施工时,拌合设备应配有电子秤等可自动准确计量的供料系统。无此条件时,可采用集料箱加地磅的方法进行计量。各种组成材料的计量精度应符合规定要求。

拌合物运到摊铺现场后倾卸于摊铺机的卸料机内,摊铺机的卸料机有侧向和纵向两种。侧向卸料机在路面摊铺范围外操作,自卸汽车不进入路面摊铺范围卸料,设有供卸料机和汽车行驶的通道;纵向卸料机在路面摊铺范围内操作,自卸汽车后退供料,施工时不能在基层上预先安设传力杆。

2. 模板的技术要求、模板的安装与模板的矫正及拆除

(1)模板技术要求。公路混凝土路面板、桥面板和加铺层的施工模板应采用刚度足够的槽钢、轨模或钢制边侧模板,不应使用木模板、塑料模板等其他易变形的模板。模板的精确度应符合表 4-3-6 的规定。钢模板的高度应为面板设计厚度,模板长度宜为 3~5 m。需设置拉杆时,模板应设拉杆插入孔。每米模板应设置 1 处支撑固定装置,如图 4-3-4 所示。模板垂直度用垫木楔方法调整。

表 4-3-6 模板(加工矫正)允许偏差

施工方式	高度偏差 /mm	局部变形 /mm	垂直边夹角 /(°)	顶面平整度 /mm	侧面平整度 /mm	纵向变形 /mm
三辊轴机组	±1	±2	90±2	±1	±2	±2
小型机具	±2	±3	90±3	±2	±3	±3

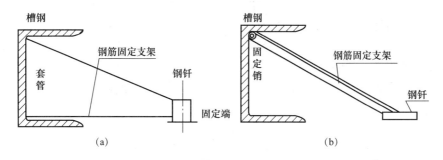

图 4-3-4 (槽)钢模板焊接钢筋或角钢固定示意
(a)焊接钢筋固定支架;(b)焊接角钢固定支架

横向施工缝端模板应按设计规定的传力杆直径和间距设置传力杆插入孔和定位套管,两边缘传力杆到自由边距离不宜小于150 mm,每米设置1个垂直固定孔套,工作缝端模侧立面如图4-3-5所示。模板或轨模数量应根据施工进度和施工气温确定,并应满足拆模周期内的周转需要。一般情况下,模板或轨模总量不宜少于3~5 d摊铺的需要。

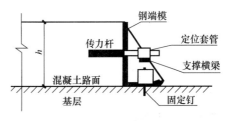

图 4-3-5 工作缝端模侧立面

(2)模板安装。

1)支模。支模前在基层上应进行模板安装及摊铺位置的测量放样,每20 m应设中心桩,每100 m宜布设临时水准点;核对路面标高、面板分块、胀缝和构造物位置。测量放样的质量要求和允许偏差应符合相应规范的规定。纵横曲线路段应采用短模板,每块模板中点应安装在曲线切点上。轨道摊铺应采用长度为3 m的专用钢制轨模,轨模底面宽度宜为高度的80%,轨道用螺栓、垫片固定在模板支座上,模板应使用钢钎与基层固定。轨道顶面应高于模板20~40 mm,轨道中心至模板内侧边缘的距离宜为125 mm,如图4-3-6所示。

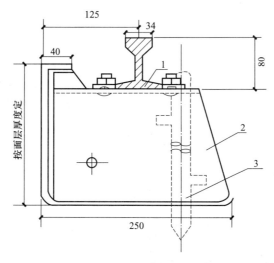

图 4-3-6 轨道模板
1—轨道;2—模板;3—钢钎

模板应安装稳固、顺直、平整，无扭曲，相邻模板连接应紧密、平顺，不得有底部漏浆、前后错槎、高低错台等现象。模板应能承受摊铺、振实、整平设备的负载行进、冲击和振动时不发生位移。严禁在基层上挖槽，嵌入安装模板。模板安装检验合格后，与混凝土拌合物接触的表面应涂脱模剂或隔离剂；接头应粘贴胶带或塑料薄膜等密封。模板安装完毕，应经过测量人员使用与设计板厚相同的测板做全断面检验，其安装精确度应符合表4-3-7的规定。

表4-3-7 模板安装精确度要求

施工方式检测项目			三辊轴机组	小型机具
平面偏位/mm	≤		10	15
摊铺宽度偏差/mm	≤		10	15
面板厚度/mm	≥	代表值	−3	−4
		极值	−6	−8
纵断高程偏差/mm			±5	±10
横坡偏差/%			±1.0	±0.20
相邻板高差/mm	≤		1	2
顶面接槎3 m尺平整度/mm	≤		2，合格率不低于90%	2.5，合格率不低于90%
模板接缝宽度/mm	≤		2	3
侧向垂直度/mm	≤		3	4
纵向顺直度/mm	≤		3	4

2)安装轨模。轨道式摊铺机的整套机械在轨模上前后移动，并以轨模为基准控制路面的高程。摊铺机的轨道与模板同时进行安装，将轨道固定在模板上，然后统一调整定位，形成的轨模既是路面边模又是摊铺机的轨道模板行走轨道，轨道和模板的质量应符合规定要求。模板应能承受机组的质量，横向要有足够的刚度。

安装轨模时必须精确控制高程，做到轨模平直、接头平顺，否则将影响路面的外观质量和摊铺机的行驶性能。

(3)模板拆除及矫正。当混凝土抗压强度不小于8.0 MPa时方可拆模。当缺乏强度实测数据时，边侧模板的允许最早拆模时间宜符合表4-3-8的规定。达不到要求，不能拆除端模时，可空出一块面板，重新起头摊铺，空出的面板待两端均可拆模后再补做。

表4-3-8 混凝土路面板的允许最早拆模时间 h

昼夜平均气温/℃	−5	0	5	10	15	20	25	≥30
硅酸盐水泥、R型水泥	240	120	60	36	34	28	24	18
道路、普通硅酸盐水泥	360	168	72	48	36	30	24	18
矿渣硅酸盐水泥	—	—	120	60	50	45	36	24

注：允许最早拆侧模时间从混凝土面板精整成型后开始计算。

模板拆卸应使用专用工具。拆模不得损坏板边、板角和传力杆、拉杆周围的混凝土，也不得造成传力杆和拉杆松动或变形。模板拆卸宜使用专用拔楔工具，严禁使用大锤强击拆卸模板。

拆下的模板应将黏附的砂浆清除干净，并矫正变形或局部损坏，矫正精度应符合表 4-3-7 模板(加工矫正)允许偏差的要求。

3. 摊铺与振捣

(1)摊铺。轨道式摊铺机有刮板式、箱式和螺旋式三种，摊铺时将卸在基层上或摊铺箱内的混凝土拌合物按摊铺厚度均匀地充满轨道范围内。刮板式摊铺机本身能在轨道上前后自由移动，刮板旋转时将卸在基层上的混凝土拌合物向任意方向摊铺。这种摊铺机质量小，容易操作，使用较普遍，但摊铺能力较小。箱式摊铺机摊铺时，先将混凝土拌合物通过卸料机一次性卸在钢制料箱内，摊铺机向前行驶时料箱内的混合料摊铺于基层上，通过料箱横向移动按松铺厚度准确、均匀地刮平拌合物。螺旋式摊铺机则由可以正向旋转和反向旋转的螺旋布料器将拌合物摊平，螺旋布料器的刮板能准确调整高度。螺旋式摊铺机的摊铺质量优于前述两种摊铺机，摊铺能力较大。

摊铺过程中应严格控制混凝土拌合物的松铺厚度，确保混凝土路面的厚度和标高符合设计要求。一般应通过试铺来确定拌合物的松铺厚度。

(2)振捣。摊铺机摊铺时，振捣机跟在摊铺机后面对拌合物做进一步的整平和捣实。振捣机的一般构造如图 4-3-7 所示。在振捣梁前方设置一道长度与铺筑宽度相同的复平刮梁，用于纠正摊铺机初平的缺陷并使松铺的拌合物在全宽范围内达到正确的高度，复平梁的工作质量对振捣密实度和路面平整度影响很大。复平梁后面是一道弧面振动梁，通过表面子板式振动将振动力传到全宽范围内。

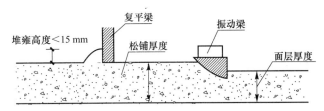

图 4-3-7 振捣机的构造

拌合物的坍落度及集料粒径对振动效果有很大影响，拌合物的坍落度通常不大于 2.5 cm，集料最大粒径控制在 40 mm 以下。当混凝土拌合物的坍落度小于 2 cm 时，应采用插入式振动器对路面板的边部进行振捣，以达到应有的密实度和均匀性。振捣机械的工作行走速度一般控制在 0.8 m/min，但随拌合物坍落度的增减可适当变化，混凝土拌合物坍落度较小时可适当放慢速度。

4. 表面整修

振捣密实的混凝土表面应进行整平、精光、纹理制作等工序的作业，使竣工后的混凝土路面具有良好的路用性能。

(1)表面整平。振捣密实的混凝土表面用能纵向移动或斜向移动的表面整修机整平。纵向表面整修机工作时，整平梁在混凝土表面纵向往返移动，通过机身的移动将混凝土表面整平；斜向表面整修机通过一对与机械行走轴线成 10°左右的整平梁做相对运动来完成整平作业,其中一根整平梁为振动梁。机械整平的速度取决于混凝土的易整修性和机械特性。机械行走的轨模顶面应保持平顺,以便整修机械能顺畅通行。整平时应使整平机械前保持高度为 10～15 cm 的壅料,并使壅料向较高的一侧移动,以保证路面板的平整,防止出现麻面及空洞等缺陷。

(2)精光及纹理制作。精光是对混凝土路面进行最后的精平,使混凝土表面更加致密、平整、美观,此工序是提高混凝土路面外观质量的关键工序之一。混凝土路面整修机配置有完善的精光机械,只要在施工过程中加强质量检查和校核,便可保证精光质量。

在混凝土表面制作纹理,是提高路面抗滑性能的有效措施之一。制作纹理时用纹理制作机在路面上拉毛、压槽或刻纹,纹理深度控制在 1～2 mm 内。在不影响平整度的前提下提高混凝土拉毛的构造深度,可提高表面的抗滑性能。纹理应与路面前进方向垂直,相邻板的纹理应相互沟通以利排水。纹理制作应从混凝土表面无波纹水迹开始,过早或过晚均会影响纹理质量。

5. 接缝施工

(1)胀缝。混凝土连续铺筑过程中施工胀缝时,传力杆和接缝板的固定与安装按图 4-3-8 所示进行。施工时用方木、钢挡板及钢钎固定胀缝板,钢钎的间距为 1 m。在摊铺机前方,先在传力杆范围内铺筑混凝土拌合物,用两个插入式振动器在胀缝两侧 0.5～1.0 m 的范围内对称均匀地捣实。摊铺机摊铺至胀缝两侧各 0.5 m 范围时,将振捣梁提起,拔去钢钎,拆除方木和挡板。留下的空隙用混凝土拌合物填充并用插入式振动器捣实,人工进行粗面,再通过表面整平机进行最终整平。待接缝板以上的混凝土硬化后用锯缝机按接缝板的位置和宽度锯两条缝,凿除接缝板之上的混凝土和临时插入物,然后用填缝料填满。这种施工方法可保证接缝施工质量,胀缝的外观也美观。

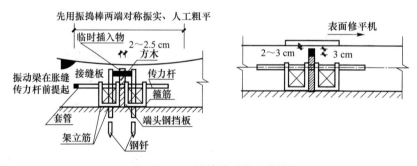

图 4-3-8 连续铺筑时施工胀缝

施工终了时设置胀缝,用方木、钢钎和端头槽钢挡板固定传力杆及接缝板,槽钢挡板上焊接固定传力杆水平位置的钢管(图 4-3-9)。先浇筑传力杆以下的混凝土拌合物,用插入式振动器振捣密实,并注意校正传力杆的位置,然后再摊铺传力杆以上的混凝土拌合物。摊铺机摊铺胀缝另一侧的混凝土时,先拆除端头钢挡板及钢钎,然后按要求铺筑混凝土拌合物。

(2)缩缝。横向缩缝(假缝)一般采用锯缝法。假缝型纵缝应预先用钢筋支架将拉杆固定在基层上或用拉杆置放机在施工时将拉杆置入。假缝顶面的缝槽用锯缝机锯切。纵缝为平缝带拉杆时,应根据设计要求,预先在模板上制作拉杆置放孔,模板内侧涂刷隔离剂。缝槽顶面用锯缝机切割,深度为 3～4 cm,并用填缝料灌缝。

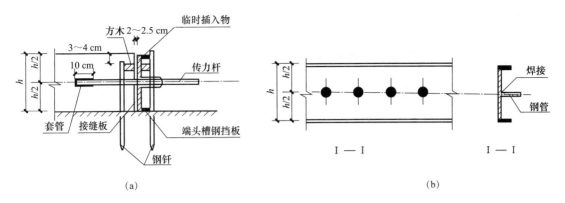

图 4-3-9 施工终了时施工胀缝
(a)传力杆固定装置；(b)端头槽钢挡板

（四）三辊轴机组与小型机具摊铺水泥混凝土路面施工的工艺流程及操作方法

1．一般规定

(1)三辊轴机组铺筑工艺可用于二级及二级以下公路的水泥混凝土路面面层、桥面和隧道混凝土面层的施工，也可用于高速、一级公路硬路肩、匝道、收费广场边板、封闭式中央分隔带、弯道超高加宽段硬路肩及局部异形面板等的施工。

小型机具铺筑工艺可用于三、四级公路水泥混凝土面层的施工，不得用于隧道水泥混凝土面层与桥面铺装施工。

(2)三辊轴机组与小型机具两种铺筑工艺的混凝土应集中搅拌。铺筑长度不足10 m时，可使用小型拌合机现场搅拌，严禁人工拌和。

(3)三辊轴机组与小型机具铺筑时，混凝土拌合物的出机与摊铺坍落度应符合工作任务一混凝土拌合物的工作性规定。

(4)三辊轴机组与小型机具铺筑时，应加强各工序之间的衔接，振捣密实与成型饰面所需时间不得超过拌合物初凝时间。

2．水泥混凝土面层三辊轴机组施工

(1)设备选择与配套。

1)三辊轴整平机使用功能应符合下列规定：

①三辊轴整平机应由振动辊、驱动辊和甩浆辊组成，材质应为三根等长度同直径无缝钢管，并具有足够的刚度和耐磨性。三辊轴整平机的技术参数应符合表4-3-9的要求，并应根据面层厚度、拌合物工作性和施工进度等合理选用。

表 4-3-9 三辊轴整平机的技术参数要求

轴直径/mm	轴速/(r·min^{-1})	轴长/m	轴质量/(kg·m^{-1})	行走速度/(m·min^{-1})	整平轴距/mm	振动功率/kW	驱动功率/kW	适宜整平路面厚度/mm
168	300	5~9	65±0.5	13.5	504	7.5	6	200~260
219	380	5~12	77±0.7	13.5	657	17	9	160~240

②三辊轴整平机辊轴长度应比实际铺筑的面层宽度至少长出0.6 m，两端应搭在两侧

模板顶面。

③三辊轴整平机振动辊应有偏心振捣装置,偏心距应由密实成型所需振幅决定,宜为 3 mm。振动辊应安装在整平机前侧,由单独的动力驱动。甩浆辊的转动方向应与铺筑前进方向相反,不振动时可提离模板顶面。

2)三辊轴机组铺筑水泥混凝土面层时,应配备振捣机。振捣机是三辊轴机组的配套设备,应设置在三辊轴整平机前方。振捣棒的振捣频率越高,越能移动和振实混凝土中细小的颗粒;频率越低,越能移动与振实较大的颗粒。

振捣机应符合下列规定:

①振捣机应由机架、行走机构和一排振捣棒组成,并配备螺旋布料器和松方控制刮板,具备自行或推行功能。

②连续式振捣机的振捣棒组宜水平或小角度布置,直径宜为 80~100 mm,振动频率宜为 100~200 Hz,工作长度宜为 400~500 mm,振捣棒之间的间距宜为 350~500 mm。振捣机的移动速度应可调整,调整范围宜为 0.5~2 m/min。当铺筑厚度不大于 200 mm 时,其振动频率宜为 50~60 Hz,振动加速度宜为 $4g$~$5g$(g 为重力加速度)。

③间歇式振捣机的振捣棒可垂直或大角度布置,振捣棒的直径、振动频率、工作长度和间距要求应与连续式振捣机相同。振捣棒每次插入振动的最短时间不应短于 20 s,振捣棒应缓慢抽出后,再移动振捣机,每次移动距离不应超过振捣棒有效作用半径的 1.5 倍,并不宜大于 0.6 m。

(2)三辊轴机组铺筑作业要点。三辊轴机组铺筑水泥混凝土面层时,应按照支模、安装钢筋、布料、振捣、三辊轴整平、精平、养护、刻槽(拉毛)、切缝、填缝的工艺流程进行。支模同轨道摊铺机铺筑水泥混凝土路面施工的技术要求,不再赘述。

1)基层处理:布料前应将基层清扫干净,并洒水润湿。

2)卸料:应有专人指挥车辆均匀卸料。

3)布料及松铺控制:布料应与摊铺速度相适应,不适应时应配备适当的布料机械,纵坡路段宜向上坡方向铺筑。应全断面布料,松铺高度符合要求后,再使用振捣机开始振捣。

应根据铺筑时拌合物的实测坍落度,按照表 4-3-10 初选松铺系数,并根据铺筑效果最终确定。弯道横坡与超高路段的松铺系数,高侧宜取表 4-3-10 中的高值,低侧宜取其低值。

表 4-3-10　不同铺筑坍落度时的拌合物松铺系数

铺筑坍落度/mm	10~30	30~50	50~70
拌合物松铺系数	1.2~1.25	1.15~1.20	1.10~1.15

4)振捣作业:混凝土拌合物布料长度大于 10 m 时,可开始振捣作业。振捣机应匀速缓慢、连续地振捣行进作业。其作业速度以拌合物表面不露粗集料、液化表面不再冒气泡并泛出水泥浆为准。

振捣后的混凝土面层应成为连续均匀的整体,并达到所要求的密实度。振捣机振实后,料位应高于模板顶面 5~15 mm,局部坑洼不得低于模板顶面。过高时应铲除,过低时应及时补料。

5)安装纵缝拉杆:面板振实后,应立即安装纵缝拉杆。当一次铺筑宽度大于 4.5 m 时,纵缝拉杆宜使用预设钢筋支架固定。

横向连接纵缝处的拉杆应在边模板预留孔中插入,并振实粘牢。松动的拉杆应在连接摊铺前重新植牢固。横缝传力杆应采用预制钢筋支架法安装固定,不得手工设置传力杆。

宜使用手持振捣棒专门振实传力杆支架范围内的混凝土。振捣机连续振捣时，振捣棒的深度应位于传力杆顶面以上。

6）三辊轴整平机作业应符合下列规定：

①三辊轴整平机应按作业单元分段整平，作业单元长度宜为10～30 m，施工开始或施工温度较高时，可缩短作业单元长度，最短不宜短于10 m。振捣机振实与三辊轴整平两道工序之间的间隔时间不宜超过15 min。

②在作业单元长度内，三辊轴整平机应采用前进振动、后退静滚方式作业。

③三辊轴整平机整平水泥混凝土面层不同料位高差的滚压遍数，可根据表4-3-11按拌合物坍落度初步设置，并根据试铺效果最终确定。

表 4-3-11　三辊轴整平机整平水泥混凝土面层不同料位高差的滚压遍数参考表

坍落度/mm	料位高差/mm					
	2	4	6	2	4	6
	$L=9$ m, $d=168$ mm, $m=2\,095$ kg			$L=12$ m, $d=219$ mm, $m=3\,800$ kg		
	滚压遍数					
1.5	3	5	8	1	2	2
4.0	2	3	5	1	1	2
6.0	1	2	3	1	1	1

注：1. 前进振动、后退静滚的一次往返，为一遍。
　　2. L 为三辊轴长度，d 为三辊轴直径，m 为三辊轴整机质量

④三辊轴整平机作业时，应处理整平轴前料位的高低情况，过高时应铲除，轴下的间隙应采用混凝土补平。

⑤振动滚压完成后，应升起振动辐，用甩浆辊抛浆整平一遍，再用整平轴前、后静滚整平，直到平整度符合要求、表面砂浆厚度均匀为止。

⑥路面表层砂浆的厚度宜控制为4 mm±1 mm。过厚的稀砂浆应及时刮除丢弃，不得用于路面补平。

⑦三辊轴整平机整平后，应采用3～5 m刮尺，纵、横两个方向精平饰面，纵向不少于3遍，横向不少于2遍。也可采用旋转抹面机密实精平饰面2遍，直到平整度符合要求。

3. 小型机具铺筑水泥混凝土路面施工的工艺流程及操作方法

(1)小型机具配套。小型机具性能应稳定可靠、操作简易、维修方便，机具配套应与工程规模施工进度相适应。

(2)安装模板，支模同轨道摊铺机铺筑水泥混凝土路面施工的技术要求，不再赘述。

(3)钢筋布设。

微课：水泥混凝土路面小型机具施工工艺

1)传力杆的安设。混凝土连续浇筑时胀缝传力杆的做法，常用钢筋支架法。一般是在嵌缝板上预留圆孔以便传力杆穿过，嵌缝板上面设木制或铁制压缝板条；其旁再放一块胀缝模板，按传力杆位置和间距，在胀缝模板下部挖成倒U形槽，使传力杆由此通过。传力杆的两端固定在钢筋支架上，支架脚插入基层内(图4-3-10)。

对于混凝土板浇筑结束时设置的胀缝，宜用顶头木模固定传力杆的安装方法。即在端

模板外侧增设一块定位模板,板上同样按照传力杆间距及杆径钻成孔眼,将传力杆穿过端模板孔眼并直至外侧定位模板孔眼。两模板之间可用传力杆一半长度的横木固定(图 4-3-11)。继续浇筑邻板时,拆除挡板、横木及定位模板,设置胀缝板、木制压缝板条和传力杆套管。

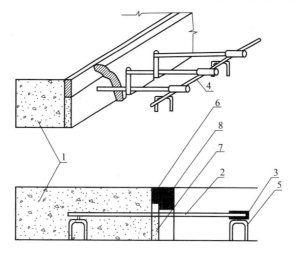

图 4-3-10 胀缝传力杆的架设(钢筋支架法)
1—先浇的混凝土;2—传力杆;3—金属套筒;4—钢筋;
5—支架;6—压缝板条;7—嵌缝板;8—胀缝模板

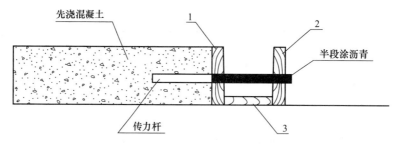

图 4-3-11 胀缝传力杆的架设(顶头模固定法)
1—端头挡板;2—外侧定位模板;3—固定横木

缩缝及横向施工缝处传力杆的安装,可采用预制定位支架固定传力杆的方法(图 4-3-12)。用两根 $\phi 14 \sim 16$ mm,长度短于浇筑的混凝土板宽 10 cm(两端各距离纵向侧模 5 cm)的钢筋,将接缝左右两端的传力杆按照设计位置,用细钢丝逐根绑扎固定。在钢筋下垫用 $\phi 8 \sim 10$ mm 钢筋弯成的支架(支架反向弯脚各长 4 cm,每隔 50 cm 左右垫一支),以支撑并固定传力杆的位置。

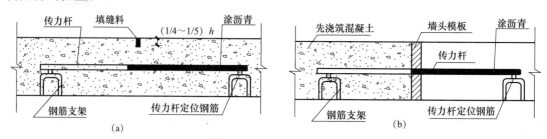

图 4-3-12 预制定位支架固定传力杆
(a)缩缝(假缝);(b)施工缝

2)拉杆的布设。对于平缝处的拉杆，根据设计要求的间距，预先在模板上制作拉杆置放孔。假缝处拉杆的安设，可采用钢筋支架预先固定在基层上。

3)边缘钢筋及角隅钢筋的布设。边缘钢筋通常用预制混凝土垫块垫托，垫块厚度一般以 4 cm 为宜，垫块间距不大于 80 cm。在浇筑混凝土过程中，钢筋中间应保持平直，不得变形挠曲，并防止移位。角隅钢筋应在混凝土浇筑振实至与设计厚度差 5 cm 左右时安放。距离胀缝和板边缘各为 10 cm，平铺就位后，即继续浇筑上部混凝土。

(4)混凝土混合料的拌制与运输。混合料的制备可采用两种方式：在工地由拌合机拌制；在中心工厂集中制备，而后用汽车运送到工地。

在工地制备混合料时，应在拌合站场地上合理布置拌合机和砂石、水泥等材料的堆放地点，力求提高拌合机的生产效率。拌制混凝土时，要准确掌握配合比，特别要严格控制用水量。每天开始拌和前，应根据天气变化情况，测定砂、石材料的含水量，以调整拌和时的实际用水量；每次拌和所用材料应过秤。每一工班应检查材料量配的精确度至少 2 次，每半天检查混合料的坍落度 2 次。

混凝土拌合物每盘的搅拌时间，应根据拌合机的性能和拌合物的和易性确定。搅拌最长时间不得超过拌合物要求的最短搅拌时间的 3 倍。

混凝土拌合物的运输，通常采用手推车或自卸汽车运输。当运距较远时，宜采用搅拌车运输。混凝土混合料必须在初凝前运到摊铺地点，并有足够的摊铺、振实、整平和抹面的时间。混合料的卸料高度不得大于 1.50 m，以免发生离析。炎热干燥、大风或阴雨天气运输时，应加覆盖；冬期施工，运输时应有保温措施。

(5)混凝土的摊铺和振实。摊铺混合料时用铁铲，不得扬撒抛掷，以免混凝土发生离析。在模板附近，需用方铲扣铲法撒铺混合料并插捣几下，使浆水捣出，以免发生空洞、蜂窝现象。

混凝土板厚在 22 cm 以下时，可一次摊铺捣实；厚度超过 22 cm 时，应分两次摊铺，下层摊铺厚度约为总厚度的 3/5(边摊铺边整平边振实)，紧接着摊铺上层。

每仓混凝土的摊铺振实工作应连续进行，不得中途间断。若在初凝时间内被迫临时停工，中断施工的一块混凝土板应用湿麻布覆盖，以防假凝。恢复施工时，应将此处的混凝土耙松补浆后继续浇筑。摊铺时应考虑振实后的下沉量。摊铺时可在模板的顶面加一块厚约 2.5 cm 的木条，以防振动时混合料外溢。可用铁夹子将木条紧夹在模板顶上，随摊铺进度向前移动。

混凝土铺筑到一半厚度后，先采用 2.2 kW(或 3.0 kW)的平板式振动器振捣一遍，然后加高铺筑混凝土到顶，等初步整平后换用 1.2~1.5 kW 的平板式振动器再振捣一遍。振捣时，振动器沿纵向一行一行地由路边向路中移动，每次移动平板时，前后位置的搭头重叠面为 20 cm 左右(约为 1/3 平板宽度)，不得漏振。振动器在每一位置的振动时间，应以拌合物停止下沉，不再冒气泡并泛出水泥砂浆为准，并不宜过振，一般为 15~25 s。凡振捣不到的地方，如模板边缘、传力杆处、窨井及进水口附近等，均改用高频率插入式振动器振捣，振动时应将振捣棒垂直上下缓慢抽动，每次移动间距不得大于作用半径的 1.5 倍。插入式振动器与模板的间距一般为 10 cm。插入式振动器严禁在传力杆上振捣，以免损坏邻板边缘混凝土。经平板式振动器整平后的混凝土表面，应基本平整，无明显的凹凸痕迹。然后用带有振动器的、底面符合路拱横坡的振捣梁，两端搁在侧模上，沿摊铺方向振捣拖平。拖振过程中，多余的混合料将随着振捣梁的拖移而刮去，低陷处则应随时补足。随后，再用直径 75～100 mm 的无缝钢管，两端放在侧模上，沿纵向滚压一遍。

(6)筑做接缝。

1)胀缝。先浇筑胀缝一侧混凝土，取去胀缝模板后，再浇筑另一侧混凝土，钢筋支架浇在混凝土内。压缝板条使用前应涂废机油或其他润滑油，在混凝土振捣后，先抽动一下，而后最迟在终凝前将压缝板条抽出。抽出时为确保两侧混凝土不被扰动，可用木板条压住两侧混凝土，然后轻轻抽出压缝板条，再用铁抹板将两侧混凝土抹平整。缝隙上部浇灌填缝料，留在缝隙下部的嵌缝板是用沥青浸制的软木板制成。

2)横向缩缝，即假缝，可使用下列方法筑做。

①切缝法。在混凝土捣实整平后，利用振捣梁将"T"形振动刀准确地按缩缝位置振出一条槽，随后将铁制压缝板放入，并用原浆修平槽边。当混凝土收浆抹面后，再轻轻取去压缝板，并立即用专门抹子修整缝缘。这种做法要求谨慎操作，以免混凝土结构受到扰动和接缝边缘出现不平整(错台)。

②锯缝法。在结硬的混凝土中用锯缝机(带有金刚石或金刚砂轮锯片)锯割出要求深度的槽口。这种方法可保证缝槽质量和不扰动混凝土结构。但要掌握好锯割时间，过迟会因混凝土过硬而使锯片磨损过大且费工，更主要的是，可能在锯割前混凝土会出现收缩裂缝；过早则因混凝土还未结硬，锯割时槽口边缘易产生剥落。合适的时间视气候条件而定，炎热而多风的天气，或者早晚气温有突变时，混凝土板会产生较大的湿度或温度坡差，使内应力过大而出现裂缝，锯缝在混凝土表面整修后 4 h 即可开始。如天气较冷，一天内气温变化不大时，锯割时间可晚至混凝土表面整修后 12 h 以上。

③纵缝。整幅浇筑纵缝的做法，可采用切缝法或锯缝法。对于平缝、纵缝，在已浇筑混凝土板的缝壁涂刷沥青，并应避免涂在拉杆上。浇筑邻板时，缝的上部应压成规定深度的缝槽。

(7)表面整修与防滑措施。水泥混凝土终凝前必须用人工或机械抹平其表面，使表面磨耗层(2～4 mm 的砂浆层)密实、平整。当用人工抹光时，不仅劳动强度大、功效低，而且会将水分、水泥和细砂带至混凝土表面，致使它比下部混凝土或砂浆有较高的干缩性和较低的强度。而采用机械抹面时可以克服以上缺点。目前，国产的小型电动抹面机有两种装置，即装上圆盘即可进行粗光和装上细抹叶片即可进行精光。在一般情况下，面层表面仅需粗光即可。抹面结束后，有时再用拖光带横向轻轻拖拉几次。

为保证行车安全，混凝土应具有粗糙抗滑的表面。最普通的做法是用棕刷顺横向在抹平后的表面上轻轻刷毛，也可用金属丝梳子梳成深 1～2 mm 的横槽。近年来，国外已采用一种更有效的方法，即在已结硬的路面上，用锯槽机将路面锯割成深为 5～6 mm、宽为 2～3 mm、间距为 20 mm 的小横槽。也可在未结硬的混凝土表面塑压成槽，或压入坚硬的石屑来防滑。

(8)拆模。经养护，当混凝土达到一定强度后，即可拆除模板，拆模时间应能保证混凝土边、角不因拆模而破坏，应根据气温和混凝土强度增长情况而定。一般在养护期满后即可进行填缝。

(五)面层接缝的设置

1. 接缝的设置

由于气候温度和湿度的变化，会使板体产生膨胀和收缩，普通水泥混凝土、钢筋混凝土、碾压混凝土和钢纤维混凝土面层板的平面布局宜采用矩形分块,设纵向接缝和横向接缝,纵向和横向接缝应垂直相交,纵缝两侧的横缝不得相互错位。

纵向接缝的间距(即板宽)宜在 3.0～4.5 m 范围内选用;横向接缝的间距(即板长)应按面层类型和厚度选定,普通水泥混凝土面层板长宜为 4～6 m,面层板的长宽比不宜超过 1.35,平面面积不宜大于 25 m²。碾压混凝土或钢纤维混凝土面层板长宜为 6～10 m;钢筋混凝土面层板长宜为 6～15 m,面层板的长宽比不宜超过 2.5,平面面积不宜大于 45 m²。

接缝可设置为胀缝、缩缝(假缝)与施工缝。胀缝是防止水泥混凝土垫层在气温升高时在缩缝边缘产生挤碎或拱起而设置的伸胀缝。缩缝(假缝)是在整体路面切割一条缝,当混凝土受冷收缩时拉开切割的缝隙而不在内部产生拉应力。当一次铺筑宽度小于路面和硬路肩总宽度时,应设纵向施工缝。每日施工结束或因临时原因中断施工时,必须设置横向施工缝。

在中、轻交通荷载等级水泥混凝土面层上,临近胀缝、自由端、收费站广场等局部缩缝的传力杆设置应使用前置钢筋支架法。不得采用设置精度不满足要求的方式设置传力杆。角隅部位的传力杆与拉杆交叉时,应取消交叉部位拉杆,保留传力杆。

微课:水泥混凝土路面接缝的设置

2. 纵缝施工

(1)纵向接缝的布设。纵向接缝的布设应视路面总宽度、行车道及硬路肩宽度及施工铺筑宽度而定。

1)一次铺筑宽度小于路面宽度时,应设置纵向施工缝。纵向施工缝应采用设拉杆平缝形式,上部应锯切槽口,深度宜为 30～40 mm,宽度宜为 3～8 mm,槽内应灌塞填缝料。其构造如图 4-3-13(a)所示。

2)一次铺筑宽度大于 4.5 m 时,应设置纵向缩缝。纵向缩缝应采用设拉杆假缝形式,锯切的槽口深度应大于施工缝的槽口深度。采用粒料基层时,槽口深度应为板厚的 1/3;采用半刚性基层时,槽口深度应为板厚的 2/5。其构造如图 4-3-13(b)所示。

3)碾压混凝土面层一次摊铺宽度大于 7.5 m 时,应设置纵向缩缝,缩缝构造如图 4-3-13(b)所示;钢纤维混凝土面层在摊铺宽度小于 7.5 m 时,可不设纵向缩缝。

4)行车道路面与混凝土硬路肩之间的纵向接缝必须设置拉杆。

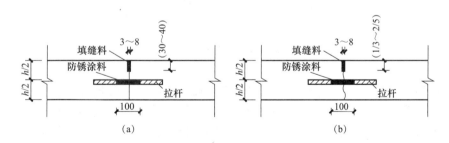

图 4-3-13 纵缝构造

(a)纵向施工缝;(b)纵向缩缝

5)拉杆应采用螺纹钢筋,设在板厚中央,并应对拉杆中部 100 mm 范围内进行防锈处理。施工布设时,拉杆间距应根据横向接缝的实际位置予以调整,最外侧的拉杆距横向接缝的距离不得小于 100 mm。

6)纵缝应与路线中线平行。在路面等宽的路段内或路面变宽路段的等宽部分,纵缝的间距和形式应保持一致。路面变宽段的加宽部分与等宽部分之间,应以纵向施工缝隔开。加宽板在变宽段起、终点处的宽度不应小于1m。

(2)纵向缩缝施工。水泥混凝土面层纵向缩缝施工应符合下列规定:

1)采用滑模摊铺机施工时,纵向施工缝的拉杆宜采用支架法安设,也可采用侧向拉杆液压装置一次推入。

2)采用固定模板施工时,应从侧模预留孔中插入拉杆并振实。插入的侧向拉杆应牢固,避免松动和漏插。拉杆握裹强度应实测,不满足规定要求时应钻孔重新设置拉杆。

3. 横缝施工

(1)横向施工缝。每天摊铺结束或摊铺中断时间超过30 min时,应设置横向施工缝。横向施工缝在缩缝处可采用平缝加传力杆型,其构造如图4-3-14所示。横向施工缝与胀缝重合时,应按胀缝施工,其构造如图4-3-15所示,胀缝两侧补强钢筋笼宜分两次安装。

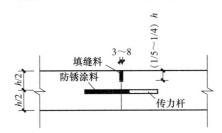

图4-3-14 横向施工缝构造

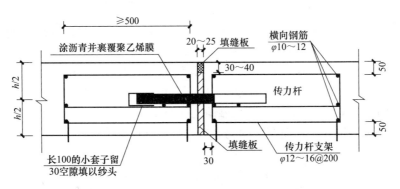

图4-3-15 胀缝构造

(2)横向缩缝。横向缩缝可等间距或变间距布置,应采用假缝形式。极重、特重和重交通荷载公路的横向缩缝,中等和轻交通荷载公路邻近胀缝或自由端部的三条横向缩缝,收费广场的横向缩缝,应采用设传力杆的假缝形式,其构造如图4-3-16(a)所示。其他情况可采用不设传力杆的假缝形式,其构造如图4-3-16(b)所示。传力杆的设置不应妨碍相邻混凝土板的自由伸缩,钢筋表面应做防锈处理。

横向缩缝顶部应锯切槽口,设置传力杆时槽口深度宜为面层厚度的1/4~1/3,不设置传力杆时槽口深度宜为面层厚度的1/5~1/4。槽口宽度应根据施工条件、填缝料性能等因素而定,宽度宜为3~8 mm,槽内应填塞填缝料。二级及二级以下公路的槽口可一次锯切成型。高速和一级公路槽口宜二次锯切成型,在第一次锯切缝的上部宜增设宽7~10 mm的浅槽口,槽口下部应设置背衬垫条,上部应用填缝料灌填,其构造如图4-3-17所示。

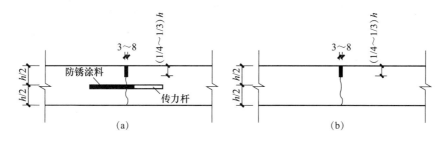

图 4-3-16　横向缩缝构造

(a)设传力杆假缝型；(b)不设传力杆假缝型

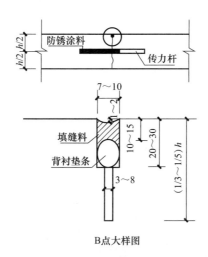

B点大样图

图 4-3-17　二次锯切槽口构造

4. 胀缝施工

胀缝板应与路中心线垂直，并连续贯通整个面板宽度，缝中完全不连浆。高温期施工时，顺直路段中可根据设计要求减少胀缝的设置；春、秋期施工，两端构造物间距大于 500 m 时，宜在顺直路段中间设一道或若干道胀缝；低温期施工，两端构造物间距大于 350 m 时，宜设置顺直路段胀缝。

普通混凝土路面的胀缝应设置胀缝补强钢筋支架、胀缝板和传力杆，胀缝构造如图 4-3-15 所示。钢筋混凝土和钢纤维混凝土路面可不设钢筋支架。胀缝宽为 20～25 mm，使用沥青或塑料薄膜滑动封闭层时，胀缝板及填缝宽度宜加宽到为 25～30 mm。传力杆一半以上长度的表面应涂防粘涂层，端部应戴活动套帽，缝壁垂直，缝隙宽度一致。

胀缝施工应符合下列规定：

（1）采用前置钢筋支架法施工时，应预先准确安装和固定胀缝钢筋支架，并使用手持振捣棒振实胀缝板两侧的混凝土后，再摊铺。也可采用预留两块面板的方法，在气温接近年平均气温时再封铺。

（2）应在混凝土未硬化时，剔除胀缝板上部的混凝土，嵌入(20～25 mm)×20 mm 的木条，整平表面。填缝前，应剔除木条，再粘胀缝多孔橡胶条或填缝。

（3）胀缝板应连续完整，胀缝板两侧的混凝土不得相连。

拉杆、胀缝板、传力杆及其套帽设置精度应符合表 4-3-12 的要求。

表 4-3-12 拉杆、胀缝板、传力杆及其套帽设置精度

项目	允许偏差/mm	测量位置
传力杆端上下左右偏斜	10	在传力杆两端测量
传力杆深度及左右位置偏差	20	以板面为基准测量
传力杆沿路面纵向前后偏位	30	以缝中心线为准
拉杆端及在板中上下左右偏差	20	杆两端和板面测量
拉杆沿路面纵向前后偏位	30	纵向测量
胀缝传力杆套帽偏差（长度≥100 mm）	10	以封堵帽端起测
胀缝板倾斜偏差	20	以板底为准
胀缝板的弯曲和位移偏差	10	以缝中心线为准

5. 缩缝施工

缩缝的切缝应根据当地昼夜温差，参照表 4-3-13 选用适宜的切缝方式、时间与深度，切缝时间应以切缝时不啃边为开始切缝的最佳时机，并以铺筑第二天及施工初期无断板为控制原则。

表 4-3-13 当地昼夜温差与缩缝适宜切缝方式、时间与深度参考表

昼夜温差①/℃	缩缝切缝方式与时间②	缩缝切割深度
<10	硬切缝：切缝时机以切缝时不啃边即可开始，纵缝可略晚于横缝，所有纵、横缩缝最晚切缝时间均不得超过 24 h	缝中无拉杆、传力杆时，深度 1/4～1/3 板厚，最浅 60 mm；缝中有拉杆、传力杆时，深度为 1/3～2/5 板厚，最浅 80 mm
10～15	软硬结合切缝：每隔 1～2 条提前软切缝，其余用硬切缝补切	硬切缝深度同上。软切深度不应小于 60 mm；不足者应硬切补深到 1/3 板厚，已断开的缝不补切
>15	软切缝：抗压强度为 1～1.5 MPa，人可行走时开始软切。软切缝时间不应超过 6 h	软切缝深度不应小于 60 mm，未断开的接缝，应硬切补深到≥2/5 板厚

注：①当降雨、刮风引起路面温度骤降时，应提早软切缝或硬切缝。
②三种切缝方式均应冲洗干净切缝泥浆，并恢复表面养护覆盖

分幅铺筑面层时，应在先摊铺的混凝土板已断开的横缩缝处做标记。后摊铺面层上应对齐已断开的横缩缝采用软切缝的工艺，提前切缝。钢筋混凝土面层的切缝不得切到钢筋。各种纤维混凝土面层软切缝时，不得抽出纤维，刮伤边角。

6. 灌缝施工

混凝土板养护期满后，应及时灌缝。灌缝前应清洁接缝。清洁接缝宜采用清缝机清除接缝中夹杂的砂石、凝结的泥浆等杂物。灌缝前，缝内及缝壁应清洁、干燥，以擦不出水、泥浆或灰尘为可灌缝标准。缩缝灌缝应符合下列规定：

（1）灌缝时，应先按设计嵌入直径 9～12 mm 的多孔泡沫塑料背衬条或橡胶条。

(2)用双组分或多组分常温填缝料时,应准确按比例将几种原材料混拌均匀后灌缝,每次准备量不宜超过1 h,且不应超过材料规定的操作时间。

(3)使用热石油沥青、改性沥青或橡胶沥青灌缝时,应加热融化至易于灌缝温度,搅拌均匀并保温灌缝。

(4)灌缝应饱满、均匀、厚度一致并连续贯通,填缝料不得缺失、开裂和渗水。

(5)高温期灌缝时,顶面应与板面刮齐平;一般气温时,应填刮为凹液面形,中心宜低于板面3 mm。水泥混凝土路面缩缝的灌缝形状系数宜为1.5,钢筋混凝土、连续配筋混凝土面层、过渡板、搭板与桥面的灌缝形状系数宜为1.0。常温施工式填缝料的养护期,低温期宜为24 h,高温期宜为10 h。加热施工式填缝料的养护期,低温期宜为2 h,高温期宜为6 h。在灌缝料固化期间应封闭交通。

胀缝填缝前,应凿除胀缝板顶部临时嵌入的木条并清理干净,涂胶粘剂后,嵌入专用多孔橡胶条或灌进适宜填缝料。当胀缝宽度与多孔橡胶条宽度不一致或有啃边、掉角等现象时,应采用灌料填缝,不得采用多孔橡胶条填缝。

(六)抗滑构造施工

1. 抗滑构造技术要求

各交通等级混凝土面层竣工时的表面抗滑技术要求应符合规范要求。构造深度应均匀,不损坏构造边棱,耐磨抗冻,不影响路面和桥面的平整度。

微课:水泥混凝土路面抗滑构造施工和养生

2. 抗滑构造施工

摊铺完毕或精整平表面后,宜使用钢支架拖挂1~3层叠合麻布、帆布等布片拖出。布片接触路面的长度以0.7~1.5 m为宜,细度模数较大的粗砂,接触长度取小值;细度模数较小的细砂,接触长度宜取大值。人工修整表面时,宜使用木抹。用钢抹修整过的光面,必须再拉毛处理,以恢复细观抗滑构造。

当日施工进度超过500 m时,抗滑沟槽制作宜选用拉毛机械施工,没有拉毛机时,可采用人工拉槽方式。在混凝土表面泌水完毕20~30 min内应及时进行拉槽。拉槽深度应为2~4 mm,槽宽为3~5 mm,槽间距为15~25 mm。可施工等间距或非等间距抗滑槽,为减小噪声,宜采用后者。衔接间距应保持一致。

特重和重交通混凝土路面宜采用硬刻槽,凡使用圆盘、叶片式抹面机精平后的混凝土路面、钢纤维混凝土路面,必须采用硬刻槽方式制作抗滑沟槽。可采用等间距刻槽,其几何尺寸与上款相同;为降低噪声宜采用非等间距刻槽,尺寸宜为:槽深3~5 mm,槽宽3 mm,槽间距在12~24 mm范围内随机调整。路面结冰地区,硬刻槽的形状宜使用上宽6 mm下窄3 mm的梯形槽;硬刻槽机质量宜重不宜轻,一次刻槽最小宽度不应小于500 mm,硬刻槽时不应掉边角,也不得中途抬起或改变方向,并保证硬刻槽到面板边缘。抗压强度达到40%后可开始硬刻槽,并宜在两周内完成。硬刻槽后应立即将路面冲洗干净,并恢复路面的养护。

一般路段可采用横向槽或纵向槽,在弯道或要求减噪的路段宜使用纵向槽。

年降雨量小于250 mm地区的各级公路混凝土路面,可不拉毛和刻槽;年降雨量为250~500 mm的地区,当组合坡度小于3‰时,可不拉毛与刻槽。高寒和寒冷地区混凝土路面的停车带边板和收费站广场,可不制作抗滑沟槽。

新建路面或旧路面抗滑构造不满足要求时，可采用硬刻槽或喷砂打毛等方法加以恢复。

(七)水泥混凝土路面的养护

水泥混凝土路面铺筑完成或软作抗滑构造完毕后应立即开始养护。机械摊铺的各种水泥混凝土路面、桥面及搭板宜采用喷洒养护剂同时保湿覆盖的方式养护。

水泥混凝土路面采用喷洒养护剂养护时，喷洒应均匀、成膜厚度应足以形成完全密闭水分的薄膜，喷洒后的表面不得有颜色差异。喷洒时间宜在表面混凝土泌水完毕后进行。喷洒高度宜控制在 0.1～0.3 m。使用一级品养护剂时，最小喷洒剂量不得少于 0.30 kg/m²；合格品的最小喷洒剂量不得少于 0.35 kg/m²。不得使用易被雨水冲刷掉的和对混凝土强度、表面耐磨性有影响的养护剂。当喷洒一种养护剂达不到 90% 以上有效保水率要求时，可采用两种养护剂各喷洒一层或喷一层养护剂再加覆盖的方法。

覆盖塑料薄膜养护的初始时间，以不压坏细观抗滑构造为准。薄膜厚度(韧度)应合适，宽度应大于覆盖面 600 mm。两条薄膜对接时，搭接宽度不应小于 400 mm，养护期间应始终保持薄膜完整盖满。宜使用保湿膜、土工毡、土工布、麻袋、草袋、草帘等覆盖物保湿养护并及时洒水，保持混凝土表面始终处于潮湿状态，并由此确定每天的洒水遍数。图 4-3-18 为使用保湿膜进行水泥混凝土路面的养护。

图 4-3-18　保湿膜养护

昼夜温差大于 10 ℃ 以上的地区或日平均温度小于等于 5 ℃ 施工的混凝土路面应采取保温保湿养护措施。

养护时间应根据混凝土弯拉强度增长情况而定，不宜小于设计弯拉强度的 80%，应特别注重前 7 d 的保湿(温)养护。一般养护天数宜为 14～21 d，高温天不宜少于 14 d，低温天不宜少于 21 d。掺粉煤灰的混凝土路面，最短养护时间不宜少于 28 d，低温天应适当延长。

混凝土板养护初期，严禁人、畜、车辆通行；在达到设计强度 40% 后，行人方可通行。在路面养护期间，平交道口应搭建临时便桥。面板达到设计弯拉强度后，方可开放交通。

(八)水泥混凝土路面施工安全、环保措施

1. 一般规定

应根据机械化施工特点,做好安全生产工作。施工前,施工单位应对员工进行安全生产教育,树立安全第一的思想,落实安全生产责任制度。

微课:水泥混凝土
路面施工安全
环保措施和质检

路面施工期间应加强施工环保的教育,增强环保意识,并加强施工场地环境卫生。

2. 安全生产

(1)施工安全。施工过程中,应制定拌合楼、发电(机)站、运输车、滑模摊铺机、轨道摊铺机、沥青摊铺机、三辊轴机组等大型机械设备及其辅助机械(具)的安全操作规程,并在施工中严格实行。

在拌合楼的拌合锅内清理黏结混凝土时,对无电视监控的拌合楼,必须有两人以上方可进行,一人清理,一人值守操作台;对有电视监控的拌合楼,必须打开电视监控系统,关闭主电机电源,并在主开关上挂警示牌。拌合楼机械上料时,在铲斗及拉铲活动范围内,人员不得逗留和通过。运输车辆应鸣笛倒退,并有人指挥和查看车后。

施工中,布料机、滑模摊铺机、轨道摊铺机、沥青摊铺机、三辊轴机组、拉毛养护机等机械设备严禁非操作人员登机。夜间施工,在布料机、摊铺机、拉毛养护机上均应有照明设备和明显的示警标志。施工中严禁所有机械设备的机手擅离操作台,严禁用手或工具触碰正在运转的机件。

(2)交通安全。施工现场必须做好交通安全工作。交通繁忙的路口应设立标志,并有专人指挥。夜间施工,路口、模板及基准线桩附近应设置警示灯或反光标志,专人管理灯光照明。

摊铺机械停放在通车道路上,周围必须设置明显的安全标志,正对行车方向应提前200 m引导车辆转向,夜间应以红灯示警。

(3)其他。施工机电设备应有专人负责保养、维修和看管,施工现场的电机、电线、电缆应尽量放置在无车辆、人、畜通行部位,确保用电安全。

现场操作人员必须按规定佩戴防护用具。使用有毒、易燃的燃料,填缝料,外加剂,水泥或粉煤灰时,其防毒、防火、防尘等应按有关规定严格执行。

所有施工机械、电力、燃料、动力等的操作部位,严禁吸烟和有任何明火。摊铺机、拌合楼、储油站、发电站、配电站等重要施工设备上应配备消防设施,确保防火安全。

停工或夜间必须有专人值班保卫,严防原材料、机械、机具及零件等失窃。

3. 施工环境保护

拌合站、生活区、路面施工段应经常清理环境卫生,排除积水,并及时整治运输道路和停车场地,做到文明施工。搅拌场原材料和施工现场临时堆放的材料均应分类、有序堆放。施工现场的钢筋、工具、机械设备等应摆放整齐。

污染物处理排放应符合下列规定:

(1)拌合楼、运输车辆和摊铺机的清洗污水不得随处排放;每台拌合楼宜设置清洗污水的沉淀池或净化设备,车辆应在有污水沉淀或净化设备的清洗场进行清洗。

(2)废弃的水泥混凝土、基层残渣和所有机械设备的修理残渣以及油污等废弃物应分类集中堆放或掩埋。

(九)水泥混凝土路面施工质量检查与验收

施工质量的控制、管理与检查应贯穿整个施工过程,应对每个施工环节严格控制把关,对出现的问题,立即进行纠正,甚至停工整顿。

各级公路各种混凝土路面铺筑方式的施工均应建立健全质量检测、管理和保证体系,应按铺筑进度做出质检仪器和人员数量动态计划。施工中应按计划落实质检仪器和人员,对施工各阶段的各项质量指标应做到及时检查、控制和评定,以达到所规定的质量标准,确保施工质量及其稳定性。

施工全过程的质量动态检测、控制和管理内容应包括施工准备、铺筑试验路段和施工过程中的各项技术指标的检验,出现施工技术问题的报告、论证和解决等。

1. 铺筑试验路段

二级及其以上公路混凝土路面工程,使用滑模、轨道、碾压、三辊轴机组机械施工时,在正式摊铺混凝土路面前,必须铺筑试验路段。试验路段长度不应短于200 m,高速公路、一级公路宜在主线路面以外进行试铺。路面厚度、摊铺宽度、接缝设置、钢筋设置等均应与实际工程相同。

试验路段分为试拌及试铺两个阶段,通过试验路段应达到下述目的:

(1)通过试拌检验拌合楼性能及确定合理搅拌工艺,检验适宜摊铺的拌合楼拌和参数,如上料速度、拌和容量、搅拌均匀所需时间、新拌混凝土坍落度、振动黏度系数、含气量、泌水性、VC值和生产使用的混凝土配合比等。

(2)通过试铺检验主要机械的性能和生产能力,检验辅助施工机械组配合理性,检验路面摊铺工艺和质量、模板架设固定方式或基准线设置方式、摊铺机械(具)的适宜工作参数,包括松铺高度、摊铺速度、振捣时间与频率、滚压遍数、碾压遍数、压实度、中间和侧向拉杆置入情况等整套施工工艺流程。

(3)使工程技术及工作人员熟悉并掌握各自的操作要领。

(4)按施工工艺要求检验施工组织形式和人员编制。

(5)建立混凝土原材料、拌合物、路面铺筑全套技术性能检验程序,熟悉检验方法。

(6)检验通信联络和生产调度指挥系统。

试铺中,施工人员应认真做好纪录,监理工程师或质监部门应监督检查试验路段的施工质量,及时与施工单位商定并解决问题。试验路段铺筑后,施工单位应提出试验路段总结报告,上报监理工程师和业主批复,取得正式开工认可。

2. 施工质量管理与检查

(1)施工中的质量管理。必须得到开工令后,方可开工。施工单位应随时对施工质量进行自检。原材料、拌合物应符合规范有关规定;混凝土路面应按表4-3-14的规定进行检验。当施工、监理、监督人员发现异常情况时,应加大检测频率,找出原因,及时处理。高速公路、一级公路应利用计算机实行动态质量管理。

每台拌合楼所生产的拌合物,除应满足所用施工机械的摊铺要求外,还应着重控制拌合物的匀质性和各质量参数的稳定性。现场混凝土路面铺筑的关键设备如摊铺机、压路机、布料机、三辊轴整平机、刻槽机、切缝机等的操作应规范稳定。

(2)混凝土路面平整度、弯拉强度和板厚三大关键质量指标的自检要求应符合表 4-3-14 的规定。

表 4-3-14 混凝土路面的检验项目、方法和频率

项次	检查项目		质量标准		检查方法和频率	
			高速公路、一级公路	其他公路	高速公路、一级公路	其他公路
1	弯拉强度	标准小梁弯拉强度/MPa	按《公路水泥混凝土路面施工技术细则》(JTG/T F30—2014)附录 H 评定		每班留 2~4 组试件,日进度<500 m 留 2 组;≥500 m 留 3 组;≥1 000 m 留 4 组,测 f_{cb}、f_{min}、c_v^b。	每班留 1~3 组试件,日进度<500 m 留 1 组;≥500 m 留 2 组;≥1 000 m 留 3 组,测 f_{cb}、f_{min}、c_v^b
		路面钻芯劈裂强度换算弯拉强度/MPa			每车道每 3 km 钻取 1 个芯样,单独施工硬路肩为 1 个车道,测算 f_{cb}、f_{min}、c_v^b	每车道每 2 km 钻取 1 个芯样,单独施工硬路肩为 1 个车道,测算 f_{cb}、f_{min}、c_v^b
2	板厚度/mm		平均值≥-5;极值≥-15;c_v 值符合设计规定		路面摊铺宽度内每 100 m 左右各 2 处,连接摊铺每 100 m 单边 1 处	路面摊铺宽度内每 100 m 左右各 1 处,连接摊铺每 100 m 单边 1 处
3	纵向平整度动态平整度/mm		≤1.32	≤2.00	车载平整度检测仪:所有车道连续检测	
	IRI/(m·km⁻¹)		≤2.20	≤3.30		
	纵向平整度 3 m 直尺最大间隙 Δh/mm(合格率应≥90%)		≤3	≤5	每半幅车道 100 m 测 2 处,每处 10 尺	每半幅车道 200 m 测 2 处,每处 10 尺
4	抗滑构造深度 TD/mm	一般路段	0.7~1.1	0.5~0.9	铺砂法:每车道及硬路肩每 200 m 测 2 处	每车道每 200 m 测 1 处
		特殊路段	0.8~1.2	0.6~1.0		
5	相邻板高差		2	3	尺测:每 200 m 纵横缝 2 条,每条 3 处	尺测:每 200 m 纵横缝 2 条,每条 2 处
6	连接摊铺纵缝高差/mm ≤	平均值	3	5	尺测:每 200 m 纵向工作缝,每条 3 处,每处间隔 2 m 测 3 尺,共 9 尺	尺测:每 200 m 纵向工作缝,每条 2 处,每处间隔 2 m 测 3 尺,共 6 尺
		极值	5	7		
7	接缝顺直度/mm ≤		10		20 m 拉线测:每 200 m 测 6 条	20 m 拉线测:每 200 m 测 4 条
8	中线平面偏位/mm ≤		20		经纬仪:每 200 m 测 6 点	经纬仪:每 200 m 测 4 点
9	路面宽度/mm ≤		±20		尺测:每 200 m 测 6 处	尺测:每 200 m 测 4 处
10	纵断高程	平均值	±5	±10	水准仪:每 200 m 测 6 点	水准仪:每 200 m 测 4 点
		极值	±10	±15		

续表

项次	检查项目		质量标准		检查方法和频率	
			高速公路、一级公路	其他公路	高速公路、一级公路	其他公路
11	横坡度/%		±0.15	±0.25	水准仪：每200 m测6个断面	水准仪：每200 m测4个断面
12	路缘石顺直度和高度/mm ≤		20	20	20 m拉线测：每200 m测4处	20 m拉线测：每200 m测2处
13	灌缝饱满度/mm ≤		2	3	测针加尺测：每200 m接缝测6处	测针加尺测：每200 m接缝测4处
14	最浅切缝深度/mm ≥	缝中有杆	80	80	尺测：每200 m测6处	尺测：每200 m测4处
		缝中无杆	60	60		
15	断板率/% ≤		0.2	0.4	数断板面板块数占总块数比例	数断板面板块数占总块数比例
16	断角率/% ≤		0.1	0.2	数断角板块数占总块数比例	数断角板块数占总块数比例
17	破损率/% ≤		0.2	0.3	尺测面积：计算破损面积与板块面积百分率	尺测面积：计算破损面积与板块面积百分率
18	路表面和接缝缺陷		不应有	不应有	每块面板坑穴、鼓包和每条接缝啃边、掉角及填缝料缺失、开裂	每块面板坑穴、鼓包和每条接缝啃边、掉角及填缝料缺失、开裂
19	胀缝板倾斜/mm ≤		20	25	垂线加尺测：每块胀缝板两侧	垂线加尺测：每块胀缝板两侧
	胀缝板弯曲和位移/mm ≤		10	15	拉线加尺测：每块胀缝板3处	拉线加尺测：每块胀缝板3处
	胀缝板连浆/mm		不允许	不允许	每块胀缝板安装前检查	每块胀缝板安装前检查
20	传力杆偏斜/mm ≤		10	13	钢筋保护层仪：每车道每千米4条缩缝，每条测1根	钢筋保护层仪：测设传力杆缩缝1条，每条测3根

注：1. 用3 m直尺检测平整度作为施工过程中质量控制检测项目；用平整度仪检测动态平整度作为二级及二级以上公路交工验收时工程质量的评定依据。平整度合格标准应符合本表的规定。

2. 应从拌合楼生产的拌合物中随机取样，并按《公路工程水泥及水泥混凝土试验规程》（JTG E30—2005）规定的标准方法检测混凝土路面弯拉强度，检测频率宜符合本表的规定；弯拉强度应采用三参数评价：平均弯拉强度合格值、最小值和统计变异系数。各级公路弯拉强度合格标准规定及统计变异系数应符合有关规定。检测小梁弯拉强度后的断块宜测抗压强度，作为混凝土强度等级的参考。

3. 应在面层摊铺前通过基准线或模板严格控制板厚，检验标准为：行车道横坡低侧面板厚度和厚度平均值两项指标均应满足设计厚度允许偏差。同时，板厚统计变异系数应符合设计规定

(3)在混凝土路面铺筑过程中，路面各技术指标的质量检验评定标准应符合规范规定。

(4)施工单位的质检结果应按表4-3-14的规定,以1 km为单位进行整理。对于滑模、轨道、碾压和三辊轴机组机械铺筑混凝土路面的关键工序宜拍摄照片或进行录像,作为现场记录保存。

3. 特殊气候条件下的施工

水泥混凝土路面施工质量受环境气候影响很大,在高温、低温季节及雨期施工应考虑其特殊性,为确保工程质量应严格执行《公路水泥混凝土路面施工技术细则》(JTG/T F30—2014)中特殊气候条件下的施工规定。

4. 交工质量检查验收

(1)水泥混凝土路面完工后,施工单位应提交全线检测结果、施工总结报告及全部原始记录等齐全资料,申请交工验收。

(2)质量问题处理。

1)路面混凝土弯拉强度应采用小梁标准试件和路面钻芯取样圆柱体劈裂强度折算的弯拉强度综合评定。当弯拉强度不足时,每千米每车道应取3个以上芯样。二级及二级以下路面混凝土弯拉强度可按式(4-3-1)或式(4-3-2)计算,满足则可通过;不满足时应通过试验得到各自工程的统计公式,试验组数不宜小于10组。

石灰岩、花岗岩碎石混凝土:

$$f_c = 1.868 f_{sp}^{0.871} \tag{4-3-1}$$

式中 f_c——混凝土标准小梁弯拉强度(MPa);

f_{sp}——混凝土直径150 mm圆柱体的劈裂强度(MPa)。

玄武岩碎石混凝土:

$$f_c = 3.035 f_{sp}^{0.423} \tag{4-3-2}$$

高速公路、一级公路应通过试验得到各自工程的统计公式,试验组数不宜小于15组。

2)平整度不合格的部位应进行处理,并刻槽恢复抗滑构造。

3)板厚不足时,应判明区段,返工重铺。

5. 工程施工总结

施工单位应根据国家竣工文件编制规定,提出施工总结报告、质量测试报告或采用新材料新技术研究报告,连同竣工图表,形成完整的施工资料档案。

施工总结报告应包括工程概况、设计图样及变更、基层、原材料、施工组织、机械及人员配备、施工工艺、进度、工程质量评价、工程预决算等。

施工质量管理与测试报告应包括施工组织设计、质量保证体系、试验路段铺筑报告、施工质量达到或超过现行规范规定情况、原材料和混凝土检测结果、施工中路面质量自检结果、交工复测结果、工程质量评价、原始记录相册和录像资料等。首次采用滑模、轨道施工或首次铺筑钢筋混凝土路面、钢纤维混凝土路面等路面结构时,应同时提交试验总结报告。

复习思考题

1. 简述水泥混凝土路面的优点、缺点。

2. 简述水泥混凝土路面施工工艺流程。
3. 简述水泥混凝土拌合物的技术要求。
4. 混凝土拌合物的运输应满足怎样的技术要求?
5. 简述滑模机械铺筑水泥混凝土路面施工的工艺流程及操作方法。
6. 简述轨道摊铺机铺筑水泥混凝土路面施工的工艺流程及操作方法。
7. 简述水泥混凝土路面施工模板安装注意事项。
8. 简述小型机具铺筑水泥混凝土路面施工的工艺流程及操作方法。

附录一 水泥稳定碎石基层大厚度施工工艺

在相关规范中,对基层施工厚度都有一定限制,压实厚度在 20 cm 左右。当厚度较大时,为了保证质量必须根据实际情况进行分层施工。但分为上、下层施工时,若其上、下层的连接处处理不好,不能形成一个整体,将对其整体性造成非常大的不利影响,进而埋下质量隐患,形成沥青路面的车辙、"搓板"及水泥混凝土路面的断板等质量病害。因此,若有相应的大功率摊铺设备及足够的碾压设备,即能在保证工程质量的前提下,采取一层铺筑成型施工使整体质量得到很大的提高。编者有幸参与了国道主干线贵阳绕城公路西南段第十三合同段(路面工程)的施工,该标段水泥稳定碎石基层厚 36 cm。根据以往经验,该基层应采用二层摊铺,但该项目采用的是一层铺筑成型。能够做到一层铺筑成型主要是因为采用了大吨位组合机械(DT1600 型摊铺机摊铺、YZ18 振动压路机初压、YZ32 液压传动超重吨位超大激振力压路机复压、YZ18 振动压路机终压)施工,采取一层摊铺成型,并且施工效果不亚于分层摊铺。事实证明,此种组合机械施工取得了圆满成功。其施工工艺如下。

(一)水泥稳定碎石基层施工工序

施工准备→施工放样→准备下承层→集中拌和混合料→运输→摊铺混合料→碾压→接缝处理→养护→验收。

(二)水泥稳定碎石基层试验

该段基层料由 K14+700 料场提供,通过筛分系统使砂和碎石分开堆放。质检部严格按照路面基层规范要求进行各项技术指标检验,结果均满足合同规范要求。

(三)水泥稳定碎石基层施工

1. 准备下承层

测量组对该段基层(底基层)顶面高程、路拱横坡、宽度进行复测,各项指标均满足规范要求。开工前已清除基层(底基层)表面所有松散杂物,并用压路机严格复压整平。施工布料前先洒水湿润基层(底基层)表面,使施工时保持与最佳含水量基本一致。

2. 施工放样

在基层(底基层)上恢复中线,直线段每 15~20 m 设一桩,平曲线段每 10~15 m 设一桩。对水泥稳定碎石基层进行的施工放样包括标高测定与平面控制两项内容。标高放样应考虑下承层标高差值(设计值与实际标高值之差)、厚度和本层应铺厚度。综合考虑后,定出挂线桩顶的标高,再打桩挂线。放样时不但要保证路面总厚度,而且要考虑标高不超出容许范围。当两者矛盾时,应以满足厚度为主考虑放样,放样时计入实测的松铺系数。

3. 拌和

水泥稳定碎石采用生产能力为 500 t/h 的水泥稳定土拌合设备进行集中拌和。在正式拌和之前，应先调试拌合设备，进行试拌，使混合料的颗粒组成和含水量都达到规定的要求。原集料的颗粒组成发生变化时，应重新调试拌合设备。拌和时，应严格按照试验室提供的配合比将各种材料装入相应料仓，根据标定好的输送带速度比配料，并根据集料的含水量及时调整添加的水量，均匀拌和。拌和后的水泥稳定碎石混合料经试验室检验，其级配、含水量、水泥含量等指标均满足要求后才能运到施工现场。

4. 运输

采用30 t以上自卸汽车运输混合料，将已拌成的混合料尽快运送到铺筑现场。如运距远、气温高，混合料应用篷布覆盖，以防水分过多蒸发而造成水分损失，并且应保证混合料运输到现场摊铺碾压成型后水泥终凝时间未过，否则应予以废弃(附图1-1)。

附图1-1 混合料的运输

5. 摊铺

采用DT1600型摊铺机进行摊铺，摊铺过程中应按设计的路拱不断调整摊铺机熨平板，使摊铺出的混合料具有规定的路拱横坡。在摊铺机后应派人专门消除摊铺过后粗、细集料离析的现象，对局部粗、细集料的离析应进行铲除后用新混合料填补。摊铺时，混合料的含水量应高于最佳含水量0.5%~1.0%，以补偿摊铺及碾压过程中的水分损失；摊铺机在施工中以均匀的速度行驶，保证混合料均匀、不间断摊铺。对外形不规则、路面厚度不同、空间受限制，以及人工构造物接头等摊铺机无法工作的地方，可采用人工摊铺(附图1-2)。

附图1-2 混合料的摊铺

附图 1-2　混合料的摊铺(续)

6. 碾压

采用初压(稳定)、复压(密实)和终压(收光、整平)的顺序碾压。

碾压作业满幅进行，做到均匀不漏压，各部位碾压遍数相同，32 t 振动压路机压不到的两侧边缘 30～50 cm，可采用 18 t 振动压路机碾压密实。压实遵循"先轻后重、先慢后快、先静后振、由边向中、由低到高"的原则，以达到平整、密实的结果(附图 1-3)。

附图 1-3　混合料的碾压

初压：采用YZ18振动压路机进行碾压，以"前静后振"的方式碾压1遍，使摊铺好的水稳料经预压形成稳定状态，减少YZ32振动压路机碾压时水稳的推移现象。

复压：强压采用YZ32液压传动超重吨位超大激振力压路机碾压。分两步碾压：先大振幅低频强压（作用深度大，压实底层），发动机转速1 800 r/min，振压1~2遍；后小振幅高频振压1遍。

终压：采用YZ18振动压路机进行碾压以消除轮迹。

碾压路线：碾压时，应重叠1/2轮宽，后轮必须超过两段的接缝处，后轮压完路面全宽时，即为一遍。

碾压速度：初压时控制在1.5~2 km/h，复压时控制在2.5 km/h，终压时控制在2~3 km/h。严禁压路机在已完成的或正在碾压的路段上随意掉头或紧急停车，以保证精加工表面不受破坏。在碾压过程中，混合料表面应始终保持湿润，如水分蒸发过快，应及时补洒少量水，但严禁洒水量过大超过最佳含水量。碾压时严密组织，从加水拌和到碾压终了不应超过水泥初凝时间。

每碾压完成一段后，测量组应测定终压后的基层顶的标高，其位置与测定松铺高程的测点相一致。如果所测的标高与设计标高的差值超过允许值（+5 mm，-10 mm），说明暂定的松铺系数不对，必须做适当调整。

7. 接缝处理

摊铺机摊铺混合料时，不宜中断，如因故中断时间超过水泥初凝时间以上，应设置横向接缝。大厚度摊铺主要是进行横缝处理，一般采用垂直横接缝方式进行处理。上一工作段完成后应将成型段末端高程和平整度不满足部分清除10~20 cm深，切割成垂直横接缝形式，并将下部根据摊铺机履带宽度进行开槽，以便下一工作段的衔接。

8. 养护及交通管制

水泥稳定碎石基层每一段碾压完成后并经压实度检查合格后应立即设专人用土工布或混凝土专用养护薄膜覆盖整个表面，采用洒水车进行洒水湿润养护，养护时间不得少于7 d，也可采用洒布透层沥青乳化液进行养护。养护期间应封闭交通，除洒水车外，不得通行任何车辆，不能封闭交通时应限制重车通行，其他车辆的速度不应超过30 km/h。

9. 质量检验

现场配套满足大厚度检测的ϕ200 mm灌砂筒、3 m直尺、钢尺和水准仪，便于摊铺碾压完成后立刻检测各项技术指标。

（1）采用灌砂法和酒精燃烧法按每200 m每车道检查2处的频率快速测定成型路段的压实度和集料含水量；同时，用钢尺检测厚度，压实度不得小于98%，含水量控制在4.0%~4.5%为最佳。

（2）采用3 m直尺按200 m测2处×10尺的频率检测平整度，用水准仪逐桩检查高程、路拱及横坡，用直尺按每200 m测4处的频率量测结构层宽度。经检测不合格的点位立即进行人工或机械处理，处理时可采用人工补料、平地机刮除或小型夯机振压等方法进行，直到检测结果合格为止。

（3）养护期满后采用直径为110 mm、钻孔深度为40 cm以上的大型路面钻机钻取芯样（附图1-4），按每200 m每车道1点的频率检测其整体性及厚度。

（4）按工地预定达到的压实度制备试件测7 d无侧限抗压强度。

附图 1-4　采用大厚度施工工艺所施工的水稳层现场钻取的芯样

附录二　公路路面施工相关表格

附表 2-1　××××高速公路检验申请批复单

承包单位：　　　　　　　　　　　　　　　　　　　　合同号：
监理单位：　　　　　　　　　　　　　　　　　　　　编　号：

工程项目	砌筑工程
工程地点及桩号	
具体部位	
检验内容	

要求到场检验时间：

承包人递交日期、时间和签字：

监理员收件日期、时间和签字：

监理员评论和签字：

本项目可以继续进行：	质量证明附件： 　1. 质检及试验资料 　2. 测量资料
监理工程师签字： 　　　　　　　日期：	承包人签字： 　　　　　　　日期：

附表 2-2 ××××高速公路中间交工证书

承包单位：　　　　　　　　　　　　　　　　　　　　　　　　合同号：
监理单位：　　　　　　　　　　　　　　　　　　　　　　　　编　号：

下列工程已完，申请交验，以便进行下一步交工验收作业。
工程内容：

桩号		日期		承包人签字	

监理工程师收件日期：

签字：

结论：

监理工程师：　　　　日期：

承包人收件日期：

签字：

附表2-3 ××××高速公路水泥混凝土面层现场质量检验报告单

承包单位：　　　　　　　　　　　　　　　　　　　　　合同号：
监理单位：　　　　　　　　　　　　　　　　　　　　　　编　号：

工程名称						施工时间	
桩　号						检验时间	

项次	检验项目		规定值或允许偏差		检验结果		检验频率和方法
			高速公路、一级公路	其他公路	高速公路、一级公路	其他公路	
1	弯拉强度/MPa		在合格标准内				按《公路工程质量检验评定标准　第一册　土建工程》(JTG F80/1—2017)附录C检查
2	板厚度/mm	代表值	−5				按《公路工程质量检验评定标准　第一册　土建工程》(JTG F80/1—2017)附录H检查，每200 m测2点
		合格值	−10				
		极　值	−15				
3	平整度/mm	标准偏差σ	1.5	2.5			平整度仪：全线每车道连续检测，每100 m计算σ、IRI
		IRI/(m·km^{-1})	≤2.20	≤3.30			
		最大间隙h	3	5			3 m直尺：每半幅车道每200 m测2处×5尺
4	抗滑构造深度 TD/mm	一般路段	0.7～1.1	0.5～0.9			铺砂法：每200 m测1处
		特殊路段	0.8～1.2	0.6～1.0			
5	横向力系数 SFC	一般路段	≥50	—			按《公路工程质量检验评定标准　第一册　土建工程》(JTG F80/1—2017)附录L检查，每200 m测1点
		特殊路段	≥55	≥50			
6	相邻板高差/mm		≤2	≤3			尺量：胀缝每条测2点；纵、横缝每200 m抽查2条，每条测2点
7	纵、横缝顺直度/mm		≤10				纵缝20 m拉线尺量：每200 m测4处；横板沿板宽拉线尺量：每200 m测4条
8	中线平面偏位/mm		20				全站仪：每200 m测2点
9	路面宽度/mm		±20				尺量：每200 m测4点
10	纵断高程/mm		±10	±15			水准仪：每200 m测2个断面
11	横坡/%		±0.15	±0.25			水准仪：每200 m测2个断面
12	断板率/%		≤0.2	≤0.4			目测：全部检查，数断板面板块数占总块数比例
结论							承包人：　　　　　　日期：
结论							监理工程师：　　　　日期：

附表 2-4　××××高速公路沥青混凝土面层和沥青碎(砾)石面层现场质量检验报告单

承包单位：　　　　　　　　　　　　　　　　　　　　　　　　　　　合同号：
监理单位：　　　　　　　　　　　　　　　　　　　　　　　　　　　编　　号：

项次	检验项目		规定值或允许偏差		检验结果		检验频率和方法
			高速公路、一级公路	其他公路	高速公路、一级公路	其他公路	
1	压实度/%		≥试验室标准密度的96%(*98%) ≥最大理论密度的92%(*94%) ≥试验段密度的98%(*99%)				按《公路工程质量检验评定标准　第一册　土建工程》(JTG F80/1—2017)附录B检查，每200 m测1点，核子(无核)密度仪：每200 m测1处，每处5点
2	平整度	σ/mm	≤1.2	≤2.5			平整度仪：全线每车道连续检测，按每100 m计算IRI或σ
		IRI/(m·km^{-1})	≤2.0	≤4.2			
		最大间隙 h/mm	—	≤5			3 m直尺：每200 m测2处×5尺
3	弯沉值/0.01 mm		不大于设计弯沉值				按《公路工程质量检验评定标准　第一册　土建工程》(JTG F80/1—2017)附录J检查
4	渗水系数/(mL·min^{-1})		SMA路面不大于120；其他沥青混凝土路面不大于300	—			渗水试验仪：每200 m测1处
5	抗滑	摩擦系数	符合设计要求	—			摆式仪：每200 m测1处；横向力系数测定车：全线连续
		构造深度					砂铺法：每200 m测1处
6	厚度/mm	代表值	总厚度−5%H 上面层−10%h	−8%H			按《公路工程质量检验评定标准　第一册　土建工程》(JTG F80/1—2017)附录H检查，每200 m测1点
7		合格值	总厚度−10%H 上面层−20%h	−15%H			
8	中线平面偏位/mm		20	30			全站仪：每200 m测2点
	纵断高程/mm		±15	±20			水准仪：每200 m测2个断面
9	宽度/mm	有侧石	±20	±30			尺量：每200 m测4个断面
		无侧石	不小于设计值				
10	横坡/%		±0.3	±0.5			水准仪：每200 m测2个断面
11	矿料级配		满足生产配合比要求				T0725，每台班1次
12	沥青含量		满足生产配合比要求				T0722、T0721、T0735，每台班1次
13	马歇尔稳定度		满足生产配合比要求				T0709，每台班1次
结论							承包人：　　　　　　日期：
结论							监理工程师：　　　　日期：
注：表内带*号者是指SMA路面，其他为普通沥青混凝土路面							

附表2-5 ××××高速公路沥青贯入式面层(或上拌下贯式面层)现场质量检验报告单

承包单位：　　　　　　　　　　　　　　　　　　　　　　合同号：
监理单位：　　　　　　　　　　　　　　　　　　　　　　编　号：

工程名称				施工时间	
桩号及部位				检验时间	
项次	检验项目		规定值或允许偏差	检验结果	检验频率和方法
1	平整度/mm	σ/mm	≤3.5		平整度仪：全线每车道连续按每100 m计算IRI或σ
		IRI/(m·km^{-1})	≤5.8		
		最大间隙h/mm	≤8		3 m直尺：每200 m测2处×5尺
2	弯沉值/0.01 mm		不大于设计验收弯沉值		按《公路工程质量检验评定标准 第一册 土建工程》(JTG F80/1—2017)附录I检查
3	厚度/mm	代表值	−8%H或−5		按《公路工程质量检验评定标准 第一册 土建工程》(JTG F80/1—2017)附录H检查，每200 m测2点
		合格值	−15%H或−10		
4	沥青总用量/(kg·m^{-2})		±0.5%		每台班每层洒布检查1次
5	中线平面偏位/mm		30		全站仪：每200 m测2点
6	纵断高程/mm		±20		水准仪：每200 m测2个断面
7	宽度/mm	有侧石	±30		尺量：每200 m测4点
		无侧石	不小于设计值		
8	横坡/%		±0.5		水准仪：每200 m测2个断面
9	矿料级配		满足生产配合比要求		T0725，每台班1次
10	沥青含量		满足生产配合比要求		T0722、T0721、T0735，每台班一次

结论：

　　　　　　　　　　　　　　　　　　　　　　　承包人：　　　　　日期：

结论：

　　　　　　　　　　　　　　　　　　　　　　　监理工程师：　　　日期：

附表2-6 ××××高速公路沥青表面处治面层现场质量检验报告单

承包单位： 合同号：
监理单位： 编 号：

工程名称				施工时间	
桩号及部位				检验时间	
项次	检验项目		规定值或允许偏差	检验结果	检验频率和方法
1	平整度	σ/mm	≤4.5		平整度仪：全线每车道连续按每100 m计算IRI或σ
		IRI/(m·km^{-1})	≤7.5		
		最大间隙 h/mm	≤10		3 m直尺：每200 m测2处×5尺
2	弯沉值/0.01 mm		不大于设计验收弯沉值		按《公路工程质量检验评定标准 第一册 土建工程》(JTG F80/1—2017)附录I检查
3	厚度/mm	代表值	−5		按《公路工程质量检验评定标准 第一册 土建工程》(JTG F80/1—2017)附录H检查，200 m每车道1点
		合格值	−10		
4	沥青用量/(kg·m^{-2})		±0.5%		每工作日每层洒布查1次
5	中线平面偏位/mm		30		全站仪：每200 m测2点
6	纵断高程/mm		±20		水准仪：每200 m测2个断面
7	宽度/mm	有侧石	±30		尺量：每200 m测2处
		无侧石	不小于设计值		
8	横坡/%		±0.5		水准仪：每200 m测2个断面
结论					承包人： 日期：
结论					监理工程师： 日期：

附表 2-7 ××××高速公路水泥土基层和底基层现场质量检验报告单

承包单位：　　　　　　　　　　　　　　　　　　　　　　　　　　　　合同号：
监理单位：　　　　　　　　　　　　　　　　　　　　　　　　　　　　编　号：

项次	检验项目		规定值或允许偏差		检验结果		检验频率和方法
			基层	底基层	基层	底基层	
1	压实度/%	代表值	—	≥95			按《公路工程质量检验评定标准　第一册　土建工程》(JTG F80/1—2017) 附录B检查，每200 m测2点
		极值	—	≥91			
2	平整度/mm		—	≤12			3 m直尺：每200 m测2处×5尺
3	纵断高程/mm		—	+5，−15			水准仪：每200 m测2个断面
4	宽度/mm		不小于设计值	不小于设计值			尺量：每200 m测4个断面
5	厚度/mm	代表值	—	−10			按《公路工程质量检验评定标准　第一册　土建工程》(JTG F80/1—2017) 附录H检查，每200 m测2点
		合格值	—	−25			
6	横坡/%		—	±0.5			水准仪：每200 m测2个断面
7	强度/MPa		满足设计要求	满足设计要求			按《公路工程质量检验评定标准　第一册　土建工程》(JTG F80/1—2017) 附录G检查
结论							
						承包人：　　　　　　日期：	
结论							
						监理工程师：　　　　日期：	

附表2-8 ××××高速公路水泥稳定粒料基层及底基层现场质量检验报告单

承包单位：　　　　　　　　　　　　　　　　　　　　　　　　　　合同号：
监理单位：　　　　　　　　　　　　　　　　　　　　　　　　　　编　号：

工程名称				施工时间		
桩号及部位				检验时间		
项次	检验项目		规定值或允许偏差		检验结果		检验频率和方法
			基层	底基层	基层	底基层	
1	压实度/%	代表值	≥98	≥96			按《公路工程质量检验评定标准　第一册　土建工程》(JTG F80/1—2017)附录B检查，每200 m测2点
		极值	≥94	≥92			
2	平整度/mm		≤8	≤12			3 m直尺：每200 m测2处×5尺
3	纵断高程/mm		+5，−10	+5，−15			水准仪：每200 m测2个断面
4	宽度/mm		不小于设计值	不小于设计值			尺量：每200 m测4个断面
5	厚度/mm	代表值	−8	−10			按《公路工程质量检验评定标准　第一册　土建工程》(JTG F80/1—2017)附录H检查，每200 m测2点
		合格值	−10	−25			
6	横坡/%		±0.3	±0.3			水准仪：每200 m测2个断面
7	强度/MPa		满足设计要求	满足设计要求			按《公路工程质量检验评定标准　第一册　土建工程》(JTG F80/1—2017)附录G检查
结论							承包人：　　　　日期：
结论							监理工程师：　　　　日期：

附表2-9 ××××高速公路石灰土基层和底基层现场质量检验报告单

承包单位： 合同号：
监理单位： 编　号：

工程名称				施工时间		
桩号及部位				检验时间		
项次	检验项目		规定值或允许偏差		检验结果		检验频率和方法
			基层	底基层	基层	底基层	
1	压实度/%	代表值	—	≥95			按《公路工程质量检验评定标准　第一册　土建工程》(JTG F80/1—2017)附录B检查，每200 m测2点
		极值	—	≥91			
2	平整度/mm		—	≤12			3 m直尺：每200 m测2处×5尺
3	纵断高程/mm		—	+5，-15			水准仪：每200 m测2个断面
4	宽度/mm		不小于设计值	不小于设计值			尺量：每200 m测4个断面
5	厚度/mm	代表值	—	-10			按《公路工程质量检验评定标准　第一册　土建工程》(JTG F80/1—2017)附录H检查，每200 m测2点
		合格值	—	-25			
6	横坡/%		—	±0.5			水准仪：每200 m测2个断面
7	强度/MPa		满足设计要求	满足设计要求			按《公路工程质量检验评定标准　第一册　土建工程》(JTG F80/1—2017)附录G检查

结论	
	承包人：　　　　　日期：
结论	
	监理工程师：　　　　　日期：

附表2-10 ××××高速公路石灰稳定粒料基层和底基层现场质量检验报告单

承包单位： 合同号：
监理单位： 编　号：

工程名称				施工时间		
桩号及部位				检验时间		
项次	检验项目		规定值或允许偏差		检验结果		检验频率和方法
			基层	底基层	基层	底基层	
1	压实度/%	代表值	≥98	≥96			按《公路工程质量检验评定标准　第一册　土建工程》(JTG F80/1—2017)附录B检查，每200 m测2点
		极值	≥94	≥92			
2	平整度/mm		≤8	≤12			3 m直尺：每200 m测2处×5尺
3	纵断高程/mm		+5，-10	+5，-15			水准仪：每200 m测2个断面
4	宽度/mm		不小于设计值	不小于设计值			尺量：每200 m测4个断面
5	厚度/mm	代表值	-8	-10			按《公路工程质量检验评定标准　第一册　土建工程》(JTG F80/1—2017)附录H检查，每200 m测2点
		合格值	-10	-25			
6	横坡/%		±0.3	±0.3			水准仪：每200 m测2个断面
7	强度/MPa		满足设计要求	满足设计要求			按《公路工程质量检验评定标准　第一册　土建工程》(JTG F80/1—2017)附录G检查
结论							
					承包人：		日期：
结论							
					监理工程师：		日期：

附表 2-11　××××高速公路石灰、粉煤灰土基层和底基层现场质量检验报告单

承包单位：　　　　　　　　　　　　　　　　　　　　　　　合同号：
监理单位：　　　　　　　　　　　　　　　　　　　　　　　编　号：

项次	检验项目		规定值或允许偏差		检验结果		检验频率和方法
			基层	底基层	基层	底基层	
1	压实度/%	代表值	—	≥95			按《公路工程质量检验评定标准　第一册　土建工程》(JTG F80/1—2017)附录 B 检查，每 200 m 测 2 点
		极值	—	≥91			
2	平整度/mm		—	≤12			3 m 直尺：每 200 m 测 2 处×5 尺
3	纵断高程/mm		—	+5，-15			水准仪：每 200 m 测 2 个断面
4	宽度/mm		不小于设计值	不小于设计值			尺量：每 200 m 测 4 个断面
5	厚度/mm	代表值	—	-10			按《公路工程质量检验评定标准　第一册　土建工程》(JTG F80/1—2017)附录 H 检查，每 200 m 测 2 点
		合格值	—	-25			
6	横坡/%		—	±0.5			水准仪：每 200 m 测 2 个断面
7	强度/MPa		满足设计要求	满足设计要求			按《公路工程质量检验评定标准　第一册　土建工程》(JTG F80/1—2017)附录 G 检查
结论							
						承包人：　　　　日期：	
结论							
						监理工程师：　　　日期：	

附表 2-12　××××高速公路石灰、粉煤灰稳定粒料基层和底基层现场质量检验报告单

承包单位：　　　　　　　　　　　　　　　　　　　　　　　　　　　合同号：
监理单位：　　　　　　　　　　　　　　　　　　　　　　　　　　　编　号：

项次	检验项目		规定值或允许偏差		检验结果		检验频率和方法
			基层	底基层	基层	底基层	
1	压实度/%	代表值	≥98	≥96			按《公路工程质量检验评定标准 第一册 土建工程》(JTG F80/1—2017)附录B检查，每200 m测2点
		极值	≥94	≥92			
2	平整度/mm		≤8	≤12			3 m直尺：每200 m测2处×5尺
3	纵断高程/mm		+5，-10	+5，-15			水准仪：每200 m测2个断面
4	宽度/mm		不小于设计值	不小于设计值			尺量：每200 m测4个断面
5	厚度/mm	代表值	-8	-10			按《公路工程质量检验评定标准 第一册 土建工程》(JTG F80/1—2017)附录H检查，每200 m测2点
		合格值	-10	-25			
6	横坡/%		±0.3	±0.3			水准仪：每200 m测2个断面
7	强度/MPa		满足设计要求	满足设计要求			按《公路工程质量检验评定标准 第一册 土建工程》(JTG F80/1—2017)附录G检查
结论							
						承包人：　　　　　　日期：	
结论							
						监理工程师：　　　　日期：	

附表 2-13　××××高速公路级配碎(砾)石基层和底基层现场质量检验报告单

承包单位：　　　　　　　　　　　　　　　　　　　　　　　　　　　　合同号：
监理单位：　　　　　　　　　　　　　　　　　　　　　　　　　　　　编　号：

项次	检验项目		规定值或允许偏差		检验结果		检验频率和方法
			基层	底基层	基层	底基层	
1	压实度/%	代表值	≥98	≥96			按《公路工程质量检验评定标准　第一册　土建工程》(JTG F80/1—2017)附录B检查，每200 m测2点
		极值	≥94	≥92			
2	弯沉/0.01 mm		满足设计要求				按《公路工程质量检验评定标准　第一册　土建工程》(JTG F80/1—2017)附录J检查
3	平整度/mm		≤8	≤12			3 m直尺：每200 m测2处×5尺
4	纵断高程/mm		+5，-10	+5，-15			水准仪：每200 m测2个断面
5	宽度/mm		不小于设计值	不小于设计值			尺量：每200 m测4处
6	厚度/mm	代表值	-8	-10			按《公路工程质量检验评定标准　第一册　土建工程》(JTG F80/1—2017)附录H检查，每200 m测2点
		合格值	-10	-25			
7	横坡/%		±0.3	±0.3			水准仪：每200 m测2个断面
结论							
						承包人：　　　　日期：	
结论							
						监理工程师：　　　　日期：	

附表2-14 ××××高速公路填隙砾石(矿渣)基层和底基层现场质量检验报告单

承包单位： 合同号：
监理单位： 编 号：

工程名称					施工时间		
桩号及部位					检验时间		
项次	检验项目		规定值或允许偏差		检验结果		检验频率和方法
			基层	底基层	基层	底基层	
1	固体体积率/%	代表值	—	≥96			灌砂法：每200 m测2点
		极值	—	≥80			
2	弯沉/0.01 mm		满足设计要求				按《公路工程质量检验评定标准 第一册 土建工程》(JTG F80/1—2017)附录J检查
3	平整度/mm		—	≤12			3 m直尺：每200 m测2处×5尺
4	纵断高程/mm		—	+5，−15			水准仪：每200 m测2个断面
5	宽度/mm		满足设计要求				尺量：每200 m测4处
6	厚度/mm	代表值	—	−10			按《公路工程质量检验评定标准 第一册 土建工程》(JTG F80/1—2017)附录H检查，每200 m测2点
		合格值	—	−25			
7	横坡/%		—	±0.3			水准仪：每200 m测2个断面
结论							
						承包人：	日期：
结论							
						监理工程师：	日期：

附表 2-15　××××高速公路路槽现场质量检验报告单

承包单位：　　　　　　　　　　　　　　　　　　　　　　　　　　　　　合同号：
监理单位：　　　　　　　　　　　　　　　　　　　　　　　　　　　　　编　号：

工程名称				施工时间	
桩号及部位				检验时间	
项次	检验项目			规定值或允许偏差	检验结果	检验方法和频率

项次	检验项目			规定值或允许偏差	检验结果	检验方法和频率
1	纵断高程/mm	左	内缘			
			外缘			
		右	内缘			
			外缘			
2	横坡度/mm	左				
		右				
3	平整度/mm	左				
		右				
4	宽度/mm	左				
		右				

结论	
	承包人：　　　　日期：
结论	
	监理工程师：　　　　日期：

附表 2-16　××××高速公路路缘石铺设现场质量检验报告单

承包单位：　　　　　　　　　　　　　　　　　　　　　　　　合同号：
监理单位：　　　　　　　　　　　　　　　　　　　　　　　　编　号：

工程名称				施工时间	
桩号及部位				检验时间	
项次	检验项目		规定值或允许偏差	检验结果	检验方法和频率
1	直顺度/mm		15		20 m拉线尺量：每200 m测4处
2	预制铺设	相邻两块高差/mm	3		水平尺测：每200 m测4点
		相邻两块缝宽/mm	±3		尺量：每200 m测4点
3	现浇	宽度/mm	±5		尺量：每200 m测4点
4	顶面高程/mm		±10		水准仪：每200 m测4点
结论					承包人：　　　　日期：
结论					监理工程师：　　　　日期：

附表 2-17　××××高速公路回弹弯沉值检测表

承包单位：　　　　　　　　　　　　　　　　　　　　　　　　　　　合同号：
监理单位：　　　　　　　　　　　　　　　　　　　　　　　　　　　编　号：

路面状况				气候			季节系数		
试验车型				路面湿度			设计值		

距中桩/m			距中桩/m			左　右 桩　号	距中桩/m			距中桩/m		
R_1	R_2	R_i	R_1	R_2	R_i		R_1	R_2	R_i	R_1	R_2	R_i

资料计算：

参检人员：

监理工程师：　　　　　记录：　　　　　计算：　　　　　年　月　日

附表2-18 ××××高速公路路面基层施工原始记录

承包单位：
监理单位：

合 同 号：
起讫桩号：

编号：
第 页共 页

起讫桩号	路基土质及压实情况	基层种类	施工日期	施工方法	材料名称、规格及用量/(m³·km⁻²)			碾压遍数	压实度/%	平整度	施工时的气候情况	备注
						黏土						
						数量	塑性指数					

施工单位技术负责人：

监理工程师：

注：1. 本表也适用于路面垫层或基层多层次的施工原始记录。
  2. 各种不同类型垫层或基层分别填写一张表。
  3. 相同基层，每100 m填写一行

附表2-19 ×××××高速公路沥青(渣油)路面施工原始记录

承包单位：　　　　　　　　　　　　　　　　合　同　号：　　　　　　　　　　　　　　　　编号：
监理单位：　　　　　　　　　　　　　　　　起讫桩号：　　　　　　　　　　　　　　　　第　页共　页

起讫桩号	基层种类及施工质量情况	路面种类	拌和方式	施工方法	施工日期	材料名称、规格及用量/(m³·km⁻²)	碾压方法及遍数	混合料及油温/℃				施工气温/℃	道牙设置情况	备注
								出厂温度	摊铺温度	洒布时温度	碾压温度			

施工单位技术负责人：　　　　　　　　　　　　　　　　监理工程师：

注：1. 本表适用于各种沥青路面。
　　2. 每种路面填写一张表。
　　3. 各种基层种类填写一行

附表 2-20　××××高速公路水泥路面施工原始记录

承包单位：　　　　　　　　　　　　　　　　　　　　　　　　　　合同号：
监理单位：　　　　　　　　　　　　　　　　　　　　　　　　　　编　号：

起讫桩号			施工日期		
设计强度/MPa		尺寸是否符合设计标准	宽　度		
配合比	设　计		厚度	面层	
	施　工			底层	
材料规格及用量			平整度		
混凝土拌和方法			路拱/%		
施工方法					
路面基层情况					
检查意见					

施工单位技术负责人：　　　　　　　　　　监理工程师：　　　　　　　　　　年　月　日

附表 2-21 ××××高速公路混凝土施工记录

承包单位：　　　　　　　　　　　　　　　　　　　　　　　　　　合同号：
监理单位：　　　　　　　　　　　　　　　　　　　　　　　　　　编　号：

混凝土浇筑日期				
工程项目及部位				
混凝土强度等级				
施工配合比				
混凝土水灰比				
水泥用量/(kg·m⁻³)				
原材料规格及用量	水泥			
	砂			
	碎石			
	水			
外加剂种类及用量				
坍落度/cm				
拌和及捣实方法				
气　温				
天　气				
试件编号				
试件强度				
试件强度期				
养护情况				
成品编号				
备　注				

施工单位技术负责人：　　　　　　　　　试验员：　　　　　　　　　年　月　日

附表 2-22　××××高速公路路基压实度检测汇总表

承包单位：　　　　　　　　　　合　同　号：　　　　　　　　　　编　号：
监理单位：　　　　　　　　　　起讫桩号：　　　　　　　　　　　第　页共　页

序号	地点及名称	检测位置	距路槽顶面高度/cm	规定压实度/%	实测压实度/%		检测日期	备注
					测点个数	代表值		

监理工程师：　　　　施工单位技术负责人：　　　　制表：　　　　年　月　日

注：1. 距路槽顶面高度表示方法：路槽以下为负，路槽以上为正。
　　2. 检测方式在备注栏中注明

附表 2-23　××××高速公路路面压实度检测汇总表

承包单位：　　　　　　　　　　合　同　号：　　　　　　　　　　编　号：
监理单位：　　　　　　　　　　起讫桩号：　　　　　　　　　　　第　页共　页

序号	地点及桩号	检测位置	距路槽顶面高度/cm	实测压实度/%		规定压实度/%	检测日期	备注
				测点个数	平均值			

监理工程师：　　　　施工单位技术负责人：　　　　制表：　　　　年　月　日

附表2-24 ××××高速公路路槽、路面基层、面层弯沉值检测汇总表

承包单位：　　　　　　　　　　合同号：　　　　　　　　　　编号：
监理单位：　　　　　　　　　　起讫桩号：　　　　　　　　　　第　页共　页

序号	地点及桩号	检测位置	结构形式	实测弯沉值		规定弯沉值	检测日期	备注
				测点个数	代表值			

监理工程师：　　　　施工单位技术负责人：　　　　制表：　　　　年　月　日

附表2-25 ××××高速公路平整度检测汇总表

承包单位：　　　　　　　　　　合同号：
监理单位：　　　　　　　　　　编　号：　　　　　　　　　　第　页共　页

序号	地点及桩号	检测位置	结构形式	实测平整度		规定平整度	检测日期	备注
				测点个数	平均值			

监理工程师：　　　　施工单位技术负责人：　　　　制表：　　　　年　月　日

附表2-26 ××××高速公路高程测量原始记录表

承包单位：　　　　　　　　　　　　　　　　　　　　　　　　　　　合同号：
监理单位：　　　　　　　　　　　　　　　　　　　　　　　　　　　编　号：

工程名称				施工时间			
桩号及部位				测量时间			
水准点				高程			
测量点	水准读数		仪高	地面高程	设计高程	相差值	
	后视	前视				＋	－
承包人			测量		记录		

结论

监理工程师：　　　　　　　　　　　　　　　　　　　　　　　　　　　日期：

附表 2-27　××××高速公路施工日志

承包单位：　　　　　　　　　　　　　　　　　　　　　　　　　　合同号：
监理单位：　　　　　　　　　　　　　　　　　　　　　　　　　　编　号：

工程名称		最高气温	最低气温
施工时间		气象	降水量
日志内容			
施工中出现的问题及处理意见：			

记录人：

附表 2-28　××××高速公路厚度检测记录表

承包单位：　　　　　　　　　合同号：
监理单位：　　　　　　　　　编　号：　　　　　　　　　第　页共　页

工程名称		起迄桩号及部位	
检测单位		检测日期	

桩号	设计值/m	实测值/m	偏差/mm	桩号	设计值/m	实测值/m	偏差/mm
备注							
检测		审核			监理工程师		

附表 2-29　××××高速公路高程及横坡检测记录表

承包单位：　　　　　　　　　　　合　同　号：
监理单位：　　　　　　　　　　　编　　　号：　　　　　　　　第　页共　页

桩号	实测高程/m			设计高程/mm			高程差/mm			横坡度/%		
	左	中	右	左	中	右	左	中	右	实测值	设计值	偏差值

工程名称		起迄桩号及部位	
检测桩号		检测日期	

测量		审核		监理工程师	

附表 2-30 ××××高速公路平整度检测记录表

承包单位： 合同号：
监理单位： 编号： 第 页共 页

工程名称		起迄桩号或部位	
检测单位		检测日期	

起迄桩号	实测值/mm	平均值/mm	最小值	最大值	备注

测量　　　　　　审核　　　　　　监理工程师

附表 2-31　××××高速公路厚度检测汇总表

承包单位：　　　　　　　　　　　　合　同　号：　　　　　　　　　　　　编号：
监理单位：　　　　　　　　　　　　起讫桩号：　　　　　　　　　　　　第　页共　页

序号	地点及桩号	检测位置	结构形式	实测厚度		规定厚度	检测日期	备注
				测点个数	平均值			

监理工程师：　　　　施工单位技术负责人：　　　　制表：　　　　　　年 月 日

附表 2-32 ××××高速公路黏层沥青用量检测表

承包单位：　　　　　　　　　　　　合同号：
监理单位：　　　　　　　　　　　　编　号：　　　　　　　　　起讫桩号：

编号	搪瓷盘质量 m_1 /kg	搪瓷盘质量＋沥青质量 m_2/kg	搪瓷盘面积 F /m²	沥青用量/(kg·m⁻²) $Q=\dfrac{m_2-m_1}{F}$	平均沥青用量/(kg·m⁻²)	备注
1						
2						
1						
2						
1						
2						
1						
2						
1						
2						
1						
2						
1						
2						
1						
2						
1						
2						
1						
2						
1						
2						
1						
2						
1						
2						
1						
2						
1						
2						
1						
2						

检测：　　　　　　复核：　　　　　　监理：　　　　　　现场施工时间：

附表2-33　××××高速公路导线测量报表

承包单位：　　　　　　　　　　　　　　　　　　　　　　　　　　　　合同号：
监理单位：　　　　　　　　　　　　　　　　　　　　　　　　　　　　起讫桩号：

导线测量报表（AⅠ－01）				编号				第　页　共　页			
项目名称				合同段		范围		施工单位			
导线点编号	设计坐标		实测坐标		坐标差		设计距离/m	实测距离/m	距离偏差/m	设计夹角/(°′″)	实测夹角/(°′″)	角度偏差/(″)
	X	Y	X	Y	ΔX/mm	ΔY/mm						
测量		复核		日期				监理工程师			

附表2-34　××××高速公路轴线检测记录

合同段	NO.1	编　号		第　页　共　页			
工程名称		工程部位		桩号			
桩　号	设计值		实测值		偏　差			备注
	X	Y	X	Y	ΔX	ΔY	$\sqrt{X^2+Y^2}$	

计算数据	测站点坐标 X：	Y：	测距仪	型号	
	后视点坐标 X：	Y：			
	距　离 $AB=$			编号	
	实测距离 $AB_S=$				
测量		复核		监理工程师		日期	

参 考 文 献

[1] 中交第一公路工程局有限公司．公路工程施工工艺标准（路基路面隧道）[S]．北京：人民交通出版社，2007．

[2] 王明怀．高等级公路施工技术与管理[M]．北京：人民交通出版社，1999．

[3] 何兆益，杨锡武．路基路面工程[M]．北京：人民交通出版社，2006．

[4] 俞高明．公路施工技术[M]．北京：人民交通出版社，2002．

[5] 俞高明．公路工程[M]．北京：人民交通出版社，2005．

[6] 李维勋．路基路面工程[M]．北京：机械工业出版社，2005．

[7] 中华人民共和国交通部行业标准．JTG F80/1—2017 公路工程质量检验评定标准 第一册 土建工程[S]．北京：人民交通出版社，2017．

[8] 中华人民共和国交通部行业标准．JTG/T F20—2015 公路路面基层施工技术细则[S]．北京：人民交通出版社，2015．

[9] 中华人民共和国交通部行业标准．JTG F40—2004 公路沥青路面施工技术规范[S]．北京：人民交通出版社，2004．

[10] 中华人民共和国交通部行业标准．JTG/T F30—2014 公路水泥混凝土路面施工技术细则[S]．北京：人民交通出版社，2014．

[11] 中华人民共和国交通部行业标准．JTG F90—2015 公路工程施工安全技术规范[S]．北京：人民交通出版社，2015．